北京宣传文化引导基金
BEIJING CULTURE GUIDING FUND
北京宣传文化引导基金资助项目

爱上北京博物馆

主　编　丁海秀
副主编　刘雁琪　刘咏梅　王佳宜　周力铭

北京出版集团
北京出版社

图书在版编目（CIP）数据

爱上北京博物馆 / 丁海秀主编． — 北京：北京出版社，2024.4（2024.10重印）
　ISBN 978-7-200-18405-1

Ⅰ．①爱… Ⅱ．①丁… Ⅲ．①博物馆—介绍—北京 Ⅳ．①G269.271

中国国家版本馆CIP数据核字（2023）第234144号

策　　划：刘　可　杨晓瑞　　项目负责：刘　可　杨晓瑞　　责任编辑：杨晓瑞　宋俊美　　责任印制：燕雨萌	
封面设计：大鹏设计　　营　　销：猫　娘	

爱上北京博物馆
AISHANG BEIJING BOWUGUAN

主　编　丁海秀

出　　版	北京出版集团
	北京出版社
地　　址	北京北三环中路6号
邮　　编	100120
网　　址	www.bph.com.cn
总发行	北京出版集团
经　　销	新华书店
印　　刷	天津市银博印刷集团有限公司
版　　次	2024年4月第1版
印　　次	2024年10月第2次印刷
开　　本	787毫米×1092毫米　1/16
印　　张	21.75
字　　数	400千字
书　　号	ISBN 978-7-200-18405-1
定　　价	148.00元

如有印装质量问题，由本社负责调换
质量监督电话　010－58572393

《爱上北京博物馆》
专家指导委员会、编委会

专家指导委员会

主　任

柏　群（北京燕京八绝博物馆馆长）

副主任

杨　宁（北京燕京八绝博物馆副馆长）

编委会

主　编

丁海秀

副主编

刘雁琪　刘咏梅　王佳宜　周力铭

编　委

（按姓氏音序排列）

才逸男　车欣佳　丁海秀　付晓蕾　李媛媛　刘枫　刘雁琪　刘盈　刘咏梅
马　坤　盛　强　王佳宜　吴婷　吴秀娟　赵东勋　周力铭　周向东　朱继欣

序言 PREFACE

有人，因为一个人，爱上一座城；而我，则因为一座博物馆，深深地爱上北京城！

20多年前，我在首都师范大学历史系读硕士研究生，也因此有机会勤工俭学，去故宫博物院做了一名讲解员。自此，被恢宏的皇家建筑、精美的文物、有趣的宫廷典故所吸引，走遍了故宫的各处院落、大小宫殿……

因为故宫，我发现自己爱上了博物馆，爱上了北京城，并发誓走遍北京每一处古迹、博物馆。也许是因为学历史的缘故，我对北京博物馆里的每一件文物都格外痴迷，每次参观时，都力争做到：第一个进馆，最后一个出馆；仔细观赏、多角度拍摄，流连忘返……

也许是因为从事旅游图书出版的原因，每至周末、假期，我总是不自觉地扛起相机，行走在北京各处名胜古迹、各座底蕴深厚的博物馆中。20余年来，几乎周周坚持、年年如此，已拍摄图片近70万张，记录下北京博物馆的点点滴滴……

北京的博物馆博大精深、各具特色。截至2023年5月，北京市已有215家博物馆正式备案，分布在16个区中。这些独领风骚、风格各异的博物馆，有的气势恢宏，具有浓厚的皇家气息，如故宫博物院、恭王府博物馆；有的则温婉小众，身处北京的街巷胡同中，如史家胡同博物馆、文天祥祠；有的藏品丰富，涵盖多个领域，如中国国家博物馆；有的则专注一个人的展品，展示其独特的人生经历，如茅盾故居、郭守敬纪念馆；有的专门展陈革命文物、图片，让红色基因融于血脉、代代传承，如中国共产党历史展览馆、北京大学红楼、中国人民抗日战争纪念馆、李大钊故居；有的则展览考古发掘成果，记录北京沧桑历史进程，如上宅文化陈列馆、门头沟区博物馆……

2021年11月24日，中央审议通过《关于让文物活起来 扩大中华文化国际影响力的实施意见》，明确指出："要加强文物保护利用和文化遗产保护传承，提高文物研究阐释和展示传播水平，让文物真正活起来，成为加强社会主义精神文明建设的深厚滋养，成为扩大中华文化国际影响力的重要名片。"

2023年5月6日，由国家文物局、文化和旅游部、国家发展改革委三部委联合发布的《关于开展中国文物主题游径建设工作的通知》，进一步突出"文物"的重要性。认为这一工作将"有利于文物与旅游深度融合发展，增益旅游历史文化底蕴，满足人民日益增长的美好生活需要，服务国家战略和经济社会发展"。

北京市政府也在全力打造"博物馆之城"。根据《北京博物馆之城建设发展规划（2023—2035）》（征求意见稿），到2035年，北京将实现每10万人拥有2座博物馆，各类博物馆（包括类博物馆文化空间）总数量超过460座。

在以上背景下，我想将自己20余年来所记录的相关文字、图片、视频分享给大家，也算是为"讲好北京故事，弘扬中华优秀传统文化"贡献一份力量。

本书以独特的视角精选30余家北京地区极具代表性的博物馆推荐给读者，不仅以优美的文笔、近千张精美的图片将博物馆的概况、建筑特色（个人生平）、常设（专题）展览·文物精华呈现出来，还以二维码的形式插入更多文物鉴赏图片、视频，让读者能直观感受到大美北京博物馆。读者既能沉浸式感受博物馆文物的艺术之光，还能直观地了解北京的文化脉络和中华文明的灿烂辉煌。其大气美观的版式、别样新颖的模块设置平添了沉浸式阅读体验。尤其难得的是，书中"互联网＋旅游""互联网＋博物馆"的联动将北京博物馆以更加完整的姿态呈现在读者面前，从而促使读者前往一探究竟。

北京的博物馆，静静地伫立在首都大地，年复一年，日复一日，诉说着各自的历史，也吸引着无数的仰慕者……

让我们告别忙碌，按下"暂停键"，跟随书中的独特视角，一起走进北京博物馆！

爱上北京博物馆，从你我开始！

丁海秀

2023.9.18

目录 CONTENTS

综合篇

1 故宫博物院 / 002

走进恢宏壮丽、庄严肃穆、金碧辉煌的紫禁城，其高墙深院、红墙黄瓦、飞檐斗拱、墁地金砖、精美彩画、珍贵文物等，迎面扑来，弥漫着浓厚的皇家气息……故宫的美，令人震撼、令人窒息！

2 中国国家博物馆 / 026

走进中国国家博物馆，就像走进一幅长长的历史画卷，各种古朴、沧桑、精美、厚重的文物瞬间跃然纸上……每一次置身馆内，都有一种穿越古今的奇妙之感！

3 首都博物馆 / 035

若问古都北京的历史文化、民俗风物何处寻，首都博物馆一定是极佳的选择。走进首都博物馆，就像走进京味文化和古代艺术的殿堂；置身馆内，仿佛置身于古今交错的北京城……

历史篇

4 中国人民革命军事博物馆 / 046

军博绝对是军迷们最爱的地方。这里不仅展示着从古至今的军事科技、军事故事，更展示着

1

中国共产党带领人民军队从诞生到胜利的全过程，其中的各种文物与故事，饱含激情，催人奋进，更让人深受教育。

5 明十三陵博物馆 / 054

走进这座被誉为"明朝缩影"的博物馆，走进地宫，仿佛穿越到600年前的明朝，感受到它的兴衰、它在历史上曾有的辉煌与沧桑……

6 恭王府博物馆 / 065

"一座恭王府，半部清代史。"置身恭王府，就如同进入了历史的殿堂。这座现存最宏大的四合院式清代官邸，以它富丽堪比故宫的建筑而被无数人称赞不已。

7 孔庙和国子监博物馆 / 073

虽历经700余年的沧桑，那一池水、两座院，几个殿、多幢碑……依旧鲜活生动。如织的游人，带来了时代的气息，带走了对儒家文化的眷恋，就像碑刻上的文字，就像中国文化，历经数千年，绵延不绝，经久不衰。

8 中国人民抗日战争纪念馆 / 083

14年的波澜壮阔，成就了中国人民的坚韧不屈。那一张张坚毅的面庞，一封封饱含深情的家书，一件件带有温度的器物，一串串永不褪色的名字，无不展现着中华儿女"敢教日月换新天"的豪迈气概！这里谱写着一首永远不朽的战歌！

9 北京大学红楼 / 099

这里曾经是一座大学，有过众多的大师；这里是中国近代文化和民主运动的发源地，五四精神就是从此地走向全国的……

10 香山双清别墅 / 106

这座位于香山公园南麓半山腰、环境幽雅的院落，是中国共产党"进京'赶考'"的第一站，见证了毛泽东等老一辈革命家为中华人民共和国奠基的辉煌历史！

11 香山革命纪念馆 / 113

庄重肃穆的香山革命纪念馆，全方位呈现了中共中央在北京香山了不起的革命历程。步入纪念馆，历史的画卷徐徐展开，奋斗的岁月历历在目……

12 李大钊故居 / 119

李大钊故居在中国共产党历史上有着特殊价值，见证了李大钊人生事业的第一个黄金时代，是李大钊传播马克思主义、创办中国共产党、领导北方工人运动、促成第一次国共合作等一系列革命实践活动最具代表性的历史见证。

13 北京鲁迅博物馆 / 124

在这个古朴的四合院，感受那个血与火的觉醒年代，了解鲁迅先生"我以我血荐轩辕"的爱国主义精神和"横眉冷对千夫指，俯首甘为孺子牛"的高尚情操，洞察这位新文化运动的旗手和主将的伟大人格魅力和个人勇气。

14 《新青年》编辑部旧址（陈独秀旧居） / 134

箭杆胡同20号，一个看似寻常的四合院，却见证了五四前后新文化运动的蓬勃发展和马克思主义在中国开始广泛传播的历史过程，在党的创建史上发挥了重要作用。这里如同一面鲜明的旗帜，指引着青年学生们寻求真理的道路。

15 北京文博交流馆 / 142

在北京喧闹的禄米仓胡同里，有座闹中取静的古寺——智化寺。寺内春天繁花似锦，冬季白雪映满红墙；还有那时常飘出的略带神秘的古代宫廷音乐，使人仿佛回到了500多年前。

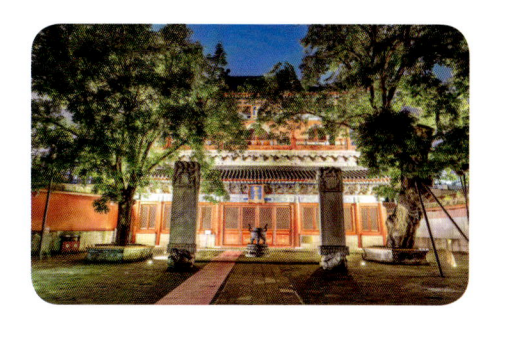

16 北京考古遗址博物馆 / 154

走进这座由3处博物馆组成的考古遗址博物馆，你一定会有一种穿越时空的感觉。在这里，你将依次走进西周都城、西汉地下宫殿、金中都城，感受西周、西汉、金中都人的生活风貌。

17 郭守敬纪念馆 / 164

站在纪念馆最高处回身眺望，夏季的西海中荷花满潭，叶荫下的鸳鸯穿梭戏水……这流淌千年的西海水，默默记录着元大都的建设密码、科学家郭守敬的治水功绩，以及大运河码头当年人舟如潮的场景。

文化艺术篇

18 中国园林博物馆 / 172

"方宅十余亩，草屋八九间。榆柳荫后檐，桃李罗堂前"，"小构园林寂不哗，疏篱曲径仿山家"，这里就是现代都市人寻寻觅觅的理想家园。在这里，不仅可以全面了解中国古典园林文化，还可以漫步于小巧别致的私家园林和辉煌大气的皇家园林之中，感受和体会古人的极致生活！

19 中国电影博物馆 / 188

看电影已是现代人生活中不可或缺的休闲方式。徜徉于中国电影博物馆这座光影的艺术殿堂，不仅可观大千世界、人间万象，还可圆一个属于自己的电影梦。在这里你可以亲手制作录音、拍短片……体验电影制作的乐趣！

20 保利艺术博物馆 / 202

这里的建筑，线条简洁、稳重大气；这里的艺术珍品，精美绝伦、价值连城；这里的圆明园兽首铜像，更是极为传奇、万众瞩目……

21　中国美术馆 / 212

　　这是一座金碧辉煌、气势恢宏的建筑，这是雕塑的园地、书法的海洋、画作的殿堂……这里的艺术珍品，仿佛凝固了历史上的某些精彩瞬间，韵味隽永，魅力无穷！

22　中国现代文学馆 / 220

　　走进大隐于市的中国现代文学馆，开启一场文学的朝圣之旅。在这里，你可与神交已久的鲁迅、郭沫若、茅盾、巴金、老舍、冰心等文学巨匠进行一场跨越时空的心灵对话；与一部部浓缩着生命感悟的文学作品产生情感共振。这里，是一个净化心灵、唤醒人文情怀的神圣殿堂，给人启迪，催人奋进，使人心向美好！

23　中国邮政邮票博物馆 / 236

　　"小时候，乡愁是一枚小小的邮票，我在这头，母亲在那头。"一张小小的邮票，承载太多人的情感和回忆。方寸之间，气象万千，素有"国家名片""微型百科全书"之称的邮票，展示着一个国家、一个时代的形象、风貌和精神。走进中国邮政邮票博物馆这座艺术殿堂，不仅可以了解中国邮驿邮政数千年波澜壮阔的发展史，而且可以目睹中国及至世界邮票之珍宝！

24　北京艺术博物馆 / 246

　　走进清幽、肃穆，被誉为"京西小故宫"的万寿寺，就等于迈进充满皇家艺术气息的博物馆殿堂。这里高墙深院、雕梁画栋，极其宏伟、壮丽；这里的书法、绘画，笔酣墨饱、大气磅礴；这里的家具、瓷器，古朴厚重、珍贵奢华……

25　北京石刻艺术博物馆 / 261

　　这里不仅是时尚青年的打卡之地，还是古建爱好者的向往之地；既是书法爱好者的修习之地，更是你我探古寻今的清静之地。秋日里，600多

岁的银杏树环抱着那座异国风情浓郁的金刚宝座塔，和谐而又别具韵味……

26　北京燕京八绝博物馆 / 270

一座明代寺庙，承载了明清两代皇室的诸多尊崇；一座颇具匠心的非遗博物馆，呈现了传统工艺的巅峰之作！

27　徐悲鸿纪念馆 / 284

走进这座幽静、有着二层小楼的小院，就如同走进中国艺术的宝库。在这里，你既可了解艺术大师勤劳、简朴的生平，亦可领略其气势磅礴、形神俱足的画作……

28　北京画院美术馆 / 293

"诗书画印，山水、花鸟、人物，工笔、写意无一不能"……沧海遗珠、未被蒙尘的明珠——北京画院美术馆，带给你不一样的艺术视觉盛宴！

29　石景山区石刻文物园（田义墓） / 299

走入田义墓地宫小小的墓室，那阵阵的阴风、幽暗的光线和阴冷的气息，足以营造出十分诡异的气氛！而从这里超越礼制、十分精美的石刻，也足以想象当年这位太监享受何等的恩宠！

自然科学篇

30　中国科学技术馆 / 310

走进位于朝阳区北辰东路5号的中国科学技术馆，这座巨大而壮观的建筑会带给你感官上的震撼。它通过互动与沉浸式的体验，为每位参观者展现中国科技从远古到当代的伟大发展历程，带你感受科技无穷的乐趣和强大的力量。

31　国家自然博物馆 / 319

这里，生动展示着地球的变迁和生命的起源、发展；这里，构筑起地球上生命发生发展的全景图……走进这里，您和孩子可感受到自然之美、造物之奇，领略自然魅力，品读生命史诗。

32 中国地质博物馆 / 327

追寻地球生命演化的轨迹，探究物种更迭的历史奥秘。在这里，人们不仅能从古生物化石中寻找时间流逝的痕迹和生命的真谛，还可以从成千上万的地质标本中发现五彩斑斓的世界，追思亿万年的地球历史。走进中国地质博物馆，犹如走进了一个浓缩的"认知地球、亲近自然"的知识殿堂……

爱·上·北·京·博·物·馆

综合篇

故宫博物院 / 002
中国国家博物馆 / 026
首都博物馆 / 035

爱·上·北·京·博·物·馆

故宫博物院 1

走进恢宏壮丽、庄严肃穆、金碧辉煌的紫禁城,其高墙深院、红墙黄瓦、飞檐斗拱、墁地金砖、精美彩画、珍贵文物等,迎面扑来,弥漫着浓厚的皇家气息……故宫的美,令人震撼、令人窒息!

也许是因为在故宫做了三年半讲解员的缘故,每次去故宫,都有一种回家的感觉。春夏秋冬,四季轮回,狂风暴雨,漫天雪花,总期待在特殊天气下,拍摄出皇家建筑一种极致的美!

故宫,又称紫禁城,是中国明清两代

▼从景山万春亭俯瞰故宫

王朝的皇宫。它不仅是中国现存最大、最完整、最壮丽的古代宫殿建筑群，也是中国历代皇宫建筑的集大成者。故宫始建于明永乐四年（1406年），到永乐十八年（1420年）最终建成。在此后的600多年里，它一直巍然耸立于北京城中心，傲视天下，气势非凡。

这座令人仰慕的故宫，前后共有明清两代24位皇帝在此居住。其东西宽753米，南北长961米，占地面积为72万多平方米，四周环以10米高的城墙和52米宽的护城河（筒子河）。在明清时期，平常百姓很难进入这片禁地！

故宫的建筑，多是木结构、黄琉璃瓦顶、青白石底座，饰以金碧辉煌的彩画。其主体建筑分为外朝和内廷两大部分，外朝主要包括午门、太和门、太和殿、中和殿、保和殿，以及两翼的文华殿、武英殿，主要是明清两代皇帝办理政务、举行朝会及其他重要庆典的场所；内廷则从乾清门起，包括乾清宫、交泰殿、坤宁宫、御花园，以及东西六宫、慈宁宫、宁寿宫等区域，是皇帝、后妃、太后、太妃们等的生活居住区域。

位于故宫四周的角楼，集精巧的建筑结构和精湛的建筑艺术于一身，比例谐调，檐角秀丽，造型别致，成为紫禁城的标志。尤其是从碧波荡漾的筒子河观赏其倒影，颇有人间仙境的意味，令人称奇！

尽管在紫禁城之前，中国古代曾出现过若干皇宫。历朝历代建都之时，多会大兴土木，以高大巍峨的殿宇来宣示自己皇权的威

严。尽管在历朝历代的宫殿中，北京的紫禁城并不是最大的，秦代的阿房宫、汉代的未央宫、唐代的大明宫都比紫禁城大得多，甚至南京的明故宫也比紫禁城更加宽阔，但紫禁城庑殿顶、歇山顶、攒尖顶、单檐、重檐、彩绘、藻井、脊饰等建筑外观的富于变化，镏金、烫金、石刻、琉璃烧造、铜铸等传统工艺的交替使用，均居历代皇宫之首。

紫禁城，是世界建筑史上的伟大奇迹，在世界历史上有着无与伦比的地位。其设计之精巧、规模之宏大、气势之恢宏、文物之珍贵，均已超乎世人的想象！已很难用语言来形容！

▼ 蓝天白云下的故宫角楼

建筑特色

中轴对称

先有中轴线，后有北京城。自元代开始，北京城即围绕纵贯皇宫的中轴线展开。明代的北京城继承了元代的中轴线，并将其延长。明清时期，京城中轴线贯通外城—内城—皇城—宫城，从城南永定门开始，依次排列着10座城门：永定门—正阳门—中华门—天安门—端门—午门—太和门—乾清门—神武门—地安门，一直向北延伸到鼓楼和钟楼，全长约8千米。神秘的紫禁城就位于这条中轴线的中部。

紫禁城的布局，处处都体现着中国古代建筑"中轴对称"的思想。它总体上是根据

▲ 蓝天白云下的午门

▲ 蓝天白云下的武英殿

▲ 太和殿金龙和玺彩画

▲ 故宫红墙黄瓦

《周礼·考工记》中"面朝后市、左祖右社"的原则设计建造的。所谓"面朝",即故宫南侧的百官衙署,是文武百官议政的地方。"后市"是指明清两代紫禁城的后面有一个很大的交易市场,以满足宫廷生活的需要。"左祖"即故宫左侧的太庙(现为北京市劳动人民文化宫),是皇帝祭祀祖先的地方。"右社"即皇宫右侧的社稷坛(现为中山公园),是皇帝祭祀土地神、谷物神的场所。

紫禁城的内部宫殿,沿南北向的中轴线依次排列,并向两旁展开,左右对称。其前半部为外朝,主要以午门、前三殿为主体,文华殿、武英殿分列东、西两侧;后半部为内廷,中心建筑为后三宫、御花园,东、西六宫对称分列两侧。

北京的中轴线就像一部伟大的乐章,永定门是其起始,钟鼓楼是其尾音,而肃穆、威严矗立着的紫禁城则是其高潮,堪称人类建筑史上的奇迹。

红墙黄瓦

走进金碧辉煌的紫禁城,最引人注目的便是随处可见的"红墙黄瓦"。那么,这里的建筑为什么多使用红、黄二色呢?

在我国古代阴阳五行学说中,木、火、金、水、土代表东、南、西、北、中5个方位。土位居中央,代表黄色,象征皇权尊贵。皇帝认为自己的宫殿位居世界的中心,可以控制四方,因此紫禁城多用黄色,就连皇帝的衣着和用具也用黄色,别人用了就是大逆不道。清朝时,亮黄色是帝王的绝对专属,黄色遂成为真龙天子的垄断色、主题色。

紫禁城的木柱、宫墙和门窗等，则大都使用红色。红色为火，火生中央土，皇宫多用红色是为了让皇家天下稳固、永存。明朝开国皇帝朱元璋在位时，皇宫中的很多服饰、用具就以红色为主，而明朝的龙袍也出现过红色。红色象征着尊贵与荣耀、吉祥与喜庆。

当然，个别宫殿也有用其他颜色的，如文渊阁的屋顶用黑色。黑色代表水，水能克火，文渊阁中藏《四库全书》，皇帝希望能以此避免火灾。

飞檐斗拱

飞檐斗拱是指中国古建筑中"飞檐"和"斗拱"两种建筑结构，由于它们在中式古建筑中多数时候一起存在，所以合称为"飞檐斗拱"。

飞檐，是中国传统建筑檐部的形式，是对檐部的一种特殊处理和创造，常用在亭、台、楼、阁、宫殿、庙宇的屋顶转角处。其四角翘伸，形如飞鸟展翅，轻盈活泼，因此也常被称为飞檐翘角。其造型不仅有利于排泄雨水，而且增添了建筑物向上的动感，营造出中国古建筑特有的灵动轻快的韵味。

斗拱，又作斗栱，是中国传统木结构建筑中的一种支撑结构，由方形的斗、升、拱、翘、昂组成，是在柱子上部、屋檐之下用若干方形小斗和若干弓形拱层纵横穿插的组合构建。其功用不仅在于承受上部支出的

▲ 太和门飞檐斗拱

▲ 太和殿金砖

屋檐，将其重量直接或间接传输到立柱上，还起到装饰作用，使建筑的造型更加优美、壮观。

金砖墁地

紫禁城所用到的砖都是特制的，其中一种砖非常名贵，那就是专供宫殿等重要建筑使用的一种高质量的铺地方砖。因其质地坚实，敲之若金属般铿然有声，故名"金砖"。在故宫的重要宫殿中都铺设有此砖。如今人们在太和殿看到的金砖是清康熙年间铺设的，虽历经数百年，却依然光亮如新。太和殿内共铺设金砖4718块。整个故宫用了10万多块。

这种"金砖"并不是用黄金制作的，它是用泥土以特殊加工的方法制造的细料澄泥砖。这种砖制造于当时南方的苏州、松江等地。那里交通便利，"金砖"制成后，可以通过大运河直接运到北京。另外，那里的土质比较细腻，可塑性强。制造"金砖"要花费极高的工本，经过极细致的加工程序：先后有选土、练泥、澄浆、制坯、阴干、熏烧等工序，仅熏烧就需130天时间。成砖以后，要求达到"敲之有声、断之无孔"的境界，才能使用。墁砖时，由瓦工1人和壮工2人互相配合，每天只能墁5块；墁好以后，在上边浇灌一层生桐油，就成了现在闪闪发亮的金砖。

常设展览·文物精华

珍宝馆

如果要欣赏故宫文物,就一定不能错过珍宝馆。

珍宝馆从故宫博物院180多万件(套)藏品中遴选约400件(套)文物,在皇极殿两侧庑房4个展厅分别陈列珠宝、金银、玉石、盆景类文物。另外,珍宝馆还包括养性殿、乐寿堂、颐和轩等建筑的原状陈设。这些文物虽历经岁月的淘洗,但仍然精美绝伦、华丽无比!其不仅显示出皇权至高无上的优雅气度与无上尊严,还多视角展现了皇家富丽精致的品味与爱好。

下面,让我们一起置身于美轮美奂的殿堂之中,领略中华民族的璀璨瑰宝吧!

▲ 清代画珐琅盆蜜蜡佛手盆景局部

▲ 清代画珐琅盆碧玺桃树盆景局部

▲ 清代金嵌珍珠宝石圆花

▲ 清代银镀金点翠嵌珍珠宝石盆花式簪

◀ 金瓯永固杯

金瓯永固杯

金瓯永固杯，故宫的镇馆之宝，是清代皇帝每年在故宫养心殿举行开笔仪式时用的一种特制酒杯。在故宫养心殿东暖阁，与三希堂相对的地方，原来也有一个小间，是乾隆皇帝设置的，称为"明窗"。

▲ 金瓯永固杯局部1

清代自雍正皇帝开始，每年岁末都有封笔仪式，然后在新旧年之交的元旦子时，举行"明窗开笔"典礼。皇帝将亲手点燃烛台上的蜡烛，向事先摆在桌上的金瓯永固杯中注入屠苏酒，手握"万年青"管的毛笔，大书"福"字，书写吉语，祈求皇家吉祥，国泰民安。随后侍臣会将当年的时宪书（亦即皇历）进呈皇帝，皇帝阅览一遍，随后开笔礼结束。

"金瓯"象征国家疆土，"永固"指政权稳固。酒杯通高12.5厘米，口径8厘米，足高5厘米。杯上共镶嵌珍珠11颗，红、蓝宝石21块，极为华丽、精美。

▲ 金瓯永固杯局部2

▲ 点翠嵌珍珠宝石金龙凤冠

点翠嵌珍珠宝石金龙凤冠

凤冠，古代皇帝后妃的冠饰，因其上饰有凤凰样珠宝而得名。明朝凤冠是皇后受册、谒庙、朝会时戴用的礼冠，其形制继承宋制而又加以发展和完善，因此更显得雍容华贵。

点翠嵌珍珠宝石金龙凤冠1956年出土于北京市昌平区定陵，主人为明神宗孝靖皇后，冠高35.5厘米，径20厘米，重2.95千克，用髹漆细竹丝编制而成。其通体装饰有翠鸟羽毛点翠的如意云片，以珍珠、宝石所制的18朵梅花环绕其间。另外，凤冠前部饰一对翠蓝色飞凤，顶部等距排列3条金丝

◀ 点翠嵌珍珠宝石金龙凤冠局部1

▲ 点翠嵌珍珠宝石金龙凤冠局部2

▲ 点翠嵌珍珠宝石金龙凤冠局部3

编制的金龙,其中左右两条口衔珠宝流苏;冠后饰六扇珍珠、宝石制成的"博鬓",像扇形一样分列左右;冠口沿则四周镶嵌红宝石组成的花朵。

整体看起来,此凤冠色泽鲜艳、奢华高雅,实为故宫珍品!

金累丝嵌珍珠宝石五凤钿

金累丝嵌珍珠宝石五凤钿,为清代宫廷所用。

钿,又称钿子,是皇后、妃、嫔们平时戴的便帽,主要在吉祥喜庆场合和中国传统节日时佩戴。

金累丝嵌珍珠宝石五凤钿,通体镶嵌珍珠、宝石,金光灿灿,极其奢华!其以铁丝、纸板为主架,外面再缠绕以黑丝线编织成的网状纹饰;帽架则表层全部点翠,各种

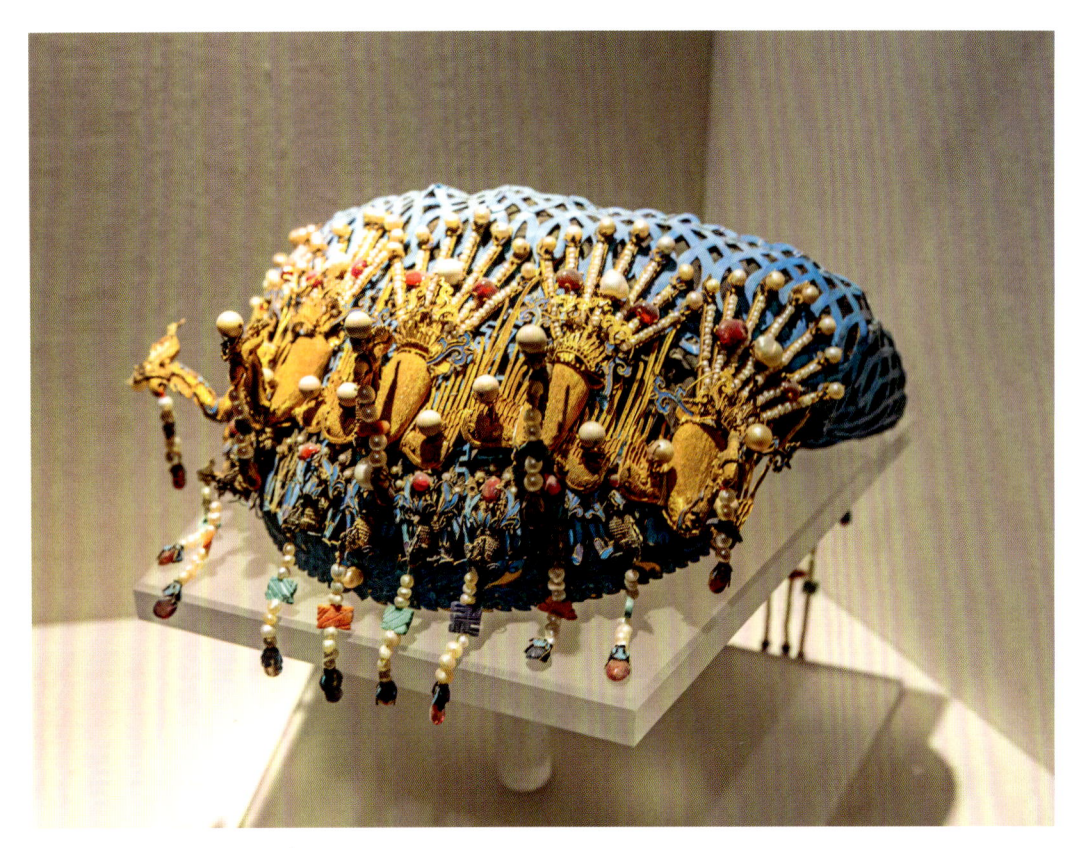

▲ 金累丝嵌珍珠宝石五凤钿

▲ 金累丝嵌珍珠宝石五凤钿局部1

▲ 金累丝嵌珍珠宝石五凤钿局部2

宝石、珍珠嵌于帽架之上，从而组成各种精美、吉祥、喜庆的图案。

钿前部均匀地镶缀5只欲飞翔的金累丝凤，上嵌珍珠、宝石；凤嘴则衔有珍珠、宝石流苏，自由下垂。

金凤下排缀有9只小巧玲珑的金翟，口衔珍珠、青金石、红蓝宝石、珊瑚、绿松石等贯串的流苏。钿后部亦有十几串流苏垂饰。其前后、上下一体，协调有致，十分吸睛。

据统计，整个钿子由50颗大珍珠，几百颗二、三等珍珠，200余块宝石镶嵌而成，珠光宝气，珍贵无比！

金累丝嵌珍珠宝石九凤钿口

此金累丝嵌珍珠宝石九凤钿口,为清宫所用。钿子是皇后、妃、嫔们平时戴的便帽,而钿口就是在钿子前口沿上的一个装饰物。

此金累丝嵌珍珠宝石九凤钿口,长14.5厘米,重47.5克。钿口为长条形,稍有弧度。其长条由金累丝九凤组成,凤头分别顶有一颗晶莹剔透的大珍珠,口衔流苏,自由下垂;流苏由7颗珍珠构成,中间缀有碧玺、珊瑚、青金石等五颜六色的料石;最下面为坠角,有红、绿、蓝宝石点缀其间。

清代钿口沿上的纹饰多种多样。其中,后妃多用凤纹钿口,分别有九凤、七凤、五凤等不同样式。九凤钿口为皇太后、皇后所戴用,规格最高,最为华丽。

碧玺珠翠手串

这是一串粉红色的清代碧玺手串。碧玺的颜色丰富多彩,大自然中的红、黄、蓝、绿、黑、粉等各种色彩,几乎都能在其中找

▲ 金累丝嵌珍珠宝石九凤钿口

▲ 金累丝嵌珍珠宝石九凤钿口局部1

▲ 金累丝嵌珍珠宝石九凤钿口局部2

到。也有人称之为"落入人间的彩虹"。

此手串为十八子手串,由18颗粉色碧玺珠穿成,故名。其上、下各有翠质结珠一颗,俗称"佛头"。下面的佛头承接一座小佛塔,佛塔下系丝线及珊瑚杵一个;再下方连接翡翠盘肠背云,上、下各有一颗珍珠,晶莹剔透;最下方为2个深绿色的精美翠坠角,坠角上系有小珍珠2颗。

此手串为装饰物,由佛教的念珠演化而来,平时可以佩戴于衣服、手腕上,亦可在闲时赏玩。

银镀金点翠嵌宝石花果纹簪

该簪为清代宫廷遗物。簪,是用来绾住头发的一种首饰,古代亦用以把帽子别在头发上。

这两支造型相近的银镀金点

▲ 碧玺珠翠手串

▲ 碧玺珠翠手串局部1

▲ 碧玺珠翠手串局部2

▲ 银镀金点翠嵌宝石花果纹簪

▲ 银镀金点翠嵌宝石花果纹簪局部

翠嵌宝石花果纹簪，最初设计时，应该为配套的一对。其总体布局美观、协调，中央为柿子与石榴，两侧则装饰笙与花枝。金累丝柿子中央镶嵌大块玉石，颜色碧绿，十分醒目。石榴则采用点翠工艺，一半镶嵌碧玺，另一半镶嵌小红宝石作为石榴籽；上、下各有一朵点翠小花，上者中间嵌一粒珍珠，下者中间则镶红宝石。笙为点翠工艺，造型较为独特，其中央镶嵌红宝石一颗，旁边为中间嵌珍珠的点翠小花。花枝为累丝工艺，自由散开，做工精细，上面镶嵌4颗红宝石与1颗珍珠，下衬点翠花叶。

整体来看，两支花果纹簪用料考究，制作精良，极为奢华。

金镶伽南香木嵌寿字手镯

手镯，是指用金、银、玉等制作的戴在手腕上的环形装饰品，一般分两种：一是封闭形圆环，以玉石材料为多；二是有端口或数个链片，以金属材料居多。在古代，手镯不仅是女子的装饰品，还可以互赠作为纪念物。

该手镯为清代遗物，成对陈设在珍宝馆，直径7.4厘米，内环为黄金质地，外表分别镶嵌团形和长形"寿"字图案。这些分布均匀的"寿"字由小金珠穿接、内嵌而成，金光闪闪，浑然天成！在古代，"寿"字内涵丰富，清宫中的此物有祝福帝后、妃嫔长寿及江山永固、国运绵长之意。

手镯外围用伽南香木制成。伽南香木

▲ 金镶伽南香木嵌寿字对镯

▲ 金镶伽南香木嵌寿字单镯

即沉香，又称"奇南香"，是中国广东、海南、广西、福建等东南沿海山区与东南亚一带稀有、珍贵的香材，能散发出清远、芬馥的香气，在中国古代除用作香料外，多用作家具装饰件及小型工艺品。另外，亦可药用，具有行气止痛、温中止呕、纳气平喘之功效，夏天佩戴它，也可驱邪避秽。

整对手镯，黄金和香木无缝对接、搭配和谐，不仅显得雍容华贵，还自带异香，香气宜人。

金累丝万年如意

金累丝万年如意，是乾隆皇帝六十（1770年）寿辰时王公大臣进献的礼品，共60柄，蕴含着丰富的中国传统吉祥文化。

乾隆帝六十寿诞时，万国朝贺，纷纷进献奇珍异宝，"金累丝万年如意"位居首位。

▲ 金累丝万年如意局部1

▲ 金累丝万年如意局部2

▲ 金累丝万年如意

乾隆朝大臣们为表祝贺之意，绞尽脑汁，决定用1361两黄金打造60柄如意，组成一甲子，象征江山永固、万年循环、周而复始、万象更新、永保如意。整套如意富贵、奢华、金光灿灿，极富皇家气派，堪称古今"第一"如意！

每柄如意均以绿松石镶嵌"甲子""乙丑"等干支纪年和"万年如意"字样，寓意国泰民安、丰衣足食、事事遂心、福运连连！

金錾花卉纹嵌珠宝如意式香熏

金錾花卉纹嵌珠宝如意式香熏为清代遗物，长58厘米，首宽16.5厘米，通体錾刻镂雕缠枝花，花纹繁复、紧凑，玲珑剔透。其设计非常巧妙，整体仿照清中期宫廷流行的三镶如意的式样而制，首、中、尾3处是精美的盒，有活盖，可以随意放置香花，故又叫花熏。香熏的3个盖面均以碧玺、红宝石为花瓣，珍珠为花蕊，翡翠为叶片，组成各色花卉图案。

▶ 金錾花卉纹嵌珠宝如意式香熏

▲ 金錾花卉纹嵌珠宝如意式香熏局部1

▲ 金錾花卉纹嵌珠宝如意式香熏局部2

在盒的上、下部边缘，以及整器的边缘一周，均镶嵌碧玺、翡翠、料珠及红、蓝、绿宝石等，形成一条颜色相间的宝石装饰带。

整件器物共用宝石等百余颗，晶莹剔透，价值连城。

翠雕花鸟纹花插

花插属陈设用品，历史悠久。早在明代，玉器中已有花插，多为筒形。至清代，玉花插形态丰富，其中树桩形花插比较典型，更具特色。

该花插为清代遗物，高25厘米，口径5.9厘米，整体呈青绿色，深绿及黄褐色散布其间。整个花插犹如一根树桩，主干粗大，上面留口，内可插物；四周镂雕精美的牡丹花枝，枝上立有禽鸟，最下面是镂空雕花的红木座。

该花插所用翠料高档、奢华，晶莹剔透，是清代宫廷的重要陈设器，观者欣赏后无不叹服！

▲ 翠雕花鸟纹花插局部1

▲ 翠雕花鸟纹花插局部2

▲ 翠雕花鸟纹花插

钟表馆

除珍宝馆外，钟表馆是故宫博物院另一个单独收费的专题展馆，现设在景运门外的奉先殿内。

故宫博物院共收藏中外钟表1000多件，以英国产品居多，也有法国、瑞士等其他西方国家的，或由通商进口，或由外国赠送；另外，还有一些是由当时的清宫"造办处"和广州、苏州等地自行制造的，是正儿八经的"国货"。

本展览共遴选钟表100多件，分5个单元予以展示。这些钟表制作精美、功能复

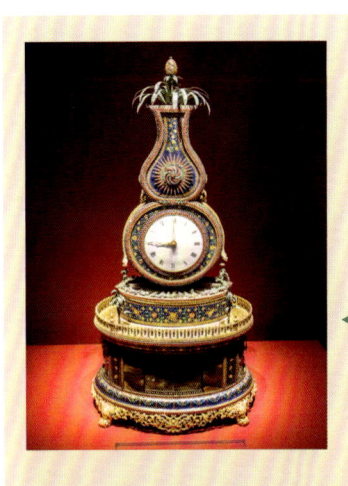

◀清乾隆镀金
自开门寿星
葫芦式钟

◀清乾隆镀金
自开门寿星
葫芦式钟

◀法国镀金珐琅
围屏式钟

◀英国镀金鹿驮
转花变花钟

杂、装饰华贵。其报时方式多种多样，有的自动开关门，机器人出来敲钟；有的琴鼓齐鸣，奏出悦耳的音乐；有的花开、蝶舞，呈现吉祥的寓意……

陶瓷馆

如果想了解中国的陶瓷历史，欣赏中国的陶瓷之美，可以到陶瓷馆来。

中国是世界上最早制作和使用陶器的国家。早在距今约两万年以前，我们的祖先就已发明了制陶术。夏、商时期，我国已能烧造原始瓷。至东汉，发明了真正意义上的瓷器。这是中华民族文明史上的光辉一页。

▲清代宫廷陈设赏赐用瓷

爱上北京博物馆

▲ 清代宫廷进膳用瓷

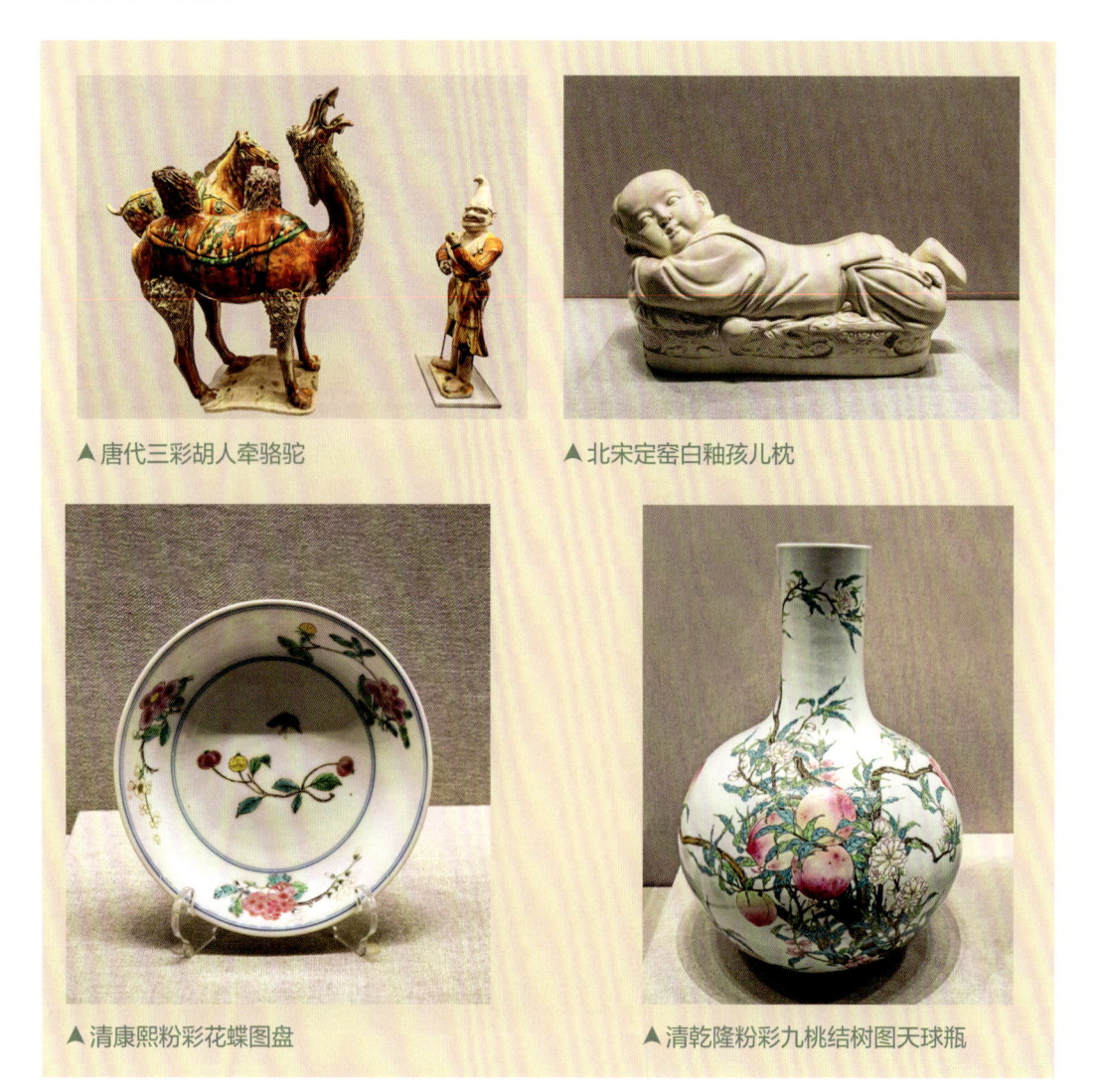

▲ 唐代三彩胡人牵骆驼

▲ 北宋定窑白釉孩儿枕

▲ 清康熙粉彩花蝶图盘

▲ 清乾隆粉彩九桃结树图天球瓶

自唐以来，中国陶瓷远销世界各国。这不仅推动了世界陶瓷文化的发展，也有力地证明了我国在历史上无愧于"瓷器之国"的盛誉。

故宫博物院共收藏陶瓷类文物36万多件，绝大部分属于清代宫廷藏品。本展览遴选约1000件有代表性的陶瓷藏品，从新石器时代磁山文化到民国时期，分17个主题予以展示，力求反映中国陶瓷延绵不断的历史和博大精深的内涵。

▲ 清乾隆各种釉彩大瓶

清乾隆各种釉彩大瓶

在陶瓷馆的各种展品中，有一件珍品最值得优先鉴赏，那便是代表景德镇御窑厂制瓷工艺顶峰的国宝重器、素有"瓷母"之美称的清乾隆各种釉彩大瓶。

之所以被称为"瓷母"，是因为它集各种高温釉、低温釉、彩于一身，据说光釉彩就使用了从宋到清的17种。其中，"釉上彩"有金彩、粉彩、洋彩、珐琅彩；"釉下彩"有青花、斗彩；釉有仿哥釉、仿钧釉、仿汝釉、仿官釉、松石绿釉、粉青釉、霁蓝釉、酱色釉等。

这件体量硕大的"瓷母"瓶子，自上而下一共分为15个装饰层，采用当时各种最先进的技艺和装饰手法，整件瓷器呈现了登峰造极的艺术成就，不愧为康乾盛世的"绝世佳作"，清代瓷器的"巅峰盛宴"。

拓展阅读 ▶▶▶▶

《清明上河图》

《清明上河图》是北宋徽宗时期画家张择端仅见的存世精品，中国十大传世名画之一，在世界绘画史上都是独一无二的，绝对属于国宝级文物。其宽24.8厘米、长528.7厘米，绘制了巨量的人物、牛、骡、驴、车、轿、船只、房屋、桥梁、城楼等，记录了中国12世纪北宋都城东京（今河南开封）的城市面貌和当时社会各阶层的生活状况，是北宋时期都城东京繁华的见证。此画完成后，献给了当时的皇帝宋徽宗。宋徽宗用"瘦金体"书法亲笔在图上题写了"清明上河图"5个字，并钤上了双龙小印（今佚）。

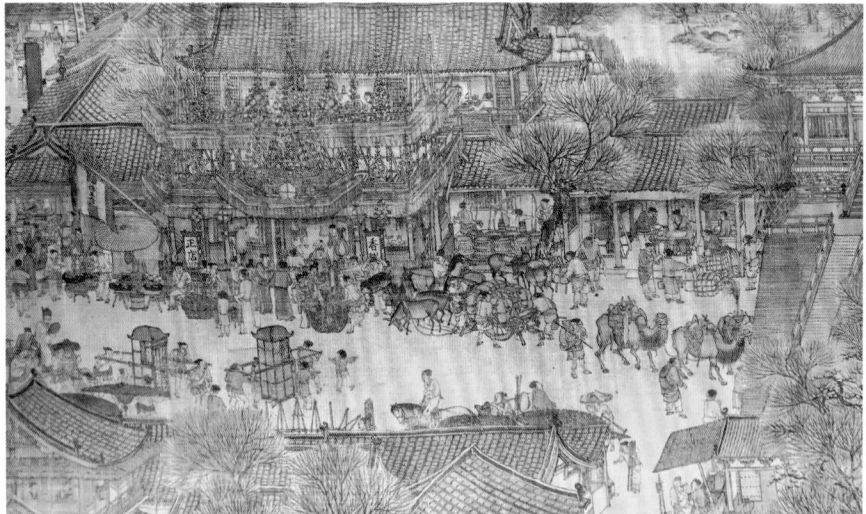

▲《清明上河图》局部

《千里江山图》

《千里江山图》是北宋画家王希孟传世的唯一作品，是中国十大传世名画之一，已有近千年之寿。作品纵51.5厘米，横1191.5厘米，以长卷形式，立足传统，描绘了祖国雄伟壮观的河山。画面中，峰峦起伏的群山，烟波浩渺的江河、高崖飞瀑、渔村野市、水榭楼台、茅庵草舍……构成了一幅绝妙的江南山水图。

▲《千里江山图》局部

拓展视频：
其他文物
鉴赏

中国国家博物馆 ②

走进中国国家博物馆,就像走进一幅长长的历史画卷,各种古朴、沧桑、精美、厚重的文物瞬间跃然纸上……每一次置身馆内,都有一种穿越古今的奇妙之感!

如果说中国哪家博物馆文物收藏最丰富、举办展览最多、展品更新最快,非中国国家博物馆莫属!

这座被誉为"国家最高历史文化艺术殿堂和文化客厅"的博物馆,矗立于北京市中心天安门广场东侧,东长安街南侧,与人

▼中国国家博物馆夜景

民大会堂遥相呼应。其前身可追溯至1912年成立的国立历史博物馆筹备处；2003年，由中国历史博物馆和中国革命博物馆合并组建而成。

中国国家博物馆藏品丰富、文物众多，来此参观的人，总会找到自己感兴趣的领域。这里有140余万件藏品，涵盖古代、近现代文物，图书古籍善本，艺术品等多种门类。其展览包括基本陈列、专题展览、临时展览三大系列。其中，"古代中国"、"复兴之路"和"复兴之路·新时代部分"为基本陈列；专题展览主要以馆藏文物为基础，包括中国古代佛造像、服饰、瓷器、玉器、铜镜、钱币、书画、馆藏经典美术作品、科技等10余个专题；临时展览则包括自主策划、引进交流展览两大类，年均办展40余个。

这些极富特色的展览，吸引了国内外无数的观众，使中国国家博物馆成为世界上最受欢迎的博物馆之一。

建筑特色

世界上单体建筑面积最大的博物馆

中国国家博物馆是北京20世纪50年代"十大建筑"之一，被誉为"世界上单体建筑面积最大的博物馆"。其建筑设计大气庄重、古朴典雅：面向天安门广场的西门，有由24根方柱组成的富有民族风格的11孔巨型方柱式门廊，门廊两端有两座高达39.83米的柱楼，门廊顶端有由多面红旗簇拥着的国徽装饰，整体看起来十分庄严、肃穆，体现出大国博物馆的风范！

▼ 中国国家博物馆方柱

爱上北京博物馆

▲ 雨水倒影中的中国国家博物馆

从西入口进去，你会看见宽敞的庭院、气派的大台阶和修长的柱廊。如果凑巧碰上下雨天来此参观，那交相辉映的巨型方柱与水中倒影呈现出来的恢宏气势，足以令你感到震撼！

中国国家博物馆向世人展示了现代与古典和谐统一的建筑艺术特色。其地面材料是花岗岩，墙面则大面积运用了木材；长达300多米、高28米的艺术长廊贯穿南北轴线，顶部则分布着380个藻井天窗，彰显着极具魅力的中式建筑风格。西侧拱廊不仅与天安门整体风格非常契合，屋顶古铜色金属板与故宫屋顶的皇家之风也十分相近。另外，随处可见的源于中国古典建筑的木雕、砖雕、铜雕、石雕艺术，无不体现着中华文化的深厚底蕴。

常设展览·文物精华

古代中国

应该很少有展览像"古代中国"基本陈列一样，跨历史之久远——它以王朝更替为主要脉络，分为远古时期、夏商西周时期、春秋战国时期、秦汉时期、三国两晋南北朝

▲ "古代中国"基本陈列展厅入口

▲ "古代中国"基本陈列展厅一角

028

时期、隋唐五代时期、辽宋夏金元时期和明清时期8个专题。

应该很少有展览像"古代中国"基本陈列一样，展陈文物丰富且珍贵——其展出文物2026件，包括一级文物521件！

"古代中国"基本陈列，通过不同时期的珍贵文物，充分展现了中华文明绵延不绝的发展脉络，以及各族劳动人民共同缔造多民族国家的历史进程。

后母戊鼎

后母戊鼎，旧称司母戊鼎，是商代后期王室祭祀用的青铜方鼎。它是1939年初春，河南安阳武官村的吴姓兄弟俩拿着洛阳铲在田地里"淘宝"时发现的。因其腹内壁铸有"后母戊"3字而得名。其早年流传经历颇为曲折，曾多次躲过日本侵略者的掠夺。

后母戊鼎为商王武丁时期祭祀用鼎，高133厘米，口长112厘米，口宽79.2厘米，重832.84千克，是目前已知中国古代最重的青铜器。

▲ 后母戊鼎鼎耳外侧虎头人纹

▲ 后母戊鼎足部饕餮纹

▲ 后母戊鼎

后母戊鼎不仅形制巨大，而且工艺精巧：鼎身四壁沿周缘及其足部皆装饰有精巧的饕餮纹，增加了文物本身的威武、凝重感。饕餮是古代中国传说中的一种喜欢吃各种食物的神兽，把它铸在青铜器上，象征吉祥、丰年足食。鼎耳上部则装饰鱼纹，线条清晰，形象逼真。鼎耳外侧装饰虎头人纹。由近处可见：这种纹饰位于鼎耳左、右两侧，呈虎形；虎头则绕到鼎耳的上部张口相向；虎口中间有一人头，好像即将被吞食。

后母戊鼎充分证明了商代后期的青铜铸造不但规模宏大，而且组织严密、分工细致，足以代表高度发达的商代青铜文化。

四羊青铜方尊

四羊青铜方尊是中国现存商代青铜方尊

▲ 四羊青铜方尊卷角羊头

中最大的一件，1938年出土于湖南省宁乡县黄材镇月山铺转耳仑的山腰上。后几经辗转、流失、损坏，最终于1954年重获新生。

其器身呈方形，上口最大径44.4厘米，高58.6厘米，重量34.6千克；颈部高高耸立，四周饰有蕉叶纹、三角夔纹和兽面纹。尊的四角各塑一卷角羊头。羊头与羊颈前伸于器外，羊身与羊腿则巧妙附着于腹部及圈足上。羊体另饰有夔纹等。

整件器物铸造技艺高超，雕刻纹饰精美，被史学界称为"臻于极致的青铜典范"。

复兴之路

该陈列分为中国沦为半殖民地半封建社会、探求救亡图存的道路、中国共产党肩负起民族独立人民解放历史重任、建设社会主义新中国、走中国特色社会主义道路5个部分，通过1280多件（套）珍贵文物和870多张历史照片，回顾了1840年鸦片战争以来，中国各阶层人民的屈辱抗争史，呈现了中国共产党领导全国各族人民争取民族独

▲ 四羊青铜方尊

▲ "复兴之路"展厅入口

▲ 1907年的《民报》临时增刊"天讨"

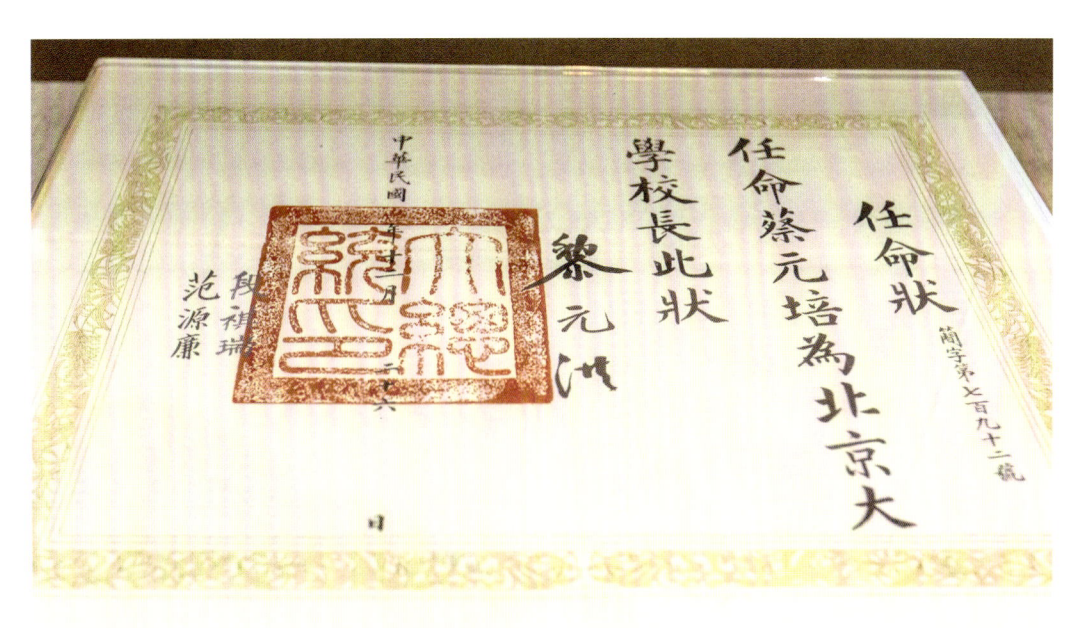

▲ 1916年民国大总统黎元洪签署的任命蔡元培为北京大学校长的任命状

立、人民解放和实现国家富强、人民富裕的光辉历程，充分展示了历史和人民为何选择、怎样选择了马克思主义、中国共产党、社会主义道路、改革开放之路。

▲ 人民解放军在平津战役中使用的发报机

▲ 台湾同胞返乡探亲团团员穿的夹克衫

▲ 明代三彩菩萨坐像

中国古代佛造像

中国佛教文化源远流长、博大精深，而佛造像作为一门特殊的艺术，在中华文明的浸润下，逐渐形成不同时代、地域的独特风格。

本专题展览力图通过200多件藏品，勾勒出中国古代佛造像的发展历程，呈现不同地域佛造像的精彩造型和深厚内涵。

中国古代服饰文化展

服饰不仅是人们生活的必需品，也是

▲ 宋代彩绘木雕观音菩萨坐像

▲ 中国古代服饰文化展展厅入口

▲ 唐朝服饰

▲ 东汉"柏氏作"神人车马画像铜镜

▲ 南宋服饰、元代服饰

▲ 隋唐四神十二生肖纹铜镜

▲ 元代双凤流云纹铜镜

▲ 清代服饰

▲ 明洪武龙纹铜镜

古代文化的重要载体。中国素有"衣冠王国"之美誉。本专题展览按不同历史时期分为"先秦服饰""秦汉魏晋南北朝服饰""隋唐五代服饰""宋辽金西夏元服饰""明代服饰""清代服饰"6个部分，通过近130件（套）文物，展示了中国古代服饰的衍变历程，也折射出中华服饰文化延绵不断的生活画卷。

中国古代铜镜文化展

本次展览从数以千计的馆藏铜镜及相关

妆具和铸造陶范中精选出260余件（套）展品，完整地串联起中国古代铜镜的发展脉络，系统展示了铜镜的历史价值、审美价值、科技价值和文化价值。

科技的力量

科技是第一生产力。数千年来，中华民族创造了灿烂的古代文明，取得了辉煌的科技成就。本专题展览内容上起甲骨文中的日食记录和干支表，下至"墨子号"量子科学实验卫星，目的是通过"格物穷理""天工开物""西风东渐""走向复兴"4个部分共400余件（套）文物、50余件模型，着重展示中国不同时期的科技发展特点及突出成就。

▲ 北宋假天仪模型

▲ "科技的力量"展厅入口

▲ 三国曹魏指南车模型

▲ 明代水磨坊模型

拓展视频：其他文物鉴赏

首都博物馆 ❸

若问古都北京的历史文化、民俗风物何处寻，首都博物馆一定是极佳的选择。走进首都博物馆，就像走进京味文化和古代艺术的殿堂；置身馆内，仿佛置身于古今交错的北京城……

在复兴门外大街和白云路的交会处，能看见一座宏伟壮观的建筑，它那巨大的挑檐屋顶、透明的玻璃幕墙，令人眼前一亮。它就是北京城的"名片"——首都博物馆。

坐落于北京市西城区复兴门外大街16

▼ 首都博物馆外景

爱上北京博物馆

▲ "老舍茶馆"牌匾及展厅一角

号的首都博物馆，是集收藏、展览、研究、考古、公共教育、文化交流于一体的大型综合性地志类城市博物馆，也是国家一级博物馆。首都博物馆占地面积24800平方米，总建筑面积63390平方米。经典的建筑、丰富的展陈、先进的技术、完善的功能、优质的服务，使得首都博物馆在号称"博物馆之都"的北京独树一帜。

首都博物馆于1953年开始筹备，1981年正式对外开放，原馆址位于北京孔庙。1999年，首都博物馆新馆建设项目开始筹备。经过4年多的建设和试运行，2006年5月18日首都博物馆新馆正式开馆。

首都博物馆不仅是一座重要的城市文化设施，也是北京地区文物保护、文物研究和面向公众传播爱国主义精神、历史及科学知识的基地。同时，首都博物馆也是北京市举办礼仪和庆典活动的重要场所。如今的首博，

▲ 京剧脸谱

已成为首都重要的文化活动场所，是全方位展示古都文化、京味文化、红色文化、创新文化的窗口。

首都博物馆馆藏文物达20余万件，品类极为丰富，包括：陶瓷器、青铜器、玉器、佛教造像、书画、石刻、织绣、钱币、玺印、竹木牙角器、文房用具、家具等。尤以辽、金、元、明、清几代的文物最为有特色，其中不乏享誉海内外的孤品与珍品。

走进首都博物馆，仿佛置身于北京城波澜壮阔的历史画卷，京城文化的独特韵味扑面而来，原始聚落的文明曙光、封建王朝大一统的都城文化、中华人民共和国的首都新貌无不震撼人心！

建筑特色

古典美与现代美之集大成者

首都博物馆的建筑设计理念遵循"以人为本，以文物为本，为社会服务"的原则，强调"过去与未来、历史与现代、艺术与自然的和谐统一"。

▲ 俯瞰首都博物馆

首都博物馆是一座融古典美和现代美为一体的建筑艺术品，既体现了民族特色，又极富现代感。从首都博物馆庞大的屋顶上能看到中国传统建筑的深远挑檐。两侧长长的石质幕墙象征着中国古代坚固的城墙。夕阳下，幕墙上光影交错，泛着金光的石质幕墙仿佛"温柔"了时光。人们还可以看到，首都博物馆椭圆形的青铜展馆斜出了墙面，就像寓意着古代文物破土而出。

大厅北门外地面上镶嵌的清代丹陛和大厅内高大壮观的明代牌楼，都体现出了中国传统建筑中轴对称的特点。这座流光溢彩的"景德街"牌楼，常常引得观众在此驻足，人们都惊叹于它的气度，也惊奇于它为何矗立在此。

首都博物馆建筑选料丰富，砖石、木材与青铜的综合运用显示了历史的沉淀。北广场和大堂地面所用石材，产自曾为营造北京城供应石材的房山地区；方形展厅的外装饰，采用的是北京常见的榆木；椭圆形展厅的外装饰用的则是青铜材料，并饰以北京地区出土的西周时期青铜器上的典型纹样。钢结构棚顶和玻璃幕墙等表现出了北京的创新文化，将当代建筑的国际流行趋势展现得淋漓尽致。

常设展览·文物精华

古都北京·历史文化篇

如果想了解北京城的历史，一定要去首都博物馆的基本陈列"古都北京·历史文化篇"一探究竟。

▲ 新石器时代中期陶三足钵

▲ 新石器时代中期红陶鸟首形器

"古都北京·历史文化篇"的展陈内容由"北京历史文化"与"世界文明概览"两部分组成，其中，"北京历史文化"部分是本篇的核心。这部分展览内容以历史文化为视角，全方位展示了从46万年前的远古时期至中华人民共和国成立的漫漫岁月中，北京城不断变迁的历史进程，概括出北京文化荟萃性、多元性、连续性、创新性与递升性的5个显著特点。此部分共展出文物675件（组）与大量图表、照片，包括石器、陶瓷器、玉器、青铜器、金银器、织绣、书画、家具、拓片等。

"世界文明概览"则是"北京历史文化"的辅助陈列。它展示了以世界为范围的广阔背景下，与"北京历史文化"同时间序列的诸多文物，帮助观众理解北京历史文化的内涵。

位于展线内圈（展柜）的"北京历史文化"和外圈（展厅四壁）的"世界文明概览"，共同向大家诉说着开放、包容的大北京的故事。

▲ 辽代灰陶契丹族男立俑

▲ 明代宣德款金云凤纹瓶

▲ 唐代三彩带流罐

▲ 明代嵌宝石刻花金盏托

京城旧事·老北京民俗展

如果想了解北京城的民俗，则一定要去首都博物馆的"京城旧事·老北京民俗展"看看。

"京城旧事·老北京民俗展"以北京建都800多年的皇城为背景，时间定格在清末至民国年间，采用京味文化的代表——胡同和四合院来反映展览主题，以一位"老北京"的回忆自述，串联起人生礼俗中的桩桩件件，别出心裁。这里有洞房花烛美姻缘的

▲ 百家衣复制件

▲ 民国龙凤绣花鞋

▲ 寿堂

场景；有降龙诞凤添新丁的物件；有古稀大寿福如海的摆设；还有爆竹辞旧迎新春的年味儿。人们能通过这一展览了解"老北京"的生活、商业习俗等，还能领略国粹京剧的深深魅力。

古代瓷器艺术精品展

"古代瓷器艺术精品展"以时间为脉络，展出了宋辽金至明清时期北京地区遗址、墓葬、窖藏出土的瓷器和传世瓷器艺术品。展览有4个部分，共展出文物170件（组）。无论是宋辽金时期风格各异的瓷瓶、瓷壶等，还是元大都出土的颇具草原文化特色的瓷器器形，抑或是明清时期争奇斗艳的名贵彩瓷，都反映出当时高超的制瓷水平。

古代佛像艺术精品展

本展览共展出佛像262尊，造型各异，风格多元，其中大部分佛像是首次向公众展示的馆藏精品。展览分为汉传佛像艺术和藏传佛像艺术，通过这个展览，观众能切身感受到佛像艺术在我国汉、藏地区发展形成的不同艺术风貌。

▲斗彩绿竹节纹罐

▲清乾隆铜镀金绿度母像

▲斗彩三星图玉壶春瓶

▲铜镀金虚空藏菩萨像

古代玉器艺术精品展

古人将玉视为珍宝，常有"君子如玉"之说。

"古代玉器艺术精品展"揭示了玉文化的发展历程，将玉器发展的基本脉络展示给观众，体现了不同时期玉器的工艺特色。展览共展出文物181件（组），分为"新石器至南北朝时期""隋唐至辽金时期""元明清时期"3个部分。展品中有大量王公贵族墓葬出土的玉器，以及带有皇帝年款及刻有御制诗文的玉器，突出了北京作为古都的文化特色。

▲ 清代翡翠雕龙带钩

想要了解玉器的相关知识，这里一定不容错过。

翠鼻烟壶

这件清代翠鼻烟壶出土于北京市海淀区李莲英墓，是一件极为精美的玉质鼻烟壶。壶盖呈光润透亮的粉红色，壶身为正阳绿，翠中带白，体量较大，造型方面则比较质朴，无雕刻纹饰。鼻烟壶是一种盛鼻烟的容器，小巧玲珑，便于携带，始于明而盛于清。除了本身的使用价值外，选料上乘、工艺精湛的鼻烟壶也成为身份地位的象征和馈赠的佳品。这件翠鼻烟壶可谓鼻烟壶中的精品，因是从墓中发掘，可见李莲英生前对它的喜爱之甚。

▲ 明代青白玉龙首螭纹带钩

▲ 宋代青玉卧鹿嵌饰

▲ 翠鼻烟壶

▲ 春秋中期云纹匜

▲ 西周早期戈父工鬲

燕地青铜艺术精品展

青铜文化是中华民族优秀传统文化的重要组成部分，而燕地的青铜艺术则是在铸造技术、造型、纹饰诸方面都反映出了北京地域特色的青铜艺术。"燕地青铜艺术精品展"分为两部分，共展出文物132件（组），为突出燕文化的特色，展厅中心还特意设计了一座能显示夯土层理的方城，象征房山琉璃河燕国西周都城。在这里，西周的青铜器位于展厅中心，东周的则位于展厅四周展柜，两周展品按照礼乐器、兵器、杂器的顺序对应摆放，让人们能直观感受到不同时期青铜文化的差异。

读城——探秘北京中轴线

在首都北京有这样一条线，它始于元朝，贯穿南北，东西两侧的建筑物呈对称分布。它就是北京中轴线。著名建筑学家梁思成先生称赞道"北京独有的壮美秩序就由这条中轴的建立而产生"。

北京中轴线可谓是古都北京的"脊梁"。中华民族传统文化中尊卑、中庸的思想，反映在城市建筑上，便有了北京中轴线。这条世界上现存最长的城市中轴线，汇聚了北京城的建筑精品，门楼、坛庙、广场的变迁，也发生了形

▲ 鎏金铜铺首

▲ "读城——探秘北京中轴线"展厅一角

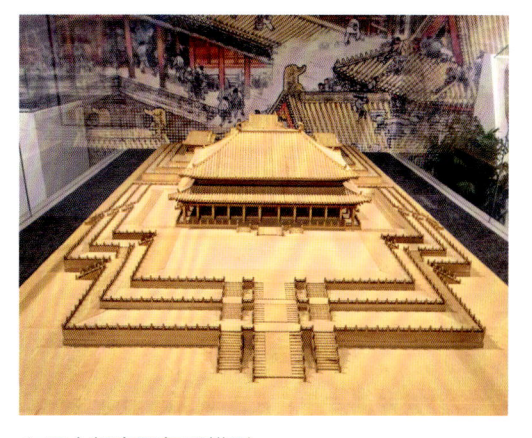

▲ 元大都宫殿复原模型

3 首都博物馆

043

形色色鲜为人知的故事。"读城——探秘北京中轴线"展则带着我们探古访今,探秘北京中轴线。

该展览分为"溯·前世传奇""探·大国意蕴""话·今生故事"3个单元,多角度呈现北京中轴线的发展历程。相信北京中轴线这一体现古都保护和首都发展的城市发展之轴,将持续焕发生机,始终光耀东方。

拓展阅读 ▶▶▶▶

伯矩鬲

1974年北京市房山区琉璃河遗址251号墓出土的西周伯矩鬲,是首都博物馆馆藏文物中的一件精品。它通高33厘米,口径22.9厘米,盖钮、盖面、袋足3处共有7个牛首兽面纹,各具特色,精美绝伦。牛首是商周青铜器中比较常见的兽面纹题材,但像伯矩鬲一样多达7个牛首的青铜器却非常罕见,其立体风格的牛首兽面纹也不同于常见的平面化牛首兽面纹。伯矩鬲盖内及颈部内壁铸有相同的15字铭文,盖内4行,颈部内壁5行,铭文内容为"才(在)戊辰,匽侯赐伯矩贝,用作父戊尊彝"。伯矩鬲是西周青铜器中的杰出作品,代表了当时精湛的设计工艺和青铜铸造水平。

景德镇窑青花凤首扁壶

这件青花凤首扁壶出土于北京市西城区的元代窖藏,高18.7厘米,口径4厘米。扁壶的设计充满巧思。它的流是昂起的凤首,柄是卷起的凤尾,壶体上部绘有凤身,双翅垂至两侧。凤首壶的制作工艺复杂,其造型之美观、工艺之精湛,都使它成为元青花中的精品。

元代中期,青花瓷被大量生产,所烧瓷器主要分为两类:一类是外销瓷,如销往西亚地区的产品大多器形高大、纹饰繁密,具有浓郁的伊斯兰风格;另一类是供元代宫廷及贵族使用或行销国内的内销瓷,主要特点是器形小巧、纹饰疏朗,在北京地区出土的元青花多为此类。

▲伯矩鬲

▲景德镇窑青花凤首扁壶

爱·上·北·京·博·物·馆

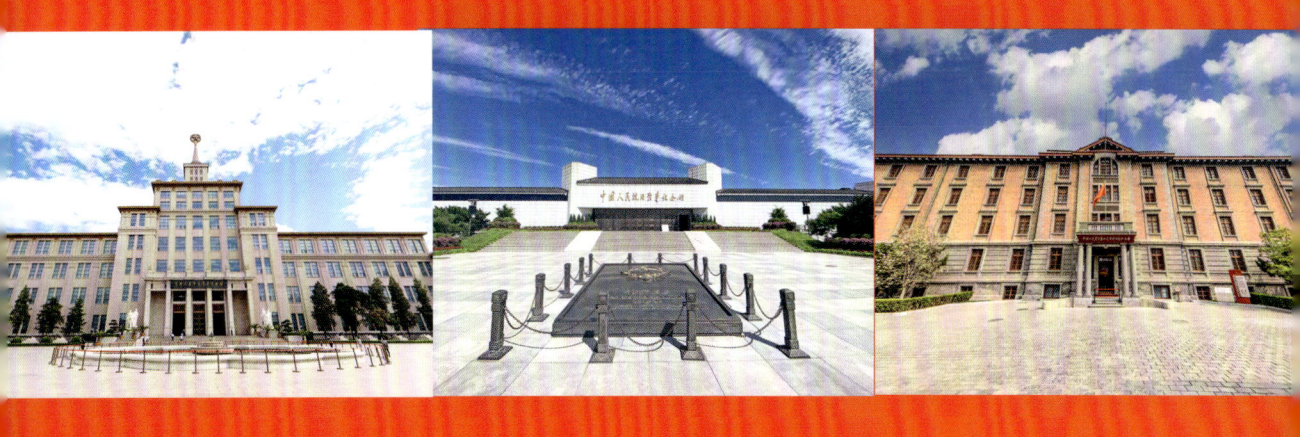

历史篇

中国人民革命军事博物馆 / 046
明十三陵博物馆 / 054
恭王府博物馆 / 065
孔庙和国子监博物馆 / 073
中国人民抗日战争纪念馆 / 083
北京大学红楼 / 099
香山双清别墅 / 106
香山革命纪念馆 / 113

李大钊故居 / 119
北京鲁迅博物馆 / 124
《新青年》编辑部旧址
（陈独秀旧居） / 134
北京文博交流馆 / 142
北京考古遗址博物馆 / 154
郭守敬纪念馆 / 164

爱·上·北·京·博·物·馆

中国人民革命军事博物馆 ❹

> 军博绝对是军迷们最爱的地方。这里不仅展示着从古至今的军事科技、军事故事，更展示着中国共产党带领人民军队从诞生到胜利的全过程，其中的各种文物与故事，饱含激情，催人奋进，更让人深受教育。

沿着长安街西行，有一座宏大巍峨的苏式建筑矗立在中华世纪坛旁，尖顶上的金色军徽熠熠生辉，尤为醒目，这就是北京 20 世纪 50 年代的十大建筑之一，中国第一个综合类军事博物馆——中国人民革命军事博物馆。

▼ 中国人民革命军事博物馆外景

中国人民革命军事博物馆，被人们亲切地简称为"军博"。对于很多初到北京的人来说，军博是必逛清单中的"常客"。尤其是近年来纪念抗战胜利70周年、建国70周年、建军百年、建党百年，盛事一件接着一件，军博无论是硬件还是展陈都焕然一新，来参观的人就更多了。

▲ 彭德怀在抗美援朝时使用过的望远镜

徜徉在这军事的海洋中，人们不由得感叹，今天可以在如此和平的环境中工作和生活，在如此舒适的环境中欣赏展览，享受生活的岁月静好，正是因为有无数革命先烈为我们负重前行，打下了人民当家做主的社会主义江山。纵观世界，纵览古今，和平美好并不是天然的恩赐，我们要感谢英烈，感谢强大的人民军队，感谢强大的祖国，是他们捍卫了我们的幸福安康。

建筑特色

献礼建国10周年的雄伟建筑

军博的历史，可以追溯到1958年。当年8月的北戴河会议决定，为庆祝建国10周年，要在北京新建革命博物馆、历史博物馆、军事博物馆等。10月，军博正式动工，到1959年的7月，陈列大楼即告建成，前后仅用时9个月。经过一系列布置工作后，1960年建军节，中国人民革命军事博物馆正式开放，不久毛主席为博物馆亲笔题写馆名，如今这11个遒劲有力的大字就悬挂在军博大楼的正门上。

60多年来，军博的展陈不断丰富和完善。2012年，军博开始了长达5年的闭馆升级，到2017年再次开放时，它已蜕变为一座建筑面积达15.9万平方米、陈列面积近6万平方米的现代化超级博物馆。但它的外立面保持了原有的朴素庄重的风格，大楼尖顶上直径达6米的军徽依然熠熠生辉，就如同我们的人民军队一样，装备战术不断升级，不断现代化，却依然保持着为人民服务的初心使命。

如今我们从南侧看到的军博建筑，只是其中的展览大楼。这座大楼最先建成，是一座典型的苏式建筑，主楼中心有6层，楼顶上装饰着长长的苏式尖塔，尖塔的顶端是直径6米的中国人民解放军军徽，气势昂扬。尖顶与军徽的组合使大楼总高达到了94.7米。主楼东、西两侧是4层高的翼楼，宽阔舒展，使整体建筑更显庄严稳重。其实在展览大楼背后，还有非常庞大的展厅建筑，军博收藏的飞机、坦克等大件武器装备，就在这里展出。北侧临近玉渊潭公园的地方，还有一组长条形的4层大楼。这些建筑共同组成了规模宏大的军事博物馆。

▲ 俯瞰中国人民革命军事博物馆

常设展览·文物精华

如今的军博馆藏文物多达21万件（套），其中一级品1793件（套），这些文物以反映中国人民解放军军事史、中国古近代军事史和世界军事史为主。博物馆内共有43个陈列厅（区），展出了大量珍贵文物和图片资料。其展览主要分为基本陈列和主题展览两个部分，基本陈列以展示军事历史为主，包括中国共产党领导的革命战争陈列、新中国国防和军队建设陈列（筹建中）、兵器陈列、中国历代军事陈列（目前暂停开放）、军事科技陈列和红色记忆——馆藏革命军事艺术作品陈列。主题展览则根据重大事件或重要主题进行布置和调整。

到军博看展，是一件极受教育的事情，这种教育从过完安检，走向博物馆大门的时候就开始了。在大门前的广场上，中间是一

▲ 攻城器械：三弓床弩

▲ 元至正辛卯铜火铳

座巨大的由12片花瓣组成的喷水池,广场东、西两侧各矗立着一座规模巨大的群雕:东侧是海陆空三军将士准备出征的形象,表现官兵一致、同仇敌忾的伟大形象;西侧则是工人、农民等全民皆兵的"军民一致"雕像,展现军民一家亲的鱼水情深。在展览大楼前的绿地上,还陈列着10门大炮,这些大炮的历史有些久远,是近代中国军民抵御侵略的见证,有很多还在战争中立下过汗马功劳。

兵器陈列

从军博主楼大门进入,首先映入眼帘的是万众一心穹顶之下高大的毛主席全身白色雕像,伟人目视前方,英姿飒爽,让人敬仰不已。很多人参观的时候,会从毛主席像旁经过,直接进入后面的中央大厅。这座大厅

▲ "军民一致"雕像

非常震撼，有数层楼高，里面陈列着各式各样的飞机、导弹和舰艇，这里就是军博的兵器陈列区之一。

空战英雄王海驾驶过的米格-15 歼击机

大厅里展示的飞机，每一架都有着特殊的历史，其中空战英雄王海驾驶过的米格-15 歼击机位于大厅的核心位置。当年在朝鲜战场上，王海和他带领的"王海大队"曾与美国空军激战 80 余次，击落击伤敌机 29 架，荣立集体一等功。其中王海一人就击落击伤敌机 9 架，而馆内的这架米格-15 歼击机身上绘有 9 颗红星，正象征着这架功勋战机的骄人战绩。

▲ "功臣号"坦克

"功臣号"的荣誉称号。在 1949 年开国大典中，战斗英雄董来扶开着"功臣号"行驶在坦克方阵的最前列，缓缓驶过天安门，接受检阅。

最骄傲的战利品——U-2 飞机残骸

在这一层展厅，还有一处展品不可错过，那就是 U-2 飞机的残骸。U-2 是美国于 1956 年开始装备的高空侦察机，可以在 2 万米的高空飞行，超过了当时所有战斗机和防空火炮的攻击高度，所以经常执行针对中国、苏联的侦察任务。当时新中国刚

▲ 空战英雄王海驾驶过的米格-15 歼击机

参加过开国大典的第一辆坦克——"功臣号"

在一层大厅地下还有一个大厅，这里展示着各种坦克装甲车辆、各型火炮、U-2 飞机残骸、红旗 2 号导弹等，其中那辆"功臣号"坦克尤为引人注目。这是中国人民解放军的第一辆坦克，于 1945 年 11 月收缴自沈阳日本关东军坦克修理厂，随后就以这仅有的一辆坦克为基础成立了解放军第一支坦克部队。在辽沈战役、平津战役中，这辆坦克都曾参加战斗，立下功勋，被授予

▲ U-2 飞机残骸

▲ 中国造1957年式26毫米信号枪

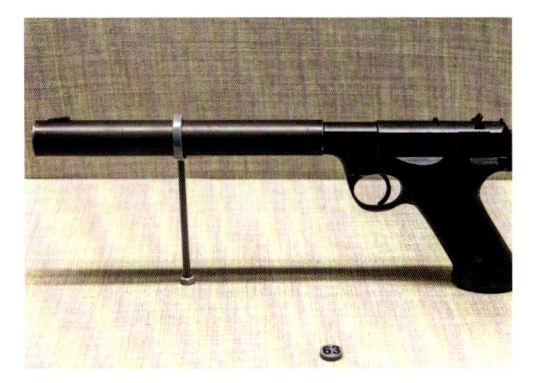

▲ 美国造H-D0.22英寸微声手枪

刚成立不久，武器装备十分落后，面对飞得如此高的高空侦察机，一度只能望洋兴叹。1958年，中国从苏联引进萨姆-2导弹，并在1959年10月7日击落了一架从台北起飞、爬高可达2万米的RB-57D高空侦察机，首创世界防空史上用地空导弹击落敌机的纪录。此后在1962年9月9日、1963年11月1日、1964年7月7日、1965年1月10日、1967年9月9日，5年间，中国军队又分别击落5架U-2高空侦察机，震惊世界。时任外交部部长陈毅在击落第一架U-2的时候，对问起此事的记者风趣地说："我们是用竹竿把敌机捅下来的。"

兵器陈列的第三部分在二层的回廊上，那里陈列着手枪、步枪、冲锋枪、机枪、弹药、刀具等各类冷热兵器，几乎世界上出名的枪的型号，这里都能找到。因为枪支本身的魅力，这里也是参观者众多的区域之一，非常受欢迎。

中国共产党领导的革命战争陈列

在军博看展，基本陈列中最重要的"中国共产党领导的革命战争陈列"是绝对不

▲ 贺龙使用过的怀表

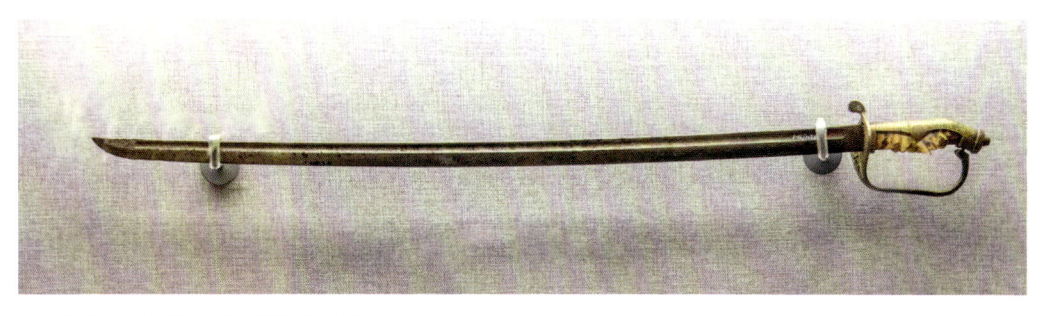

▲ 叶挺在北伐战争中使用过的指挥刀

能错过的。这部分展览位于展览大楼二层的东、西各3个展厅，展示面积多达6300平方米，通过1200余张照片、图表和2400余件文物，以及其他艺术品、装置、雕塑，完整呈现了自1921年中国共产党诞生至1949年中华人民共和国成立，中国共产党领导新民主主义革命的辉煌历程和取得的伟大成就，集中展示了党领导人民军队历经土地革命战争、抗日战争和解放战争的苦难辉煌。

细数著名革命文物

在这部分展陈中，有许多在中国革命历史上有着重要意义的著名文物，比如叶挺在北伐战争中使用过的指挥刀、贺龙使用过的怀表、毛泽东送给袁文才的皮裹腿、赵一曼生前使用过的粗瓷大碗、红一团团长杨得志保存下来的强渡大渡河时使用的手枪子弹、黄土岭战斗中击毙阿部规秀的迫击炮、彭德怀和习仲勋签署的青化砭战斗命令、彭德怀在西北战场上指挥作战使用过的望远镜、白求恩大夫使用过的医疗器械……

镇馆之宝："天下第一枪"

在这数千件文物中，有一件文物虽然很小，却极为引人注目，这就是被誉为"天下第一枪"的朱德同志在南昌起义中使用过的手枪，为一级文物。这是一把德国造毛瑟M1896式7.63毫米手枪，1927年8月1日凌晨，朱德拿着这支枪，与周恩来、贺龙、叶挺、刘伯承等人领导了著名的南昌起义，打响了武装反抗国民党反动派的第一枪，并

▲ 朱德在南昌起义中使用过的德国造毛瑟M1896式（警用）7.63毫米手枪局部

▲ 朱德在南昌起义中使用过的德国造毛瑟M1896式（警用）7.63毫米手枪

就此创建了人民军队。此后，朱德在这支枪的弹匣一侧刻上了"南昌暴动纪念 朱德自用"字样，并佩带此枪转战南北，最终建立了新中国。这把枪对于人民军队的象征意义，怎么形容也不为过，难怪被誉为军博的"镇馆之宝"。

军事科技陈列

在负一层西侧、一层东北侧、二层北侧的展厅内，则是军事科技陈列。这部分展览设置了陆军重武器装备技术、陆军轻武器装备技术、海军武器装备技术、空军武器装备技术、导弹武器装备技术、核武器与核技术和平利用6个展区。这里的军事装备都是军迷们极为着迷的地方，原子弹、氢弹、弹道导弹等高级武器装备，都能在这里找到相应的模型及权威解读。

中国造"东风二号"地地导弹

1960年3月，中国开始研制中近程导弹，并将该型导弹命名为"东风二号"。1962年3月21日，首次飞行试验失败。1964年6月29日，改进后的"东风二号"进行试飞，获得成功。1966年装备部队。

▶ 中国造『东风二号』地地导弹

明十三陵博物馆 5

走进这座被誉为"明朝缩影"的博物馆，走进地宫，仿佛穿越到600年前的明朝，感受到它的兴衰、它在历史上曾有的辉煌与沧桑……

在北京城中轴线的北向延伸处，在那气吞山河的燕山山脉中，在左青龙、右白虎的天寿山脚下，坐落着一片明朝的陵墓，因为沉睡着13位明朝的帝王，故称为明十三陵。它从规模宏大的长陵起，到由妃子墓改成的思陵止，其间经历了230多年，见证了大明王朝从逐渐强大到鼎盛再到日渐衰败的历史。置身陵园之中，不禁遥想当年，

▼ 航拍明十三陵长陵

▲ 长陵朱棣铜像

崇祯帝在景山自尽后，被李自成派人草草安置在田妃墓中，后清顺治帝又将田妃墓按皇陵规格重新修缮。明朝这最后一帝，和他的大明王朝一起，彻底消失在历史的长河中。

那么，当年朱棣为何要在北京建陵呢？一是朱棣当初发动"靖难之役"后一直心里不安，就计划要离开南京这片是非之地，迁都北京。这样，皇陵也势必北迁。二是明朝初年，蒙古的残余势力逃到漠北，成为明朝北方的一个长期威胁。北方如果不稳，中原肯定跟着遭殃。所以朱棣在北京卜选陵址，是极具战略意图的。这一举措，也确实对明朝疆域的巩固起到了重要的作用。

这十三座陵墓分别是成祖的长陵，仁宗的献陵，宣宗的景陵，英宗的裕陵，宪宗的茂陵，孝宗的泰陵，武宗的康陵，世宗的

▲ 昭陵祾恩殿

▲ 定陵神功圣德碑

永陵，穆宗的昭陵，神宗的定陵，光宗的庆陵，熹宗的德陵，思宗的思陵。长陵乃十三陵中的首陵，也是地面建筑保存最完整的一座陵墓；定陵则是唯一挖掘了地宫并对外开放了的一座陵墓。除此之外，十三陵还开放了神道、昭陵和康陵可供游客参观，其中康陵为新开陵寝。

明十三陵自明永乐七年（1409年）开始建造长陵，到明朝最后一帝崇祯葬入思陵为止，经历了230多年。除了上述的13座陵墓之外，还有7座妃子墓和1座太监墓，一共埋葬了13位皇帝、23位皇后、2位太子、30余位妃嫔和1位太监。它是中国乃至世界现存的规模最大、帝后陵寝最多的一处皇家陵寝建筑群。

建筑特色

一条总神道贯穿全陵

早在战国中期，我国古代帝王就已经开始建造陵寝，但各个时代的陵墓规模和建筑特点各不相同。大部分朝代的皇陵，每座陵园都有各自的规模，它们在地理位置上虽然是一个整体，但却彼此互不相通，没有系统的联系。明十三陵却是不同的，虽然每个陵

▲ 明十三陵神道

▲ 明十三陵弯曲的神道

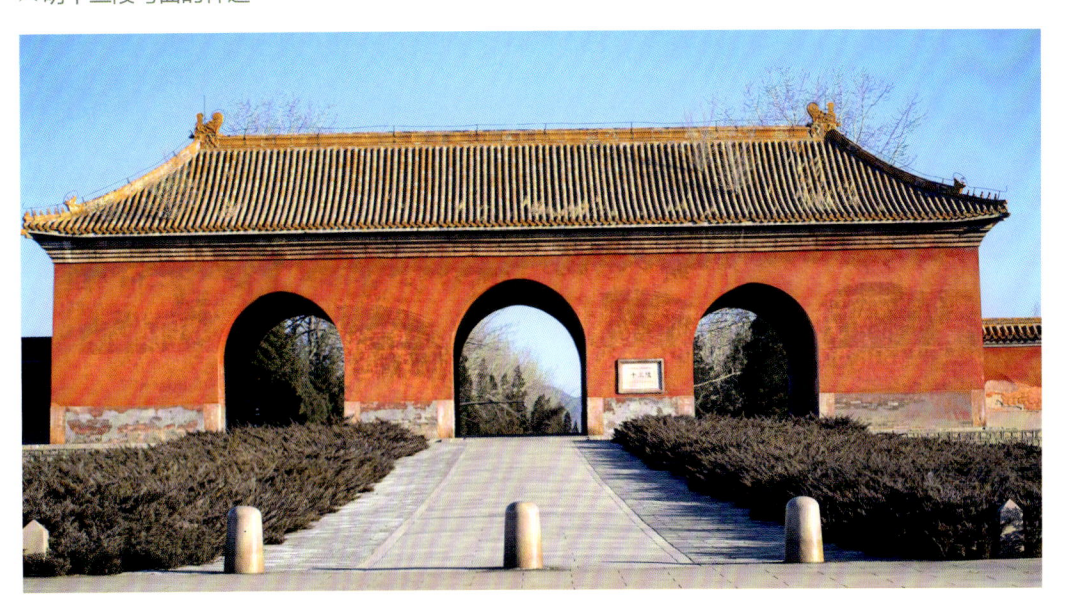

▲ 大红门

各有自己的享殿、明楼、宝城，各自独立，但在十三陵陵区内，长陵神道作为各陵共用的"总神道"出现，加上共用的牌坊、大门和石刻群，使陵区建筑看似分散却紧密相连，俨然就是一个整体。

面阔 5 间的石牌坊，用饱经沧桑的面貌告诉着人们这里便是明朝帝王最后的归宿。一座红色大门的出现，使气氛瞬间严肃，此门正是陵区正门——大红门，又称大宫门。红墙、黄色琉璃瓦、3 个拱券形大门，人们也就从这里开始正式进入陵区了。

如果拿起十三陵的地图你会发现，这条

爱上北京博物馆

▲ 神道石像生：麒麟

▲ 神道石像生：獬豸

通向长陵的总神道，并不是笔直的，而是蜿蜒的。这条弯弯曲曲的神道并不是随意修成的。在古代帝王心中，阴宅能庇佑后世子孙，故他们极其重视阴宅风水，十三陵的总神道就是严格按照风水来设计的。

▼ 石牌坊

举世无双的金丝楠木大殿——祾恩殿

长陵是明朝第三位皇帝明成祖朱棣的陵墓,其地面建筑如祾恩殿、配殿、明楼、宝顶等至今可见。长陵祾恩殿为重檐庑殿顶,是与故宫太和殿一样的建筑等级,也是明代保留最完好的木结构建筑之一。长陵祾恩殿的用料和工程质量比太和殿更讲究,其支撑殿顶的60根金丝楠木大柱十分粗壮、高大,最粗的一根重檐金柱,高12.58米,底部直径就有1米多,为世间罕见佳木。而且此殿完全由榫卯结构建成,整座殿宇没有一根钉子,经历过雷击、地震,600多年依然巍巍挺立、雄伟壮观、举世无双,充分展示了古代建造水平之精湛。

值得一提的是,现在看到的故宫太和

◀ 布满金丝楠木的
▼ 长陵祾恩殿

殿的梁柱已经不是真正的金丝楠木了。因为太和殿历经岁月的变迁，已经是第四次重建了。清朝建造之时根本找不到这么多贵重的金丝楠木，只好用从东三省运来的松木替代。因此，长陵祾恩殿内的金丝楠木更显珍贵。

定陵地宫——拱券顶的地下宫殿

作为明十三陵中唯一一座被挖掘且地宫可供游人参观的陵墓——定陵，更值得我们去一探究竟。定陵位于长陵西南方，是明代第十三位皇帝神宗显皇帝朱翊钧（年号"万历"）的陵墓。这里还同时埋葬着他的孝端和孝靖两位皇后。

▲ 定陵地宫

▲ 定陵地宫配殿

定陵的地下宫殿离地面有27米深，相当于9层楼高，总面积为1195平方米。整个地宫全部是拱券式石结构，不用梁、柱。拱券顶能承受较大的压力，因此，定陵建成虽已有400余年，但无一处塌陷，也很少出现渗水漏水现象。

前、中殿连成一个长方形的甬道，后殿则横在甬道顶端。万历皇帝和两位皇后的棺椁，当初就是放置在后殿的棺床之上的。据记载，考古专家打开地宫的时候，万历皇帝和孝端皇后的棺椁保存相对完整，而孝靖皇后的棺椁，基本上已经腐朽了。

常设展览·文物精华

起初，政府决定开始挖掘明十三陵时，是想打开明十三陵中最大的长陵，可是由于明朝陵寝地宫入口不像清朝陵墓那样有规律可循，所以挖掘了一年仍然没有头绪，便将目标放在比长陵规模稍小的定陵上，想借此探索明朝帝陵的规制。1956年5月，开始动工挖掘定陵。1958年，定陵地宫被打开，无数金银玉器和文物展现在世人面前。但

▲ 皮弁

是，挖掘也给文物造成了不可挽救的损失。地宫打开后，由于接触了空气，不少有机质的珍贵随葬品如丝织品等出现了霉变、板结、损坏严重等问题。定陵出土的大量丝织品因条件有限，未得到有效保护，迅速风化。得以保留下来的各式文物，分别在长陵博物馆和定陵博物馆里展出。

▲ 花丝镂空金盒玉盂

长陵博物馆

长陵其实并没有被实际打开过，我们在长陵博物馆里看到的大多数文物是定陵出土的。走进长陵祾恩殿，不光能看到高大的金丝楠木，还能欣赏到很多精美绝伦的定陵出土文物。

金丝翼善冠

万历皇帝的梓宫出土后，在棺内头骨旁的一只圆盒中，装有一顶完整无损的金光灿灿的金丝翼善冠。此冠通高24厘米，全部由金丝编结而成。金丝冠的后上方，有两条左右对称的盘龙在顶部会合。龙头张口吐舌，两眼炯炯有神，龙身弯曲盘绕。两龙头中间，有一颗圆形火珠，四周散布无数火焰，构成二龙戏珠的形态。整个金冠双龙飞舞，不仅有强烈的艺术效果，还体现了封建帝王神圣的权力，是皇权的象征。这个金冠的制作环节错综复杂。工匠在焊接时不但要花费很大的气力，还要用多年的工作经验去掌握火候，施展拔丝、编织、焊接等方面的高超技艺。目前金冠在我国仅此一顶，堪称国宝。

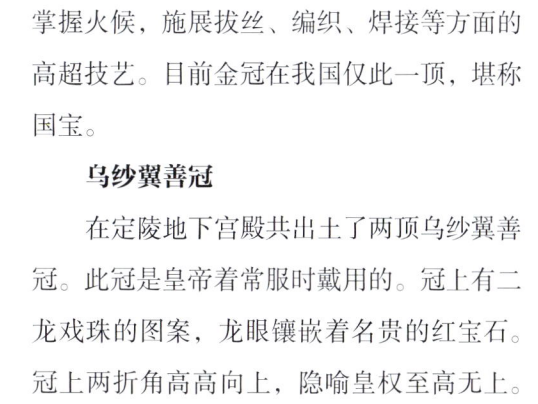

乌纱翼善冠

在定陵地下宫殿共出土了两顶乌纱翼善冠。此冠是皇帝着常服时戴用的。冠上有二龙戏珠的图案，龙眼镶嵌着名贵的红宝石。冠上两折角高高向上，隐喻皇权至高无上。

▲ 金丝翼善冠

▲ 乌纱翼善冠

黑色是明代帽子中的流行色。由于官帽有不少是用染成黑色的纱做的，所以也称"乌纱帽"。所以做了官叫作"戴了乌纱帽"，革了职的称"摘去乌纱帽"。这些说法皆源于明代。

定陵博物馆

定陵，作为明十三陵中唯一一座被打开地宫的陵墓，共计出土了各类器物3000多件，包含了金银器、玉器、各类珠宝和服饰等。这些文物分散在北京几大博物馆中展出，在定陵博物馆中我们可以探寻到其中一部分。

孝靖皇后十二龙九凤冠

定陵共出土皇后凤冠4顶，属于孝靖皇后的凤冠为三龙二凤冠和十二龙九凤冠。游客能在定陵博物馆看到的，便是十二龙九凤冠。此凤冠不仅镶嵌各种奇珍异宝，上面的蓝色更是用翠鸟的羽毛一根根镶嵌而成的。这些羽毛要选取翠鸟后背和肚子处最鲜艳的那28根，并要活体取毛才可用，做出一顶凤冠大概需要2000只翠鸟。这种工艺叫作"点翠"，据说用这种工艺制作出的首饰，光泽感好，色彩艳丽，而且永不褪色。但由于点翠工艺太过残忍，如今已基本绝迹。所以这已出土的4件凤冠，堪称传世珍宝。

孝靖皇后是明光宗朱常洛的生母，本是慈宁宫的宫女，意外有了身孕，万历皇帝在太后的劝说下，才被迫封她为恭妃，由于其姓王，一般称之为王恭妃。当时大臣们希

▲十二龙九凤冠　　　　▲孝靖皇后画像

望立朱常洛为太子，但万历皇帝自己却不愿意，因此王恭妃在后宫的日子并不好过，悲愤而终，就连她的皇后封号竟还是孙子明熹宗给追封的。所以这些凤冠虽惊叹世人，但对皇后本人来说，却是迟到的厚礼，一生没能戴过。三龙二凤冠现藏于故宫博物院珍宝馆。

孝靖皇后百子衣

在众多的定陵出土丝织品中，有一件弥足珍贵的衣服——红素罗绣平金龙百子花卉方领女夹衣。它的精美程度，让在场专家惊叹不已。但由于尘封过久，衣服出现了小面积的破损，后经专家修复后复原。

这件衣服上绣了100个童子，所以简称它为"百子衣"。衣服是立领、对开襟，以方目纱做底，织工用5种绣线、10多种针法，用了50多种颜色，绣出了100个童子嬉戏的场景。这些场景中有很多情节，如跳绳图、踢毽图、蹴鞠图、沐浴图等。在百子衣的衣领、袖口、后背处还绣着金龙腾飞图案，其间点缀花草树木。百子衣看起来异常华丽，就连衣服的扣子都是黄金制成的。织工们还特意将扣子做成莲花的形状，莲花多子，寓意皇家多子多孙、多福多寿。

定陵地宫共出土2件百子衣，均为孝靖皇后的陪葬品。百子衣的出土，体现了古人"多子多福"的传统观念。除此之外，百子衣也是古代制衣技术的巅峰之作，为我们研究古代服制提供了重要的实物证据。

皇帝冕冠

定陵出土的皇帝冕冠一共有2顶。一顶出自万历皇帝棺内，另一顶出自随葬箱中。一顶保存稍好，另一顶仅剩金玉饰品。定陵出土的冕冠，冕板以桐木做成，呈前圆后方状。冕板长38.7厘米，宽19厘米。上面贴有一层黑素缎，下面贴有一层红素缎。前后各缀十二旒，每旒穿玉珠9颗、珍珠3颗，用五股丝线相系。其冠卷（帽壳）呈圆柱

▲ 孝靖皇后百子衣

▲ 皇帝冕冠

形，用细竹丝编结出六角形的网状，髹黑漆。后面钉有三条罗带。冕顶有一条长方形玉衡。玉衡上部有一玉簪，簪分两段，分别固定在冠的两侧。冠上系红绦带和红丝带，两侧各有一绿一白2颗玉珠作为充耳。由此可见，明代的冠服制度在基本遵循礼制的前提下，也有因时而异的特点。

铁盔

定陵只出土了1件"盔"。此盔铁质，压缝、装饰用了金饰。盔顶镶着束腰形仰覆莲座，座上是玄武大帝坐像。盔的六面嵌着六甲神。这个盔的形制在《明会典》中有记录，全名为"金护法顶香草压缝六瓣明铁盔"。

▲ 铁盔

恭王府博物馆 6

"一座恭王府,半部清代史。"置身恭王府,就如同进入了历史的殿堂。这座现存最宏大的四合院式清代官邸,以它富丽堪比故宫的建筑而被无数人称赞不已。

"**恭**王府邸路幽深,怒放棠花醉路人。"在风景秀丽的北京什刹海的西南角,有一条静谧悠长、绿柳荫荫的街巷。黑色的砖瓦,灰色的墙壁,阵阵古朴气息扑面而来,斑斑驳驳的锈迹与树木的倒影交相掩映。徐徐行走在这一幅幅古老的北京画卷中,我们的目的地——恭王府,便逐渐展现在眼前。它是现存王府中保存最完整的府邸,也是京城内最大的四合院。

这里虽然叫恭王府,但人们能够了解到

▼恭王府院落

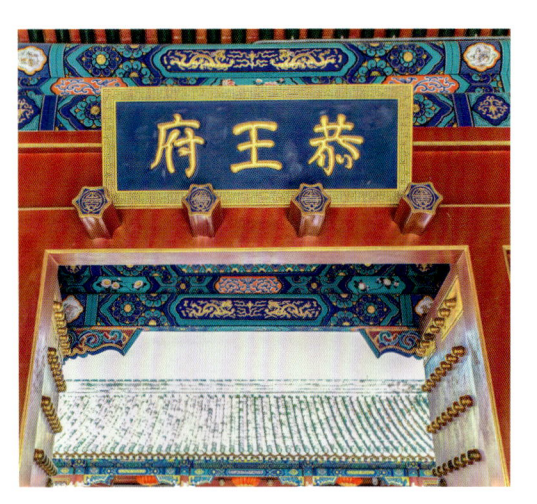

▲ 恭王府宫门

与清朝的政治发展、权力斗争息息相关。由于恭王府及花园经历了清朝由鼎盛而至衰亡的历史进程，故有"一座恭王府，半部清代史"的说法。

恭王府前半部分是富丽堂皇的府邸，后半部分是幽深秀丽的古典园林，总占地面积将近60000平方米。徜徉于府邸和花园之中，每一处景观都仿佛向我们诉说着一个故事，让人感受到多元文化的魅力。

建筑特色

气势宏大、中轴对称、中西合璧、工艺精良

的知识，大部分还是关于和珅——园子的第一个主人的，而恭亲王奕䜣只是它的第三任宅主。从乾隆朝的和珅宅第及和孝公主府，到嘉庆、道光朝的庆郡王府，再到咸丰以后历经四朝的恭亲王府，这座建筑见证了中国最后一个王朝的鼎盛，以及一步步走向衰败直至灭亡的全过程。其历代主人的兴衰更迭，

恭王府整体布局气势宏大。其主要建筑占地面积12000余平方米，由从南自北都是以严格的中轴线贯穿着的多进四合院落组成。恭王府的建筑清晰地分为东、中、西三

▲ 透过恭王府中轴线宫门门楼看建筑

◀ 恭王府垂花门

路，布局分明。中路是礼仪性建筑，正殿的屋顶均采用绿色琉璃筒瓦和琉璃屋脊、吻兽。这是最能体现宅主身份地位，也是最能反映建筑规制的地方。中路的西洋门模仿皇家园林圆明园的大法海园门建造，为一座洛可可风格的汉白玉石拱门，是中西艺术合璧的杰作。东路的垂花门，其名来源于西侧门檐下的短柱像倒垂的花蕾，门的形状如故宫中的"毗庐帽"门样式。同时，不同的建筑群体与山石树木的巧妙组合创造出一种富丽堂皇而又富于变化的艺术风格，展现出皇家园林辉煌、华丽的特点。

恭王府的建筑工艺精良。我们从恭王府的装修遗物中可以了解到，其木料都用硬木，用材也十分讲究，做工精致。恭王府的木料可以做出很小的部件，上面的木雕花纹起伏准确，用圆形或曲线拼出各种华丽的图案，施工难度之大、技艺之高，令人叹为观止。

建筑规格高，可与故宫媲美

恭王府以它富丽堪比故宫的建筑而被称赞不已，声名显赫。据说，和珅当年在修建"和邸"的时候，专门让设计者研究了皇宫的建筑风格，几乎所有的格局都是按照当年皇宫的样子建造的，可以说是一个缩略版的"皇宫"。被称为和珅藏宝楼的后罩楼，一共有99间半，取的便是皇宫9999间半的尾数。

99间半，这是个很有趣的数字。我们知道古人喜欢"九"这个数字，因为它是最

▲ 恭王府鸱吻

爱上北京博物馆

▲ 恭王府后罩楼

▲ 恭王府方塘水榭湖心亭

大的个位自然数,同时巧与"久"谐音,又成吉数。所以在中国的文化里,九是一个无处不在的数字,地位尊贵至极,简直无"数"可比。在易学上,99间半还有"届满即盈"之意:阴阳转化,物极必反,阳盛必衰,过九达十就到了头。"月满则亏,水满则溢",到头就意味着走下坡路,所以最有韵味的是那最后的半间房,既有未到顶的低调,又有仅半步就登顶的得意,是极限。

后罩楼整栋建筑有180余米长,据说如此长度和间数的楼宇在清代王府中仅此一例。

另外,恭王府中几座重要厅堂的内檐装修规格也很高。恭王府的多宝槅、仙楼、神殿、祭灶等装修与宫廷建筑几乎一样,别无二致。室内建有假山和水池,装修成了室内小园林,更是体现出了宅主的别出心裁。

点睛之笔:"福字碑"和"满园福字"

恭王府装饰细节之考究,全部体现在它后花园的福文化中。花园中的建筑是以"福"贯穿南北的,尤其是中路,蝠池、福字碑、蝠厅从南至北连成一线,表达出主人祈愿阖家平安、团圆幸福的强烈愿望。

恭王府里有10000个福,其中9999个是落脚在门窗、梁枋、灯饰、水塘的各种"蝙蝠"。最后一个便是那块著名的福字碑。

▲ 恭王府福字碑

▲ 恭王府蝠厅

▲ 恭王府蝠池

福字碑隐藏在邀月台下的滴翠岩中，这个福字之所以珍贵，是因为出自康熙帝御笔，是当年康熙帝写给孝庄皇太后的，后来和珅通过各种手段搞到后，藏在了整座府邸的正中心。康熙帝的福字，向来有"天下第一福"之称。康熙帝是把"福"和"寿"合为一字书写的，堪称"福中有寿，福寿双全"之"福"。

常设展览·文物精华

清代王府文化展

清代王府文化展位于恭王府中路银安殿。展览共分三大部分：第一部分为"清代的封爵制度"，第二部分为"王府的建筑和规制"，第三部分为"身系国家的大清王公"，让观众从封爵制度、王府和王公的政治、军事、外交作用来初步了解清代王府的历史文化。

恭王府历史沿革展

恭王府历史沿革展展出地点在葆光室正殿，分为"和珅""恭亲王奕䜣""私属皇室宅园""公共文化空间"4个部分，全面介绍恭王府曾经作为和珅宅第、和孝公主府、

▲ 1910年载涛考察美国陆军

▲ 恭王府建筑上的琉璃瓦当

▲ 恭王府建筑上的琉璃滴水

▲ 镇国公载泽的夫人和美国公使康格的夫人

庆王府、恭王府、辅仁大学和现代文化空间的历史沿革情况。

展览同时展示了天花脊檩彩绘及地面旧有金砖。葆光室正殿的天花彩绘保存完整，傅彩古雅，其中脊檩部分为清中期包袱式宋锦图案苏式彩绘，是难得一见的真迹。

和珅展

和珅，钮祜禄氏，本名善保，字致斋，满洲正红旗人，清朝中期权臣。和珅精明强干，深得乾隆帝宠信，一路加官晋爵，大权在握，曾担任和兼任殿阁大学士、领班军机大臣、吏部尚书、户部尚书、刑部尚书、理藩院尚书、内务府总管、领侍卫内大臣、步军统领等数十个重要职务，权倾一时。但随着权力、地位的增长，私欲膨胀、结党营私、聚敛钱财，最终被嘉庆帝赐自尽。

恭亲王奕䜣展

爱新觉罗·奕䜣，号乐道堂主人，清末政治家，道光帝第六子，咸丰帝异母弟，因精通洋务，被称为"鬼子六""清代皇室成员中放眼看世界的第一人"。

1861年，他与两宫太后联合发动辛酉政变，夺取政权。自此，中国进入了"垂帘听政"的历史阶段。

虽然是晚清历史上位高权重的宗室亲王，前后主持政局近30年，但也几度起落、几遭罢黜。他建议设立的总理各国事务衙门，是中国近代外交机构的萌生标志。光绪二十四年（1898年），奕䜣逝世，享年65岁。

▲ 和珅像

▲ 恭亲王奕䜣像

《红楼梦》与恭王府

《红楼梦》是中国传统文化的优秀代表，在世界文学史上占有重要地位。在30余年的红学新时期发展中，恭王府与《红楼梦》研究有着不解之缘。

此展览位于多福轩东配殿，分为"曹家与北京的王府""《红楼梦》与恭王府""大观园'原型'之谜"三大板块，通过大量翔实、有趣的文献和文物资料，向大家述说一段不寻常的历史与文学的渊源。

▲ 金陵十二钗：元春

▲ 金陵十二钗：李纨

神音禅韵——恭王府宗教生活展

恭亲王奕䜣作为晚清政坛的核心人物、统治阶级的典型代表，其府邸之内的宗教生活就是对当时皇室思想意识的最好诠释。此展览位于后罩楼一楼无量居，分为"神助天威——王府内的萨满教活动""礼佛修心——清代皇宫及王府的佛教活动""兼容并蓄——王府里的本土宗教及其活动"3个主题，通过历史资料、遗迹遗存照片和部分实物的展示，全面、客观地介绍了清代恭亲王奕䜣时期恭王府内的宗教活动情况，包括府主人对萨满教、佛教及其他宗教的信仰和膜拜。

▲ 萨满服

▲《同治帝僧装像》轴

孔庙和国子监博物馆 7

虽历经700余年的沧桑，那一池水、两座院，几个殿、多幢碑……依旧鲜活生动。如织的游人，带来了时代的气息，带走了对儒家文化的眷恋，就像碑刻上的文字，就像中国文化，历经数千年，绵延不绝，经久不衰。

在北京雍和宫的西侧、安定门内，有一条规格很高，幽雅、宁静、庄严的胡同，处处透露出人文、历史的气息。这就是北京著名的国子监街。

循着街道深入其中，你会看到：4座东西遥望的牌坊，红墙掩映的黄色琉璃瓦，古

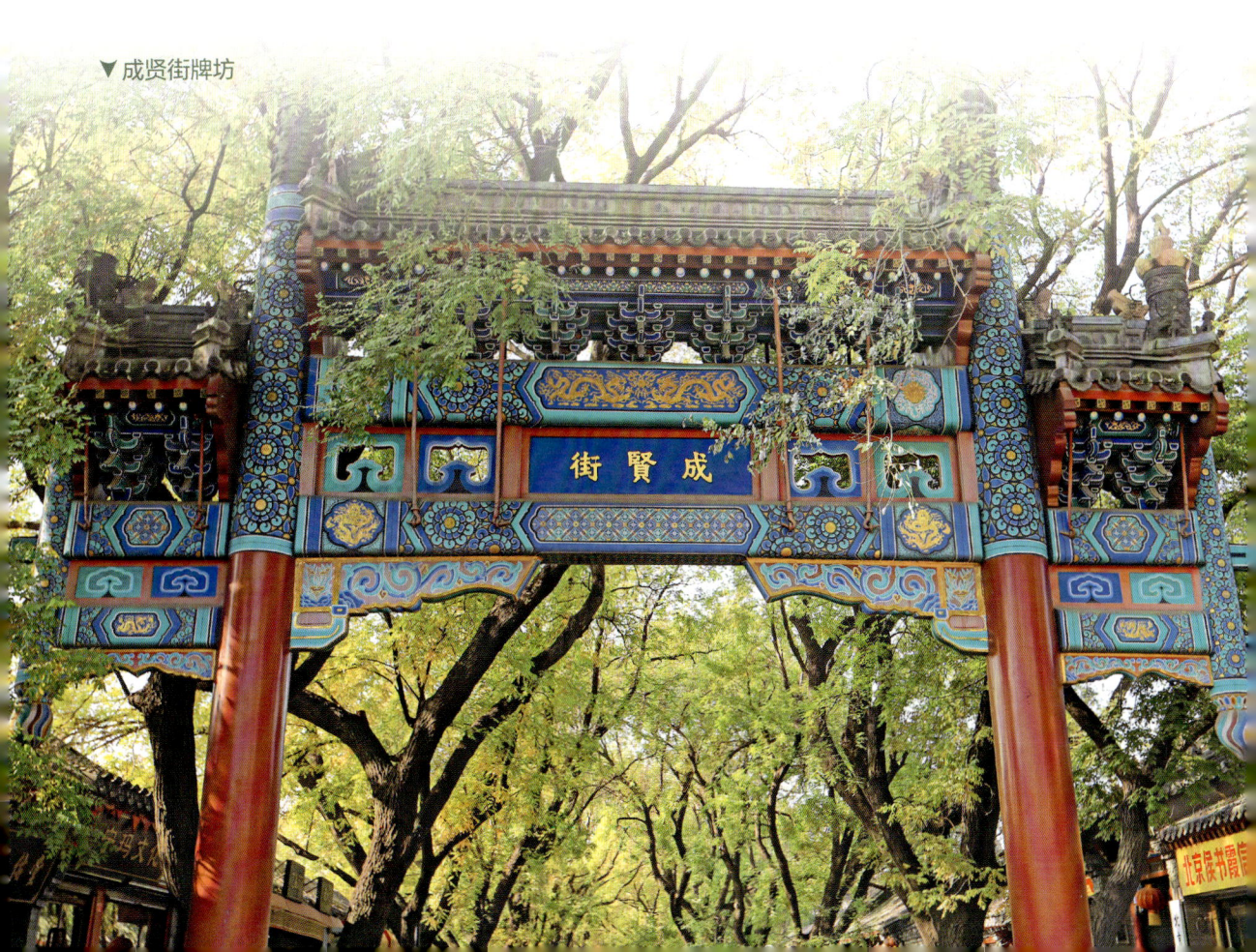

▼ 成贤街牌坊

▲孔庙大成门

▲先师孔子行教像

▲国子监街下马碑

朴又非凡的两座大门……

北京孔庙和国子监始建于元代，分别是皇帝祭祀孔子的场所和中央最高学府。北京孔庙始建于元大德六年（1302年），于大德十年（1306年）建成，后毁于战火，明永乐年间在原址重建。清朝更加重视祭孔，孔庙也被重新装饰。北京孔庙是中国第二大孔庙，元、明、清三代皇帝均在此祭祀孔子。

国子监则建于元大德十年，除了作为元、明、清三朝的最高学府，还掌管着国学政令。那时，能够在国子监求学，绝对称得上是光宗耀祖的大事。在国子监两侧，有2块汉白玉下马碑，上面用满、汉、蒙、藏、回、托忒6种文字刻有"官员人等，至此下马"。老百姓俗称"下马碑"。来者不分等级，一律下马，从规制上保证了对孔子的尊崇，也从另一个侧面反映了国子监以及这条街道在老北京的尊贵地位。

建筑特色

京城唯一保存4座牌坊的古巷

在北京历史上，一些重要的街巷经常以牌坊为主要标志。不过，随着历史的演变、城市的变迁、岁月的洗礼，这种标志越来越少。但在古老的国子监街，却保存下4座高大的彩绘牌坊。其中，在大街东、西两头有两座牌坊，上书"成贤街"3个金字；而国子监大门两侧的牌坊则是专为国子监而建，上书"国子监"3个大字。

▲ 国子监牌坊

▼孔庙影壁

▲国子监集贤门

左庙右学的布局

孔庙在东，国子监在西，庙学合一，是千年历史留下来的学校建筑规制。孔庙和国子监两组建筑群左右相连，彼此为邻。在后续700多年的历史中，虽经多次改建，但仍然矗立在古老的街巷中，显示着特有的皇家气派。

中轴对称，凸显皇家气派

北京孔庙和国子监这两组建筑群均采用中国传统建筑沿中轴线而建、左右对称的方式，均衡、完整而又不失宏伟、壮丽。

孔庙

孔庙坐北朝南，分三进院落，以大成殿为中心，沿中轴对称，主体建筑依次为先师门、大成门、大成殿、崇圣门、崇圣祠。大成殿是孔庙中最重要的建筑，等级最高，面宽9间，进深5间，屋顶覆黄色琉璃瓦，正脊梁两端装饰鸱吻，无不显示出特有的皇家气派。

国子监

国子监与孔庙相邻，整体建筑坐北朝南，

孔庙和国子监博物馆

▲ 国子监辟雍殿

▼ 国子监琉璃牌坊

▲ 国子监辟雍殿内景

呈长方形，也由三进大型院落组成，沿中轴线由南向北依次分布着集贤门（大门）、太学门（二门）、琉璃牌坊、辟雍殿、彝伦堂、敬一亭；东西两侧则建有四厅六堂，形成传统的对称格局。

其大型琉璃牌坊面阔24米，高11米，为三门四柱七楼结构，上有乾隆皇帝御笔"圜桥教泽"4个大字。华丽的琉璃贴面下，则是木和砖的构架。相对石牌坊，这种构造不仅省工省时，又不失华美，与国子监的其他建筑和谐一致。

辟雍殿是国子监的中心建筑，建于中轴线中心一座圆形水池中央的四方高台上，建筑形式独特，象征着天圆地方。其四角攒尖的屋顶挑起镏金宝顶，在阳光下熠熠生辉；殿内使用了抹角架海梁的构建方法，既经济实惠，又通过无梁无柱的结构，创造了室内声音的共鸣，提高了音响效果。

乾隆之后的皇帝都非常重视教育，每逢新帝即位，都要来此做一次讲学。

常设展览·文物精华

孔庙进士题名碑

北京孔庙之所以独特，就是因为它有碑林。元、明、清三代的读书人，凡中了进士的就将名字刻在碑上，正所谓"一举成名天下闻"。

这些石碑一共198块，分布于北京孔庙第一进院落的四周，记录着元、明、清3个朝代600余年51624名进士的姓名、籍贯和

▲ 孔庙进士题名碑

录取名次。

它们或高或低，有的字迹清晰，有的已然漫漶，有的雕工精美，有的古朴端庄。元朝因历史久远，仅保留了3块，其余是明朝的77块和清朝的118块。当你探身仔细探究碑上的文字时，会惊喜地发现一些熟悉的名字，因为历史上很多名人都是进士出身。比如，东北角一通石碑，观众常常聚集于此。那个依稀可见的"刘墉"就是脍炙人口的名人——宰相"刘罗锅"。他所在的这通碑，就是乾隆十六年（1751年）的进士题名碑。

孔庙告成太学碑

北京孔庙地位最高的14通碑，各自矗立在红墙黄瓦的碑亭单间中。其碑下有龟趺，高大霸气。它们一部分是清朝历代皇帝参谒孔庙赞颂孔子的诗文碑，另一部分是独特的"告成太学碑"。清朝的一些著名战役，在这里都有碑记。其中以道光九年（1829年）"平定回疆剿擒逆裔告成太学碑"最为醒目，碑身高且厚，龟趺硕大，雕工精致。

▲ 御制"平定回疆剿擒逆裔告成太学碑"及碑亭

中国古代官德文化展

中华文化源远流长，官德文化也历经数千年的发展，积淀深厚。此展力图以孔庙和国子监的恢宏建筑为背景，通过对传统官德思想、制度、实践3个方面的展示，传承和发扬我国优秀国学文化及历史遗产。

中国古代科举制度展

中国的科举制度从隋大业元年（605年）设立进士科算起，直到清光绪三十一年（1905年）宣布废止，总共持续了1300年之久。这一制度通过公开考试选拔官吏，公平竞争，择优录取，为国家造就了大批栋梁之材，已经成为中华文化的重要组成部分。此展览分为3个部分，较为全面地介绍了科举制度发展的历史、科举考试的程序以及科举制度的作用与影响。

大金榜

寒窗苦读的期待是金榜题名。三年一次的殿试后，张榜公布进士名单，书写在黄

▲ 明代进士题名碑

孔庙和国子监博物馆

▲ 清代官帽

▲ 辟雍殿模型

▲ 入学报条

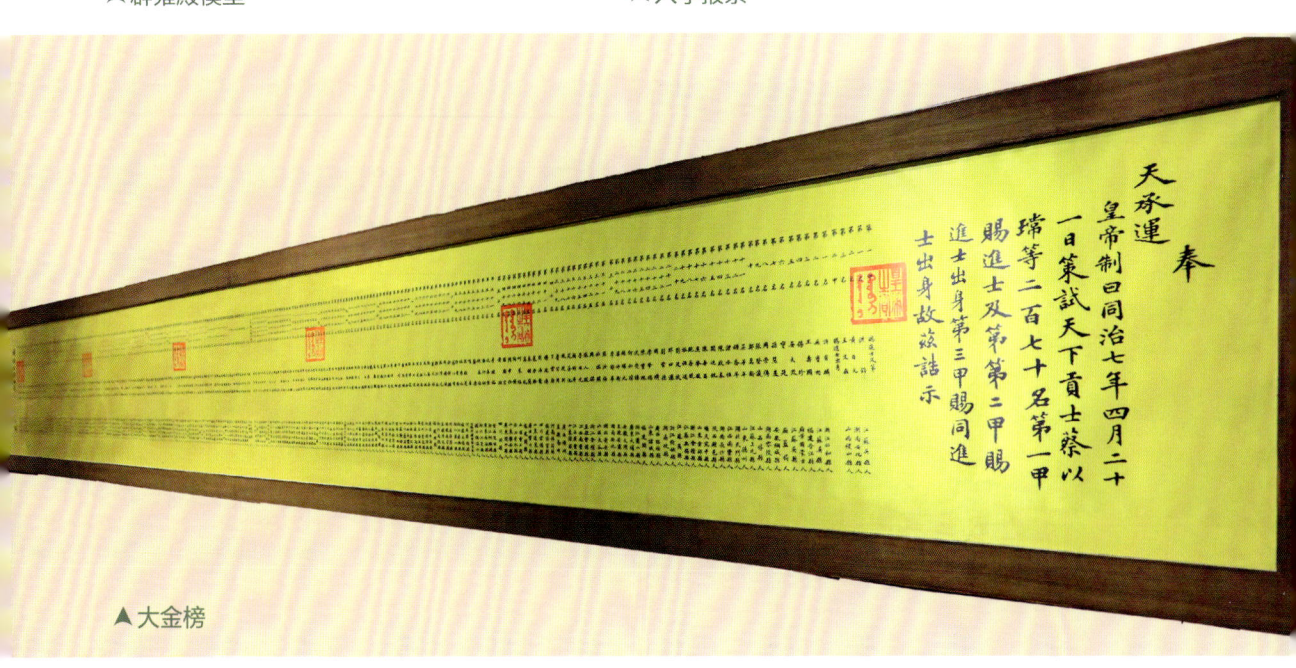

▲ 大金榜

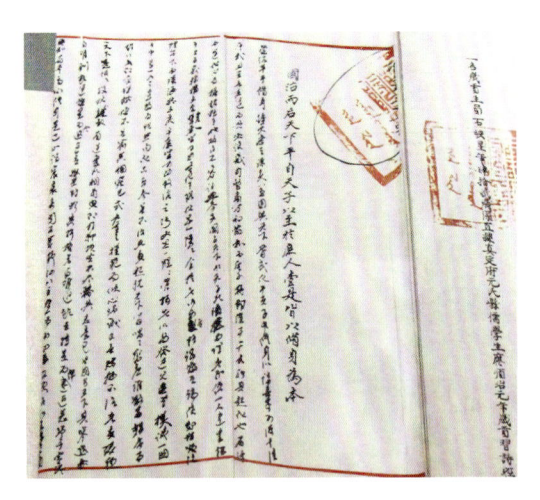

▲ 乡试卷

▲ 乾隆石经

色的大金榜上，张贴在天安门东侧的长安左门。高中者，欢天喜地；落榜者，垂头丧气。几家欢喜几家愁。

乾隆石经展

乾隆石经展厅主要陈列着乾隆年间所刻儒家十三经刻石，以及康熙、乾隆等皇帝御书石碑。

国子监原状陈列展

在辟雍殿的左、右两侧各有33间房屋，合称六堂，是贡生、监生们的教室。此展览设在4个主要厅堂，分别为古代大学校长（祭酒）、副校长（司业）办公的"东讲堂"，学校负责行政管理的训导处"绳愆厅"，大学教授（博士）办公的教研室"博士厅"和学生（监生）上课的教室"率性堂"。厅堂内所有陈设和用品尽量使用古物，保持原有氛围。

▲ 国子监原状陈列展入口

▲ 国子监贡生、监生们的教室

中国人民抗日战争纪念馆 8

14年的波澜壮阔，成就了中国人民的坚韧不屈。那一张张坚毅的面庞，一封封饱含深情的家书，一件件带有温度的器物，一串串永不褪色的名字，无不展现着中华儿女"敢教日月换新天"的豪迈气概！这里谱写着一首永远不朽的战歌！

在北京西南郊的宛平古城内，有一座颇具特色的牌坊式建筑，其庄严肃穆的白色馆身令人肃然起敬。这里记录着一段血色往事，一直激励着中华儿女铭记历史、奋勇前进，它就是中国人民抗日战争纪念馆。

▼ 宛平城

爱上北京博物馆

坐落于北京市丰台区宛平城内街101号的中国人民抗日战争纪念馆，是全国唯一一座全面反映中国人民抗日战争历史的大型综合性专题纪念馆，是集展览、研究、宣传、公共教育和文化交流于一体的国家一级博物馆。中国人民抗日战争纪念馆占地面积35000平方米，馆藏文物30000余件，1987年7月7日全民族抗战爆发50周年之际正式对外开放，邓小平同志亲笔题写馆名，全面展示中国人民抗日战争暨世界反法西斯战争胜利成果。

▼ 中国人民抗日战争纪念馆外景

中国人民抗日战争纪念馆

建筑特色

传统牌坊式建筑

中国人民抗日战争纪念馆整体建筑呈现传统牌坊样式，乳白色大理石墙面，庄重肃穆，令人望而起敬。曾经被评选为20世纪80年代北京"十大建筑"之一。

数字"7"和"14"的特殊寓意和体现

馆体建筑前有2组台阶：第一组为8级，寓意8年全民族抗战；第二组为14级，寓意14年抗战历程。台阶两侧的草坪上，分别种有7棵松树，寓意七七事变爆发地。

纪念馆正前方是抗战广场，广场中央矗立着象征中华民族觉醒的"卢沟醒狮"，广场中轴线两侧各分布着7块草坪，同样寓意七七事变爆发地和中华民族的14年抗日战争；广场北侧竖立着以汉白玉为基座、高14米的国旗杆，五星红旗在上面迎风飘扬。

馆二级平台陈放的铜锻独立自由勋章雕塑，四周由14根铜柱守护主体，象征着14年抗战。馆内设有抗日英烈环廊，廊内设立

▲ 抗战广场"卢沟醒狮"

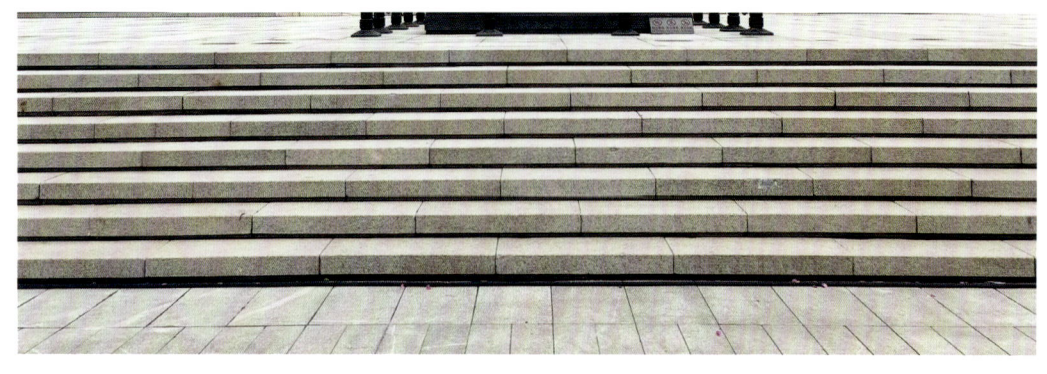

▲ 中国人民抗日战争纪念馆第一组8级台阶

14块英烈名录碑和14组英烈浮雕，同样寓意14年抗战历程。

铜锻独立自由勋章

馆二级平台上安放着铜锻独立自由勋章雕塑，勋章形状由八角组成，图案为"红星照耀下的延安宝塔山"，周围环镌和平鸽和祥云纹饰，象征着中华儿女不屈不挠、追求和平正义的精神。下方书写着"1937.7.7 中

▶ 铜锻独立自由勋章

爱上北京博物馆

国人民抗日战争全面爆发纪念地"字样，告诉世人1937年7月7日，日军制造震惊中外的七七事变，发动全面侵华战争，中国全民族抗战由此爆发。四周围绕14根铜柱守护着雕塑主体。这是中华人民共和国政府授予在抗战中做出贡献的功勋人员的奖章。不仅如此，馆展厅大门上镶嵌的亦是铜锻独立自由勋章，馆内展厅的抗日英烈环廊上，同样镌刻着独立自由勋章图案，向为争取民族独立和解放的功勋人员致敬。

"铜墙铁壁、血肉长城"人物雕塑

馆内序厅有一组大型中国人像雕塑——"铜墙铁壁、血肉长城"。此雕塑分为6组，象征着1931年至1945年抗战期间，在中国共产党主张的抗日民族统一战线旗帜下，正面战场、敌后战场、广大民众、爱国侨胞团结一心，奋勇抗战，再现了中国人民争取民族独立解放，为推进世界和平与发展事业而英勇抗击日本帝国主义的壮丽史篇。雕塑上方是连绵不断的长城轮廓，寓意国歌——

▲ "铜墙铁壁、血肉长城"人物雕塑

088

《义勇军进行曲》，以磅礴的气势展示"把我们的血肉铸成我们新的长城"这一全民族抗战的主题。

"史书"造型的序厅

序厅正中间是气势恢宏的中国人像雕塑群"铜墙铁壁、血肉长城"，头顶上方的天花板，布满小灯，犹如夜空中的点点繁星；序厅两

▲ 史书般的序厅入口

爱上北京博物馆

▲ 史书般的序厅：抗战歌曲

侧镶嵌有《义勇军进行曲》等抗战歌曲、抗战大事记、抗战精神表述语及抗战纪念日等，使整个序厅犹如一本展开的恢宏史书，打开了中国人民抗日战争的壮丽画卷。

魅力无穷的"半景画馆"

抗战馆展厅内有一个半景画馆，此半景画是在一个180度半球凹面墙上投影，并将墙面的油画和实景相结合，添加声、光、电

▼ 半景画馆

等技术，再现了七七事变的发生经过。

站在观景席前，可以看到祥和的农家小院、高高耸立的宛平城楼、平静的水面、远处铁轨上往来运输的蒸汽火车……播放时，半景画馆像电影院一样关闭了灯光。随着悠扬柔和的音乐声，只见闻名全国的美妙景象——"卢沟晓月"呈现在眼前，令人犹如置身于"卢沟晓月"的原景中；而后夹杂着旁白声、雷声、雨声、犬吠声、枪炮声、厮杀声和呐喊声……观众和驻守卢沟桥的中国军人一样，与战火"亲密接触"。战斗即将结束前，全场灯光亮起，一首高亢如呐喊声的《大刀进行曲》随即响起，将观众情绪推向高潮，令人由衷赞叹。

▲ 半景画——卢沟桥局部

常设展览·文物精华

纪念中国人民抗日战争暨世界反法西斯战争胜利 70 周年主题展览

中国人民抗日战争纪念馆基本陈列为"伟大胜利 历史贡献——纪念中国人民抗日战争暨世界反法西斯战争胜利 70 周年主题展览"。展览内容共分为 8 个部分，分别是"中国局部抗战：揭开世界反法西斯战争的序幕""全民族抗战：开辟世界第一个大规模反法西斯战场""中流砥柱：中国共

▲ 主题展览出口

▲ 百团大战关家垴战斗中缴获的日军钢盔

▲ 独立自由勋章

▲ 左权家书信封

产党坚持正确抗战指导及其敌后抗战""日军暴行：现代文明史上最黑暗的一页""东方主战场：彪炳史册的历史贡献""得道多助：国际社会积极支持中国人民的正义战争""伟大胜利：日本法西斯侵略者遭到彻底失败""铭记历史：携手世界各国共建持久和平"。展览以"铭记历史、缅怀先烈、珍爱和平、开创未来"为主题，共展出照片1170幅，文物2834件，充分展示了从1931年到1945年的抗日战争历史全貌，再现了14年抗战波澜壮阔的历史进程。

左权送给技术人员曼丘的望远镜

在展览的第五部分，有一张人物照片，他就是在抗战中牺牲的八路军将领左权将军。在照片下方的玻璃展柜中，静静地摆放着一架望远镜。这架望远镜原本是八路军缴获的日军战利品，八路军副参谋长左权曾经使用过它。后来左权把它赠送给了八路军总

▲ 左权像

▲ 左权使用过的望远镜

部后勤部的曼丘同志（曼丘原名帅士义，抗战时期任八路军总部后勤部工程师、科长等职，负责水利、军工厂等基建工程的设计与施工）。1939年，曼丘跟随八路军副参谋长左权寻找修建兵工厂的地点，左权见其没有望远镜，非常不便，便将自己的望远镜送给他。左权殉国后，曼丘更加珍惜这架望远镜。1982年，曼丘将其回赠给左权之女左太北。2000年12月，左太北将其捐赠给中国人民抗日战争纪念馆。

邓玉芬为八路军伤病员制作干粮的炊具——煎饼鏊子

在展览的第三部分，有一座半身雕像，她就是"英雄母亲——邓玉芬"。身着传统中式外衣的邓妈妈，花白长发绾在脑后，神情淡然，双目炯炯有神地望向远方，一副朴

▲邓玉芬为八路军伤病员制作干粮的煎饼鏊子

素的农妇形象。邓玉芬是顺天府密云县人，在抗日战争中，她为了革命事业，先后把丈夫和5个儿子送上前线，全部战死沙场。被当地人民誉为"当代的佘太君"。

此展品为邓玉芬为八路军伤病员制作干粮的炊具，学名煎饼鏊子，当地称"米黄钵钵"。据邓玉芬之孙任连国先生介绍，抗战时期条件非常艰苦，奶奶邓玉芬省吃俭用，将节省出来的粮食用煎饼鏊子"粗粮细做"制成干粮，送给八路军伤病员，好让他们早日养好伤，重上战场多杀敌人。此煎饼鏊子现为国家一级文物。

巨幅油画《刘老庄82烈士》

在展厅第五部分，悬挂着一幅巨型油画——《刘老庄82烈士》，给人以视觉冲击力。此画由秦文清、张庆涛两位作者共同创作，长402厘米，宽270厘米，展现着刘老庄82位烈士与敌人肉搏的厮杀场景。

1943年3月18日，新四军第3师7旅19团4连，在江苏淮阴县刘老庄反"扫荡"战斗中，遭日军1000余人围攻。该连82名指战员英勇抗敌，歼灭日军170余人，全部

▲邓玉芬雕像及文物：煎饼鏊子

▲《刘老庄82烈士》油画

壮烈牺牲。画面上一群伤痕累累的新四军战士，正在呐喊着奋勇杀敌，他们有的目光坚毅，有的正在举起手中的大刀向敌人砍去……该油画展示了他们战斗到生命最后一刻的情景。

萧克提出"巩固平西，坚持冀东，开展平北"的"三位一体"战略手稿

在展厅第二部分的环廊墙壁上，有一份手写稿件格外引人注目。这就是萧克将军向中央军委提出的"三位一体"战略方针的手写稿件。

1939年2月7日，以八路军第4纵队为基础，在（北）平西地区成立八路军冀热察挺进军，萧克任司令员。这是他关于冀热察工作致中央军委的报告手稿，现为国家一级文物，1990年由萧克将军捐赠给抗日战

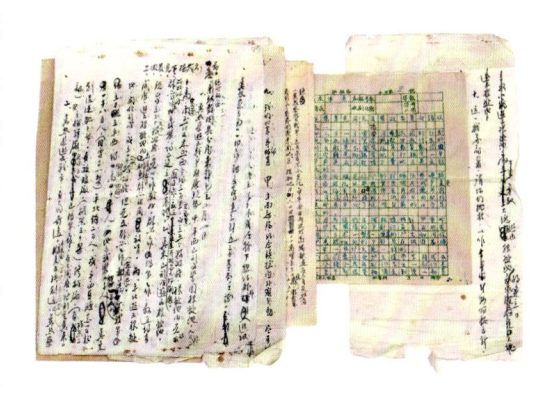

▲萧克将军关于"三位一体"战略致中央军委的报告手稿及中央的回电抄件

争纪念馆。

日军奴役中国劳工档案

在展厅第四部分"日军暴行"的展览中，专门用一面墙来展陈一个个的文件袋，这些文件袋就是被日军奴役的中国劳工档案。2013年9月18日，中国人民抗日战争

1000多万名劳工送到中国各地和日本及其他占领区，从事苦役。展柜中陈列的是战后日本外务省整理的中国劳工档案，详细记录着1943年4月至1945年5月中国被抢掠劳工的姓名、契约书、死亡诊断等内容，这是日军奴役中国劳工的重要物证。

专题展览·文物精华

抗战馆建馆30多年来，已经陆续举办了100多个专题展览，如"中流砥柱——中国共产党抗战文物展""为抗战吹响号角——中国共产党与抗战文化展"等。其中，也有很多非常好的文物展出。

黑胶唱片《起来Chee Lai》（《义勇军进行曲》）

玻璃展柜中陈放着一张黑胶唱片，其外包装鲜艳的黄绿底色上，一位中国军人的形象格外吸睛，这就是英文版《起来Chee Lai》唱片。此唱片1941在纽约发行，由黑人歌唱家保罗·罗伯逊演唱，宋庆龄作序，并在封套的扉页上题词："中国已经发生了

▲劳工档案

纪念馆公布了日本强掳中国赴日劳工罪行珍贵档案。这些档案包括日本35家企业的124个作业场373份报告和日本外务省报告书及附属档案32份。

日军在侵华战争期间，为掠夺中国资源，在占领区实行野蛮的劳工政策。在侵华战争的14年间，日本以骗招、强征和抓捕等各种手段，从华北、华中、华南等地掳掠

▲黑胶唱片《起来Chee Lai》

▲ 罗伯逊（中）与保卫中国同盟艺术团在美国的合影

新的民众歌唱运动，它源自抗击敌人的力量……"此唱片发行的全部收益被捐赠给保卫中国同盟，以支持中国人民的正义事业，这是国际友人支援中国抗战的实证。

1940年中国音乐家刘良模因在国内教唱抗战歌曲遭国民党当局迫害，出走美国，结识了美国著名黑人歌唱家保罗·罗伯逊，并向他介绍了中国人民的抗日斗争，教他演唱抗战救亡经典歌曲《义勇军进行曲》。不久，在纽约露天音乐厅，罗伯逊用汉语演唱此曲，引起轰动，使这首象征中华民族精神的歌曲开始具有世界影响。1941年，在其本人提议下，经与刘良模及"华侨青年歌唱队"合作，罗伯逊在纽约出版了这套著名的英文版中国抗战歌曲专集，向全世界发行。此套唱片共3张，灌录了6首抗战救亡歌曲，分别为《起来 Chee Lai》（《义勇军进行曲》）、《军民团结》、《新凤阳歌》、《锄头歌》、《到敌人后方去》、《中国军人之歌》等。

王正南与家人的合影《一树的八路军》

抗战爆发后，担任冀鲁豫军分区第8分区第7团参谋长的王正南，其叔父、兄弟10余人参加了八路军。1944年春，王正南叔侄兄弟在河南范县休整时，在门口的大枣

▲《一树的八路军》

树上拍摄了这张合影，照片上的12人中，除树下的小女孩外，都参加了八路军，可谓"一树的八路军"。此合影由王正南的妹妹王雨平捐赠给抗日战争纪念馆。

"小米证"

在晋察冀边区，由于敌人经常"扫荡"，部队不可能修建仓库来储存粮食。每年征集的大批公粮，并不会被集中起来，而是由边区政府秘密地分散储存在老百姓家里"坚壁"起来。部队需要粮食时，只要是在根据地范围内，不管是哪个村庄，也不管是白天黑夜，只要找到粮秣主任拿出边区政府的粮票，就可以立刻得到所需的粮食。下图是晋察冀边区部队使用的小米证。

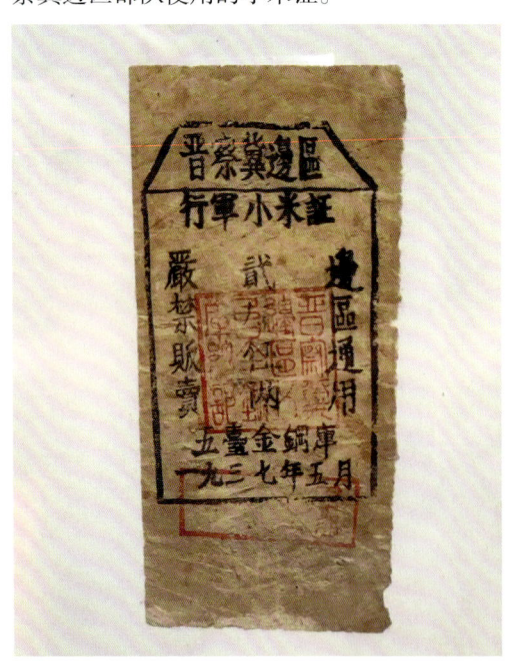

《百团大战中关家垴战斗亲临前线指挥的彭副总司令》木刻画

这幅木刻画的作者是中国版画家彦涵，抗战时期曾任延安鲁迅艺术文学院美术系教员。

1940年10月29日夜，八路军第129师集中第385旅与第386旅主力、新编第10旅及决死队第1纵队各一部，将参加报复性"扫荡"的日军第36师团冈崎大队500余人包围于山西武乡县关家垴地区，八路军副总司令彭德怀亲临阵地视察、指挥。日军飞机轮番轰炸扫射，战况十分激烈。战至31日拂晓，歼日军400余人。

▲ "小米证"

▲《百团大战中关家垴战斗亲临前线指挥的彭副总司令》木刻画

北京大学红楼 ❾

> 这里曾经是一座大学，有过众多的大师；这里是中国近代文化和民主运动的发源地，五四精神就是从此地走向全国的……

1918年8月，一座红色的西洋式建筑在故宫的东北角落成，在当时的北京，这座建筑也算是一个罕见的建筑形式了。整座建筑坐落在今北京东城区五四大街29号，曾经是北京大学文科、图书馆和校部所在地，也被称为北京大学一院（文学院）旧址。整个建筑群临近景山公园，紧靠城市的中轴线。中国共产党的早期创始人和主要活

▼北京大学红楼外景

▲ 从侧面看北京大学红楼

动家如李大钊、陈独秀、毛泽东等，都曾在这里工作过。五四运动从这里发轫，马克思主义最早从这里开始逐步向外传播。这座红楼，正是日后在中华大地上风起云涌的新时代革命的起源之地。

建筑特色

一座具有光荣革命传统的近代建筑

北京大学红楼，简称北大红楼，位于今北京五四大街。整座建筑为坐北朝南的砖木结构，底层为青砖墙，以宽大的水平凹线强调其厚重感。水平腰线上部为红砖墙。檐部以西式托檐石挑出。南立面中央部分墙体微向前凸，形成错落的立面结构，顶部上折成西式三角形山花，青砖窗套，角部以"五出五进"青砖作隅石处理。窗户为三联窗形式。红楼的主入口为塔司干柱式门廊。

建筑平面结构整体呈"凹"字形，立面左右对称，庄重敦厚，主色调为红色，整体建筑高4层，半地下1层。整个建筑东西宽100米，主体建筑进深14米，东、西两翼进深均为34.34米；共有263间房，一层为图书馆，半地下的一层为印刷场所，二层为行政部门和大教室，三层、四层主要为教室。

北大红楼之所以被首批定为全国重点文物保护单位，是因为它不仅是中国第一所近代高等学府，还是近代文化和民主运动的发源地。许多著名学者和思想家如蔡元培、陈独秀、李大钊、鲁迅、钱玄同、刘半农、杨

▲ 北京大学红楼前玉兰花盛开

昌济、胡适、马叙伦、马寅初、李四光等都先后在此工作过。

1952年院校调整后，北京大学迁至海淀原燕京大学旧址，红楼改由国家文物局使用。2000年国家文物局迁至新址，红楼改为新文化运动纪念馆。

常设展览·文物精华

"光辉伟业　红色序章——北大红楼与中国共产党早期北京革命活动"展

2021年6月29日，"光辉伟业　红色序章——北大红楼与中国共产党早期北京革命活动"主题展览正式对外开放。在这里我们可以看到蔡元培工作的校长室、毛泽东工作的第二阅览室、李大钊工作的图书馆主任室，以及陈独秀工作的文科学长室等重要的场景。走进红楼，一张张照片、一间间办公室，将观众带进了历史的现场。人们似乎穿

▲ 复原场景：蔡元培校长室

▲ 展览第一部分："经历近代各种力量救亡图存探索的失败　工人阶级开始登上历史舞台"

▲ 展览第二部分："唤起民族觉醒　构筑新文化运动的中心"

▲ 大教室

▲ 亢慕义斋

越了百年的时光，身临其境地感受到中国共产党早期领导人满怀革命激情，在北大红楼开展各种革命活动的真实场景。

展览内容按照革命活动发生的时间线分为六大部分，分别是：第一部分，"经历近代各种力量救亡图存探索的失败　工人阶级开始登上历史舞台"；第二部分，"唤起民族觉醒　构筑新文化运动的中心"；第三部分，"高举爱国旗帜　形成五四运动的策源地"；第四部分，"播撒革命火种　打造马克思主义在中国早期传播的主阵地"；第五部分，"酝酿和筹建中国共产党　铸就党的主要孕育地之一"；第六部分，"不忘初心　牢记使命"。

图书馆主任室

北大红楼一层东南角的图书馆主任室，是李大钊的办公室。古朴的办公桌上，《每周评论》与《新青年》等资料整齐排列。1918年北大红楼建成后，至1922年12月，李大钊在此办公。这里分为里、外两间，共约50平方米。五四运动后，这里曾多次举办座谈会，开展对马克思主义理论问题的辩论，策划成立北京大学马克思主义学说研究会。1920年，李大钊在这里会见了共产国

▲ 图书馆主任室

▲ 第二阅览室

际代表维经斯基，研究酝酿成立共产党。当年 10 月，李大钊在此发起成立北京的共产党早期组织，取名"共产党小组"。

第二阅览室

第二阅览室是北大图书馆日报阅览室，又称新闻纸阅览室。1918 年 10 月到 1919 年 3 月，毛泽东曾在这里担任图书馆书记员，登记新到报刊和读者姓名，管理着 15 种中外文报纸。在这里，毛泽东积极参加北大学术团体，研究各种主义，寻求救国真理，成为一名马列主义者。

文科学长室

红楼二层左手朝南第一间是文科学长室，即陈独秀办公室。面积 50 平方米，分里、外两间。1918 年 8 月，北大红楼建成后，陈独秀就搬到这里办公。同年 11 月他在办公室里召集李大钊、胡适、周作人、张申府、高一涵等，议定创办《每周评论》。12 月，《每周评论》在此创刊。复原的办公室门外，挂上了"文科学长室"的牌子。办公室内摆放有书柜、会议桌、办公桌、茶几、

▲ 文科学长室

电话、吊灯、挂钟等物品。

五四游行筹备室

北大红楼一层东侧有一间特别的房间，这就是五四游行筹备室。今日这间房间里，还原了五四运动前夜的陈设，那一句句"还我青岛""废除二十一条""外争主权，内除国贼"等口号，仿佛又把我们带到了那个青年学生们为了国家的利益而奋勇抗争的夜晚。时间已经过去百年，但走进这间筹备室，当年青年学生的爱国热情，依然能够让我们心潮澎湃。

103

▲ 五四游行筹备室

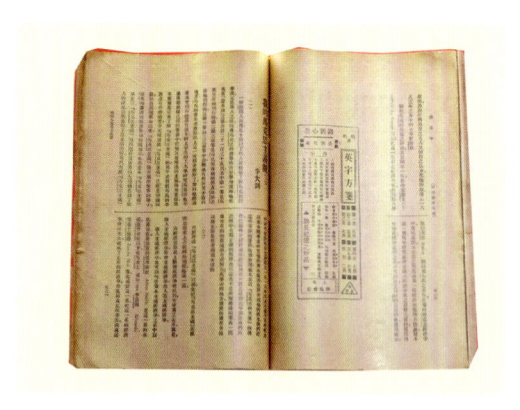

▲ 李大钊在《新青年》上发表的《我的马克思主义观》

李大钊 1919 年 9 月在《新青年》上发表的《我的马克思主义观》原件

在展览中，我们可以看到珍贵的李大钊 1919 年 9 月在《新青年》第六卷第五号、第六号上发表的《我的马克思主义观》原件。该文充分肯定了马克思主义的历史地位，其发表表明李大钊完成了从民主主义者向马克思主义者的转变，标志着马克思主义在中国进入比较系统的传播阶段。

《阶级争斗》《共产党宣言》《社会主义史》原件

《阶级争斗》《共产党宣言》《社会主义史》3 本书，是毛泽东第二次来北京的时候所阅读的关于马克思的专题书籍，其中的《共产党宣言》原件是最初版本。

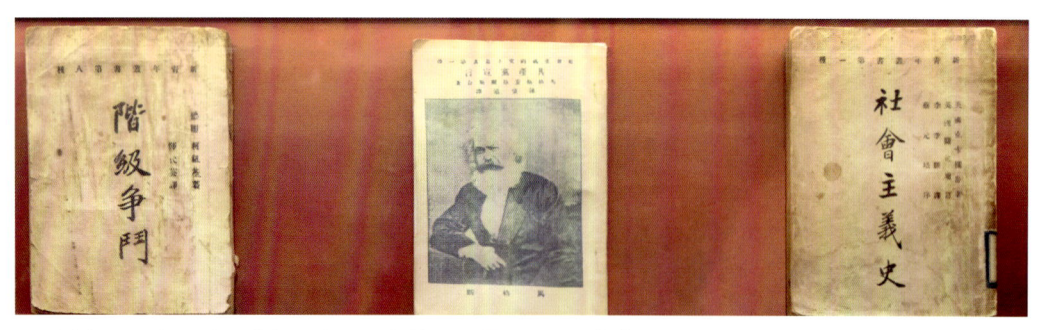

▲ 对青年毛泽东影响巨大的马克思主义著作：《阶级争斗》《共产党宣言》《社会主义史》

◀ 1920 年陈望道译本《共产党宣言》

◀ 1945 年德文版《共产党宣言》

全部 63 期《新青年》杂志

《青年杂志》1915 年在上海创刊，1916 年改名《新青年》。1917 年 1 月陈独秀来到北大任教，《新青年》编辑部从上海搬到北京。《新青年》一共出版了 63 期，在这里进行了全部展示。其中刊登各类文章 2521 篇，提及社会主义 1913 次。《新青年》深刻影响着大批爱国青年。毛泽东回忆说，当他还在师范学校读书的时候，他就开始读这本杂志了。

▲《新青年》杂志

▲《青年杂志》正月号　　▲《新青年》杂志第二卷第一号

香山双清别墅 ⑩

这座位于香山公园南麓半山腰、环境幽雅的院落,是中国共产党"进京'赶考'"的第一站,见证了毛泽东等老一辈革命家为中华人民共和国奠基的辉煌历史!

对于很多北京人来说,已经说不清曾多少次前往香山游览了。他们记忆中最深处的还是金秋时节去香山观赏红叶:但见漫山红遍、层林尽染,不觉心旷神怡、流连忘返……而此时此刻,那座环境幽雅的"园中之园"——双清别墅,也已经被悠然摇曳的金黄色的银杏叶及一池碧水所辉映!

▼漫山遍野的香山红叶

10 香山双清别墅

▲ 金秋时节的双清别墅

双清别墅原是清代皇家园林香山静宜园"松坞云庄"的旧址，因院内一座石壁下有两眼汩汩的泉水，乾隆皇帝在泉水旁的石崖上御题"双清"二字而得名。它也是著名的香山静宜园二十八景之一。这里春有繁花点点，夏有竹林苍翠，秋有银杏闪金，冬有白雪皑皑，四时之景不同，乐亦无穷。

1860年和1900年，松坞云庄遭英法联军和八国联军洗劫焚毁。1917年，中华民国第四任国务总理熊希龄先生创办了香山慈幼院，并在此修建了双清别墅以培育人才。整个双清别墅院落，约有7000平方

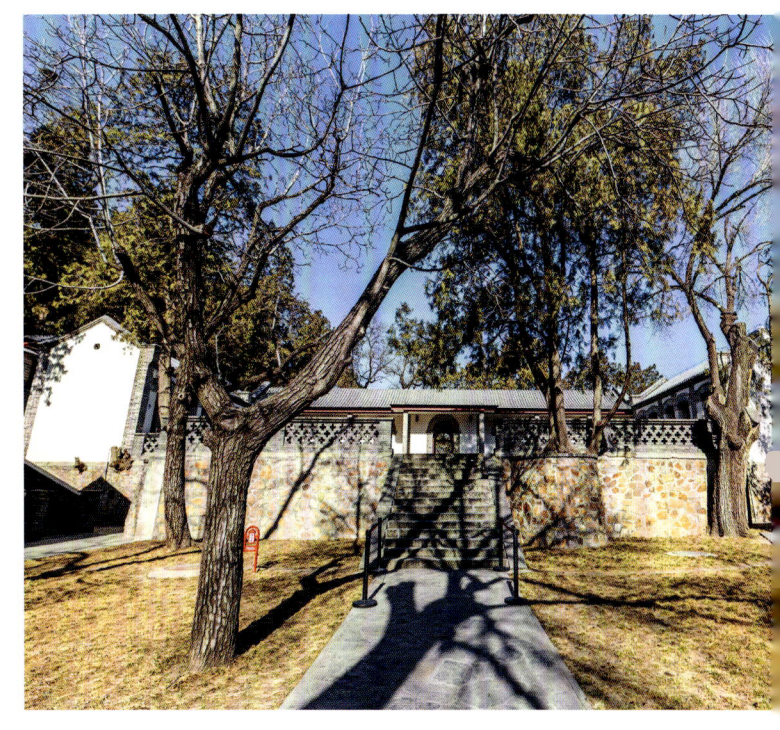

▲ 来青轩院落

107

▲ 双清别墅大门

米，别墅门楣上阳刻的楷书"双清别墅"是熊希龄的亲笔，字体端正，字迹清秀。

据史料记载，1949年1月19日，中央供给部副部长范离为中央离开西柏坡迁往北平选址，在北平西郊调查至月底，带着时任北平市市长叶剑英写给中央军委秘书长杨尚昆的信，回到西柏坡向党中央汇报。2月7日，中央保密委员会主任委员李克农等与北平市警备司令员程子华去香山勘察，确定香山为中共中央、中国人民解放军总部的驻地，为保密对外称"劳动大学"。3月25日，毛泽东同志率队顺利到达北平，进驻香山。毛泽东同志住进双清别墅，朱德、刘少奇、周恩来、任弼时则住进了双清别墅北面不远的来青轩。

在这里，毛泽东、朱德同志发布了向全国进军的命令，吹响了渡江战役的号角；在这里，毛

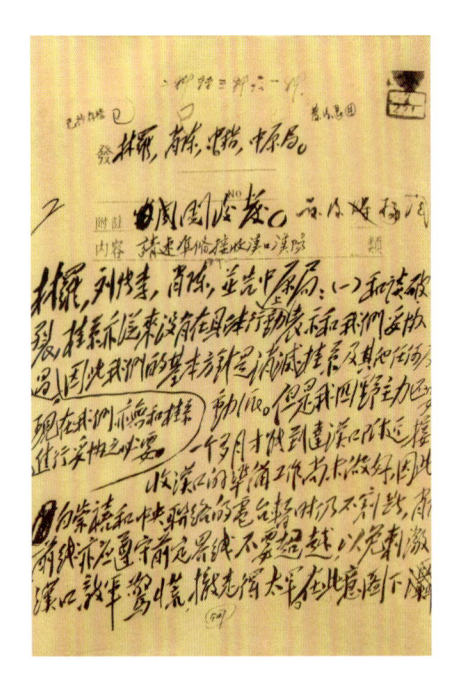

▲ 1949年，毛泽东致林彪、罗荣桓、刘伯承、张际春、李达等并告中原局电文

泽东同志发表了《论人民民主专政》，为中华人民共和国的建立奠定了理论基础和政策基础；在这里，中共中央同各民主党派、各界人士共商国是，描绘建立和建设中华人民共和国的宏伟蓝图。

建筑特色

幽雅的双清别墅

双清别墅的放生池、双清泉、梦感亭、古经幢、大石台、石屏、辽王坟、蟾蜍峰合称"双清小八景"。

昔日平房变展厅

放生池北侧有一排坐北朝南的三间白色平房，是毛泽东同志曾经工作和生活的地方，现为"毛泽东同志办公居住原状陈列"展厅。从三间平房向西拾级而上，能看到半山腰有一排平房，这里是毛泽东同事家属生活的地方，现为"毛泽东同志在香山"陈列室。

六角红亭：梦感亭

三间平房前有一座六角红亭，即梦感亭。亭中有几把旧式的藤椅和瓷鼓，毛泽东同志就是坐在亭前的木椅上看"南京解放"的消息。

倒影婆娑的放生池

放生池的池水占了院内1/6的面积。金秋时节，池边高大的银杏树在阳光下泛着金光，景致十分优美动人。

▲ 双清别墅三间平房

▲ "毛泽东同志在香山"陈列室

▲ 双清别墅前的梦感亭及放生池

幽暗狭长的防空洞

院落的南侧有一条小径，沿着小径向上，可以看见防空洞的洞门。防空洞为中国人民解放军第四野战军工兵第2团3营所修建，于1949年3月15日竣工，用于紧急防空避险。防空洞呈"U"字形，长46.25米，最宽处1.9米，高2.4米，有两间办公室，

▲ 幽暗狭长的防空洞

▲ 刘少奇同志办公居住地：会客室

▲ 周恩来同志办公居住地：办公室

一旦遇到空袭，中央领导同志可以在防空洞里办公。

错落有致、古朴的来青轩

来青轩始建于明代，也是香山静宜园二十八景之一。1860年被英法联军焚毁，

▲ 来青轩入口

▲ 朱德同志办公居住地

后熊希龄在遗址上改建成公寓。1926年香山慈幼院部分学生迁居至此。来青轩距双清别墅不远，是1949年中共中央和中国人民解放军总部进驻香山后，朱德、刘少奇、周恩来、任弼时4位同志的办公居住处。

顺着山路步行到来青轩前，首先映入眼帘的是红墙、白砖、黑瓦的三色门楼。穿过门楼进入庭院，可见院内各个错落有致的建筑。来青轩的西侧是周恩来同志和邓颖超同志的办公居住地，在原址上恢复了办公室、会客室、卧室等8间房屋。北侧是任弼时同志和朱德同志的办公居住地，二人房屋相邻。从朱德同志的住处往东，便是刘少奇同志的办公居住地。4位同志和毛泽东同志一起，在香山完成了扭转中国命运的重大事件。

如能参观双清别墅和来青轩，近距离感受党和国家领导人的工作生活，一定是一堂重要的红色教育课。

常设展览·文物精华

毛泽东同志办公居住原状陈列展

"毛泽东同志办公居住原状陈列展"是根据当年毛泽东同志身边工作人员的回忆，按照原状布置的。展厅就是双清别墅院中的三间平房，分为办公室、会议室（会客室）、卧室和餐厅，陈设有办公桌、转椅、沙发、藤制书架等展品。

中间是会议室，墙上至今还悬挂着巨幅《中国人民解放军战略形势图》，图上仍保留着箭头、圈点，留下了解放战争时期敌我双方军事力量部署和中共中央指挥作战方略的轨迹。

爱上北京博物馆

▲ 毛泽东同志会议室

会议室东侧的一间房是毛泽东同志的办公室。宽大的办公桌是此室最重要的展品，上面摆放着老式电话、台灯、笔墨等，都是毛泽东同志用过的旧物。据回忆，当时秘书每天从各地送来的文件、电报等材料中选重要的请毛泽东同志阅示，厚厚的文件就摞在这张办公桌上。也是在此，毛泽东同志写下了许多不朽名篇，包括《南京政府向何处去？》《论人民民主专政》《丢掉幻想，准备斗争》《别了，司徒雷登》等。这里还诞生了《七律·人民解放军占领南京》和《七律·和柳亚子先生》两篇脍炙人口的佳作。

办公室里有一个小间，是小餐厅。会议厅西侧是卧室，一张宽大的木板床占据了大半间屋子。床边的衣架上，还挂着打了补丁的中山装和衬裤，磨出洞的皮拖鞋也放在床下。

主题图文展

双清别墅的主题图文展由"入住香山""共商国是""开国大典""家国情怀"等部分组成，通过图文、影音的形式，让人们更深入地了解毛泽东同志在香山办公居住期间的工作和生活情况。通过主题图文展，我们仿佛也能体会到毛泽东同志在香山度过的峥嵘岁月，体会到他为缔造中华人民共和国所做出的伟大贡献！

▲ 毛泽东同志办公室

▲ 主题图文展一角

香山革命纪念馆 ⑪

庄重肃穆的香山革命纪念馆,全方位呈现了中共中央在北京香山了不起的革命历程。步入纪念馆,历史的画卷徐徐展开,奋斗的岁月历历在目……

出北京地铁西郊线香山站,首先映入眼帘的便是一座又大又新的浅褐色建筑,让人不禁感叹其宏伟壮观,这便是香山革命纪念馆。

悄然矗立于北京市海淀区红枫路路西的香山革命纪念馆,集中展示了中共中央在香

▼香山革命纪念馆外景

山指挥全国解放战争，指导中国革命重心转移，筹备新政协和新中国，为新中国奠基的波澜壮阔历史。

香山革命纪念馆于2018年4月23日开始建设，2019年9月正式对外开放。占地面积为2400平方米，建筑面积为17985平方米，建筑结构为现浇钢筋混凝土框架结构。纪念馆有两层：一层设专题展厅、观众服务区、观众休息区、文创产品区等功能区；二层主场序厅为半圆形设计，高8米，占地面积为540平方米。

若在风和日丽时来到香山革命纪念馆的南门，可见阳光穿过门前笔直的廊柱，洒下斑驳的影子。此时头顶的蓝天、眼前的建筑、脚下的光影、远山的风景，共同构成一幅美丽的画卷。抬头能望见毛体字写成的"香山革命纪念馆"牌匾，气势磅礴、酣畅淋漓。

走进香山革命纪念馆，更能切身感受毛泽东等老一辈革命家在香山砥砺前行的光辉足迹！

▲ 淮海战役救护伤员二等功"人民功臣"牌匾

▲ 解放战争时期人民解放军使用过的军号

建筑特色

新中式风格

新中式风格是香山革命纪念馆最大的亮点。它坐北朝南，中轴对称，显得十分庄重大气，与北京西山的自然环境完美和谐地融为一体。

纪念馆建筑采用中国传统院落式布局，保留了两根轴线。东西向轴线为主要的参观路线，观众由东侧主入口进入纪念馆。在东侧入口前有一个广场，能满足大量人流集散的需求。南北向轴线是礼仪性轴线，便于举办重大政治活动，二层主展厅就从南侧的广场进入。

香山革命纪念馆不仅整体风格是新中式风格，选材用料也都是国产材料，大到砖瓦，小到铆钉，中国制造保证中国质量。纪念馆的58000片汉唐陶瓦、104个金属斗拱、3600平方米的玻璃幕墙、16000平方米的干挂石材无不让建设者们费尽心血，只为精心打造这座宏伟的建筑。

寓意深刻

香山革命纪念馆的建筑设计别具匠心，蕴藏着深深的红色情怀。南广场矗立着的国旗杆高19.49米，象征着中华人民共和国于

▲ 南广场国旗杆与南门外28根廊柱

1949年诞生。南门外建造的28根廊柱，象征着中国共产党从建党到建国28年不平凡的奋斗历史。二层东侧的"四梁八柱"造型，则象征着中共中央在香山为新中国成立搭建的"四梁八柱"。

常设展览·文物精华

"为新中国奠基——中共中央在香山"基本陈列

"为新中国奠基——中共中央在香山"基本陈列，是目前国内唯一全景式呈现中共中央在香山时期光辉历史的大型展览。展览序厅正中央，矗立着高达3.8米的毛泽东雕塑。雕塑两侧有两幅大型浮雕，左侧展示了人民解放军百万雄师千帆竞发，打响渡江战役的场景；右侧呈现了毛泽东等党中央领导人同民主人士齐聚一堂，共商国是的画面。

展览共分"进京'赶考'""进驻香山""继续指挥解放全国""新中国筹建""不忘初心、牢记使命、永远奋斗"5个部分，包含15个单元，展出文物1200余件（套）、图片800余张。毛泽东同志"进京'赶考'"时乘坐的同型吉普车、渡江战役中使用的木船、开国大典时悬挂在天安门城楼上的大红灯笼和使用的礼炮……一件件珍贵的文物虽静默无言，却都在诉说着中国共产党苦难又辉煌的奋斗历程！

展览还展出了8部珍稀历史影像纪录片，包括《北平和平解放》《西苑机场阅兵》《国共和谈》《渡江战役》《向全国进军》《中国人民政治协商会议》《人民英雄纪念碑》

爱上北京博物馆

▲ "为新中国奠基——中共中央在香山"展厅入口

▲ 人民解放军渡江战役中使用的木船

▲ 中共中央进驻香山时使用的同型吉普车

《开国大典》。同时也展出了 1949 年 10 月 1 日苏联摄影师在开国大典上拍摄的宝贵彩色影像和彩色照片。

中华人民共和国开国大典使用过的大红灯笼

这里展出了两盏中华人民共和国开国大典使用过的大红灯笼。它们体量巨大、工艺精湛，见证了新中国的诞生，意义非凡！

1949 年 9 月 2 日，时为副主席的周恩来用毛笔签署了"阅兵地点以天安门前为好"的批示。担任大会现场布置的华北军区政治部主任张致祥接到批示后，将天安门城楼的设计工作交给了军区政治部文工团舞美队，队长苏凡接到任务后，立即把这个艰巨的任务交给了团里两个艺术造诣极高的人——肖野和森茂，命他们用最短的时间，设计出最好的方案。肖野和森茂凭着对中国传统文化的深刻领悟，精心设计出了中国宫灯，千辛万苦找到一位老艺人，加上他的两个徒弟，三天三夜吃住在城楼上。终于制成了 8 盏有史以来最大的宫灯。它们被高高地悬挂在城楼上，每个宫灯高达 2.23 米，直径 2.25 米，周长 8.05 米，重量达到惊人的 80 千克。

1994 年，为庆祝中华人民共和国成立 45 周年，天安门城楼重新进行了装修。城

▲ 开国大典使用过的大红灯笼　　　　　　　　▲ 昔日天安门城楼悬挂的8盏宫灯

楼上的8盏大红灯笼被折叠式新型宫灯替代。诞生于开国大典的大红灯笼，正式结束其历史使命，淡出了人们的视线，其中东二和西二两个位置上的灯笼以1380万元的价格被拍卖，拍卖所得全部捐献给北京贫困山区解决饮水问题和"希望工程"。

《论人民民主专政》

发表于1949年6月30日的《论人民民主专政》，是毛泽东同志为纪念中国共产党成立28周年而撰写的，也是当年他发表的唯一一篇署名文章。文章总结了中国共产党成立以来领导新民主主义革命的重要经验，有针对性地回答了人们关心的新中国的国体政体等问题，进一步阐述了人民民主专政的概念，创造性地发展了马克思主义国家学说，为《中国人民政治协商会议共同纲领》的通过奠定了理论基础。香山革命纪念馆共藏有150多个版本的《论人民民主专政》单行本，是非常珍贵的文物资料。置身香山革命纪念馆，更能体会到中共中央在香山的革命历程，是中国共产党人坚韧不拔、攻坚克难的奋斗历程。百年风雨兼程，百年砥砺前行，"赶考"依然在路上。唯有不忘初心，牢记使命，方能迎接新时代的新挑战，改革的巨轮也将乘风破浪、扬帆远航！

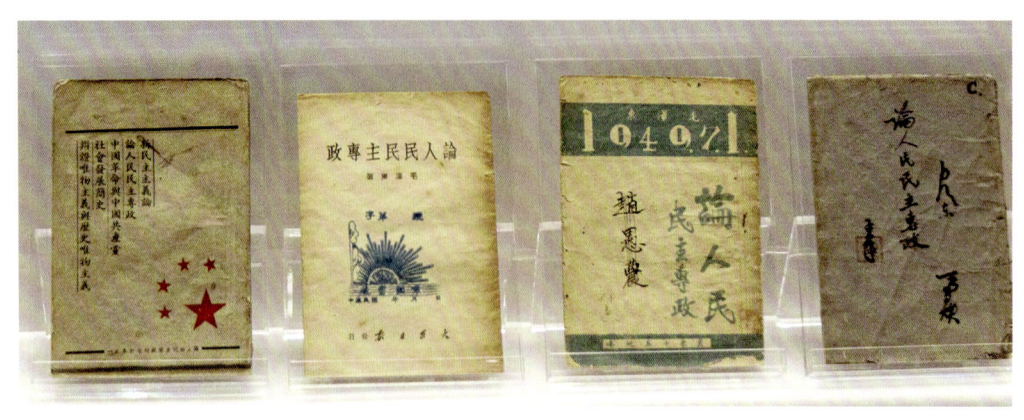

▲《论人民民主专政》各种版本

李大钊故居 ⑫

李大钊故居在中国共产党历史上有着特殊价值，见证了李大钊人生事业的第一个黄金时代，是李大钊传播马克思主义、创办中国共产党、领导北方工人运动、促成第一次国共合作等一系列革命实践活动最具代表性的历史见证。

在北京市西城区文华胡同24号，被大槐树掩映下的李大钊故居，显得幽静古朴而别致，与附近繁华喧嚣的长安街形成鲜明对比。进入李大钊故居，首先映入眼帘的是李大钊先生的半身铜像。在阳光的映射下，其眼神显得十分坚毅，仿佛穿越时空在看今日之中国是否变成如他描绘的青春之国家一样。

▼ 海棠花掩映下的李大钊故居

▲ 李大钊故居入口处

▲ 李大钊铜像

李大钊，中国共产主义运动的先驱，伟大的马克思主义者，杰出的无产阶级革命家，中国共产党的主要创始人之一。在观看过电视剧《觉醒年代》后，很多观众来到李大钊故居，探寻李大钊先生"铁肩担道义，妙手著文章"的快意人生，追忆这位中国革命的"播火者"。而这里正是见证了李大钊传播马克思主义、创建中国共产党、领导北方工人运动、促成第一次国共合作等一系列最具代表性的革命实践活动的地方，也是他简朴生活和高尚道德情操的真实写照，可以说李大钊故居具有极其丰富厚重的文化内涵。

建筑特色

民国时期三合院民居建筑

1920年春至1924年1月，李大钊一家在石驸马大街后宅35号（今西城区文华胡同24号）北院居住将近4年，这是他在故乡之外与家人生活时间最长的一处居所。1979年8月21日，李大钊故居被公布为北京市重点文物保护单位。走进李大钊故居，

▲ 整修一新的故居院落

▲ 海棠花掩映下的李大钊故居北房

首先看到的是李大钊先生的半身铜像，像高207厘米，其中胸像部分高80厘米，寓意着在2007年李大钊同志英勇就义80周年之际，北京李大钊故居正式对外开放。

李大钊一家在此居住期间，这里被称为石驸马大街后宅35号，是按照明宣宗顺德公主的丈夫石璟的宅子命名的。这个小院子是个倒座的三合院，从北往南进，没有南房，不成四合院规格，除了身后的正房是起脊建筑外，厢房、耳房都是平顶建筑，造价比较低廉。院中和胡同的路面相差80厘米，这种格局在下雨的时候很容易积水。这种普普通通的小院子，当时的居住者都是一般老百姓甚至是穷人，堂堂的北大教授怎么会住在这里呢？李大钊用一句话诠释了其中的原因：光明磊落之人格，自有真实简朴之生活。

常设展览·文物精华

故居原状陈列展

李大钊故居为南、北两个院落，占地面积约1000平方米，文物建筑有北房3间（堂屋），东、西耳房各2间，东、西厢房各3间。根据文献记载和回忆，恢复原貌。故居原状陈列主要反映1920年春至1924年1月李大钊家庭生活和革命活动。其中北房东屋为李大钊夫妇的卧室，西耳房为李大钊的长女李星华的卧室；东厢房北间为李大钊长子李葆华的卧室，南间是客房；西厢房为李大钊的书房。

故居堂屋

"简朴实用"是众人参观屋内陈设之后的第一感受。比如，堂屋的布局，除了中堂画两侧悬挂着由其本人书写且象征其精神风范的"铁肩担道义，妙手著文章"对联，以及传统中式条案桌椅多宝槅掸瓶等家具摆件外，只有两样物件能凸显出李大钊的特殊身份，一个是老式座钟，一个是黑色老式电话，没有其他多余陈设。

西厢房

走出堂屋，右手边便是3间打通兼做书房、会客室的西厢房。书房一侧是一张大书桌，桌上放着笔墨纸砚。平日里李大钊在这里读书，写文章，他的很多宣传马克思主义的文章就是在这里完成的。据统计，从1920年春到1924年1月，李大钊共撰写文

▲ 北房东屋是李大钊夫妇的卧室

▲ 北房堂屋内的简洁陈设

▲ 西厢房内的书桌

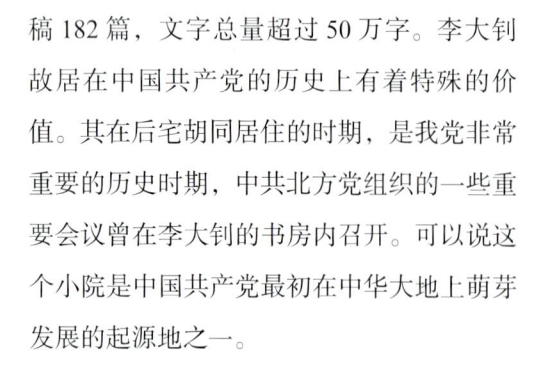

▲ 西厢房南侧的会议桌

稿182篇，文字总量超过50万字。李大钊故居在中国共产党的历史上有着特殊的价值。其在后宅胡同居住的时期，是我党非常重要的历史时期，中共北方党组织的一些重要会议曾在李大钊的书房内召开。可以说这个小院是中国共产党最初在中华大地上萌芽发展的起源地之一。

"播火者——李大钊革命思想与实践"专题展

李大钊故居被列为北大红楼与中国共产党早期北京革命活动旧址保护传承利用工作的重要点位后，于2020年3月启动了展陈提升工作。经过展陈改造，故居的专题展被命名为"播火者——李大钊革命思想与实践"专题展。此专题展一共分为5个部分，除前言和结束语之外，还从中国传播马克思主义的先驱、中国共产党的主要创始人之一和中国革命实践的开拓者3个维度来重点介绍李大钊同志在中国共产党历史上的重要贡献和作用。

▲ 孙中山电邀李大钊赴上海手迹

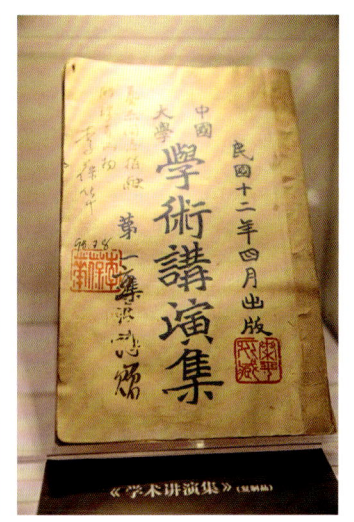

▲ 商务印书馆20世纪20年代出版的李大钊著作：《学术讲演集》

▲ 商务印书馆20世纪20年代出版的李大钊著作：《唯物史观》

《史学要论》

来到展厅，一定要看看这里馆藏一级文物《史学要论》。这本书可以说是李大钊史学思想的精粹之作。别看这只是简简单单的一个小册子，但在当时那个年代，教授是没有固定教材的，都是自己写好之后去印书馆印刷然后发给学生们。这本小册子就是李大钊写好之后去商务印书馆印刷，然后发给学生们使用的，因为存世量少、发行量小，所以格外珍贵。这本小册子还是20世纪马克思主义史学思想的奠基石，也是李大钊史学思想的精粹。

纵观李大钊的一生，以《青春》一文振起，继而投身轰轰烈烈的民族解放运动，他积极进取的人生态度和不朽的革命业绩正是后来者应当继承和学习的核心。李大钊先生为今天的国家发展、民族复兴，探索选择了

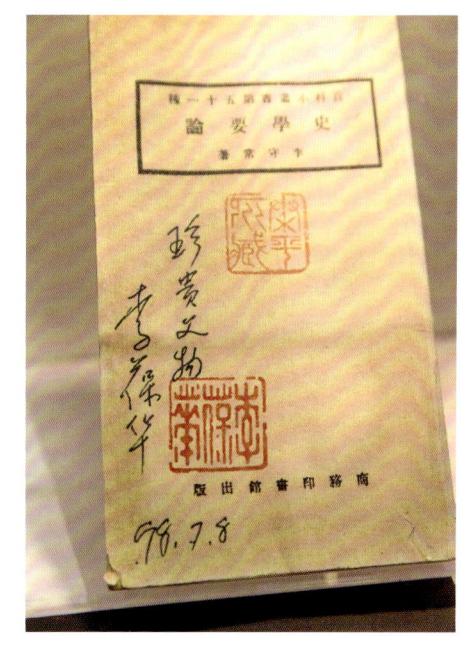

▲ 馆藏一级文物《史学要论》

一条正确的道路，我们后来者必将继承他的遗志，在中华民族伟大复兴的道路上奋勇向前。

北京鲁迅博物馆 13

在这个古朴的四合院，感受那个血与火的觉醒年代，了解鲁迅先生"我以我血荐轩辕"的爱国主义精神和"横眉冷对千夫指，俯首甘为孺子牛"的高尚情操，洞察这位新文化运动的旗手和主将的伟大人格魅力和个人勇气。

如果说在北京城无数的名人故居博物馆中，有称得上大隐隐于市的小众秘境的话，那北京鲁迅博物馆肯定算是一个。这个青砖灰瓦的小院就位于不显眼的阜成门内大街宫门口二条胡同内。

北京鲁迅博物馆（北京新文化运动纪念馆）由原北京鲁迅博物馆和北京新文化运动纪念馆于2014年7月合并组建而成，包括

▼北京鲁迅博物馆大门

13 北京鲁迅博物馆

▲ 展厅前的汉白玉鲁迅雕像

▲ 馆内的鲁迅手稿雕塑和汉白玉鲁迅雕像

鲁迅博物馆馆区和新文化运动纪念馆馆区。这座看上去十分平常的四合院，因为一位在这里居住过的伟大人物——鲁迅先生而成为国家一级博物馆。鲁迅博物馆馆区包括鲁迅旧居及鲁迅生平陈列馆，其中鲁迅旧居为全国重点文物保护单位。

北京鲁迅博物馆是为了纪念和学习中华民族的思想文化巨人——鲁迅先生而建立的社会科学类人物博物馆，是首批国家一级博物馆。

很多人最初认识鲁迅先生是从《从百草园到三味书屋》，从浙江绍兴，到日本仙台，再到北京《新青年》。在新文化运动的最前沿，人们随着鲁迅笔下那一个个鲜活的人物形象：闰土、孔乙己、祥林嫂、刘和珍君……了解了当时中国社会生活中一个个鲜

125

活的场景与重要的历史事件。其中在北京期间，鲁迅先生写下了很多重要的文章，也是他人生中最为重要的一个阶段。今日，我们将通过寻访北京鲁迅博物馆，来一同追忆一下那个在中国历史上重要的激情燃烧的岁月。

建筑特色

古朴精致的四合院

鲁迅旧居面积约 400 平方米，位于北京市西城区阜成门内大街宫门口二条 19 号，是一个典型的四合院。这里是鲁迅先生在北京的第四个居所，先生于 1924 年春天花了 800 块钱购置，并亲自进行了设计与改建。这个古朴精致的院落，灰色的砖墙，配上红色门窗，体现出典型的老北京四合院的建筑特色。这里也是迄今为止，北京保存最完整的一处鲁迅的居所。

鲁迅在此生活了两年多。1926 年 8 月，鲁迅离京后，其母亲及原配夫人朱安继续在此居住。1929 年 5 月和 1932 年 11 月，他先后两次自沪返京探望母亲，也住在这里。1947 年鲁迅原配夫人朱安病逝后，中共地下党组织通过北平高等法院查封了旧居，将其暗中保护起来。1949 年 10 月 19 日，时值鲁迅逝世 13 周年之际，旧居正式对外开放。次年 3 月，许广平先生将旧居和鲁迅生前的藏书、文物全部无偿捐献给国家。1954 年初，在旧居旁建立了鲁迅生平陈列馆，于 1956 年 10 月 19 日鲁迅逝世 20 周年之际正式建馆并对外开放。

▲ 南门外整修一新的胡同

13

北京鲁迅博物馆

▲ 古朴的院落大门

▲ "老虎尾巴"——鲁迅的卧室兼书房

常设展览·文物精华

鲁迅旧居原状陈列展

鲁迅旧居有南房3间，北房（正房）3间，东、西厢房各两间。南房3间是会客室兼藏书室；北房3间，东、西两侧分别为其母亲和原配夫人朱安的卧室，中堂是餐厅，北面接出去一小间平顶屋子，是鲁迅的卧室兼书房，俗称"老虎尾巴"。院内的格局布置、室内的陈设展示，都保存着鲁迅先生当年居住时的模样。院中先生当年手植的两棵丁香树，依然枝繁叶茂，生机盎然。

在此居住的两年多时间里，鲁迅主编和指导青年人编辑了《语丝》周刊、《莽原》

▲ 旧居内的三间正房，东、西屋分别是鲁迅母亲和原配夫人朱安的卧室

▲ "老虎尾巴"内的陈设，若干战斗檄文就诞生在这张书桌之上

爱上北京博物馆

▲ 后院的水井和鲁迅手植的黄刺玫

周刊、《莽原》半月刊、《国民新报副刊》等刊物，指导成立了"未名社""莽原社"等青年文学团体；编辑了"未名丛刊""乌合丛书"，并为不少青年作者编选辑、写序言、校改文稿和译稿；完成了《嵇康集》的校勘，翻译了《苦闷的象征》《出了象牙之塔》；写下了散文集《野草》，小说集《彷徨》中的大部分作品，杂文集《华盖集》《华盖集续编》，以及《坟》《朝花夕拾》中的大部分作品200多篇。很多读者们耳熟能详的文章都是鲁迅先生在这个不起眼的四合院中撰写完成的。在这里，鲁迅先生以文为剑，向那些麻木而昏沉的灵魂宣战，将人性中的善与恶、冷漠与热情展现得淋漓尽致，以此惊醒昏睡中的国人。

鲁迅生平陈列馆

鲁迅博物馆由鲁迅旧居和鲁迅生平陈列馆组成。鲁迅生平陈列馆位于鲁迅旧居东侧，1956年10月建，占地1000平方米。在这个宽敞的院子里，有一个汉白玉的鲁迅先生坐像。鲁迅生平陈列馆以大量的实物、图片，并配以多媒体手段，全面地展示鲁迅一生的生活、工作与业绩。展厅一层中心展区的"什么是路"、"铁屋中的呐喊"、"麻木的看客"和"这样的战士"4个

▲ 鲁迅生平陈列馆展厅

▲ 鲁迅生平陈列馆展厅内景

主题形象，为理解鲁迅思想提供启示。展览以鲁迅一生的足迹为脉络，共分8个部分："绍兴""南京""日本""杭州、绍兴、南京""北京""厦门""广州""上海"，详细地介绍了鲁迅从幼时家道中落、青年国外求学，再到中年扛起新文化运动大旗的55年辉煌人生。博物馆中除收集了大量图片和文字资料外，还收集了很多鲁迅先生生活中使

▲ 鲁迅回复许广平的第一封信

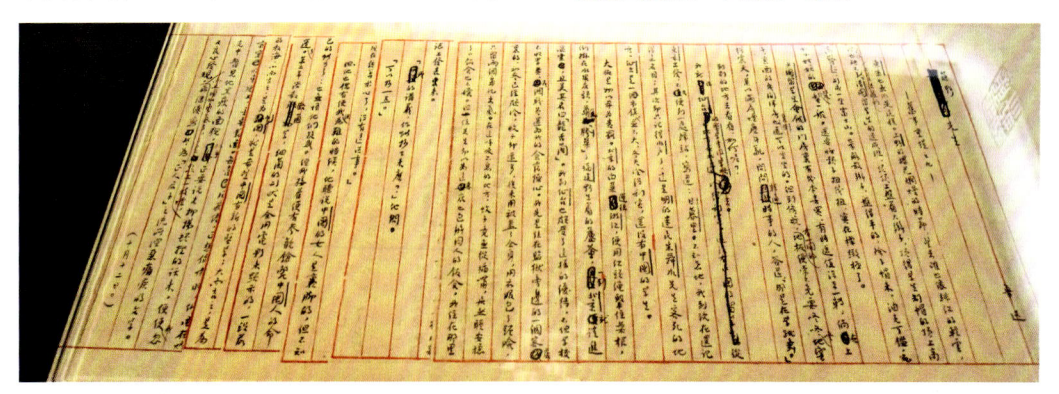

▲《藤野先生》手稿

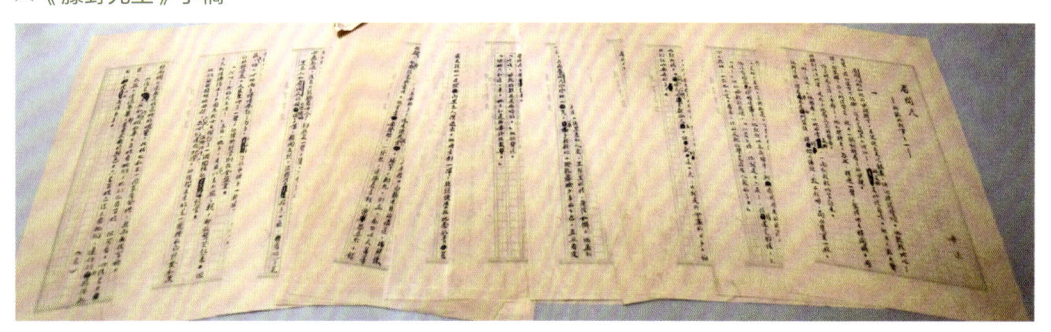

▲《铸剑》（原题《眉间尺》）手稿

▲《阿Q正传》手稿

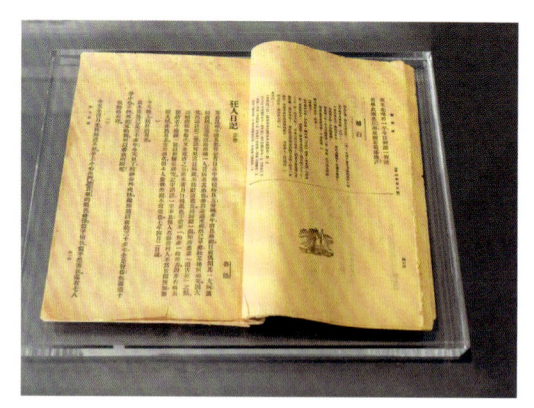

▲《新青年》第四卷第五号刊登的《狂人日记》

用过的非常重要的文物。

鲁迅手稿

展馆中陈列着大量鲁迅先生所撰写文章的手稿和一些来往信件，其中包括鲁迅先生在日本留学时与藤野先生的书信、鲁迅先生与许广平的书信等。通过这些手稿，我们能够更加真切地感受到先生创作那些文献作品时的真实情感。

发表在《新青年》刊物上的《狂人日记》

1918年5月15日，在《新青年》的第四卷第五号上，刊登了一篇署名为鲁迅的短篇白话文小说——《狂人日记》。该文取名于果戈理的同名小说，这也是他第一次用

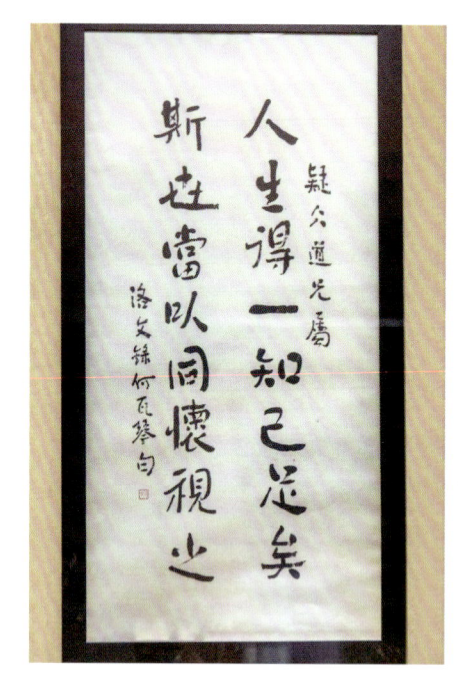

▲鲁迅书赠瞿秋白的条幅

▲鲁迅自称"戎马书生"印

▲鲁迅应蔡元培之邀设计的北大校徽

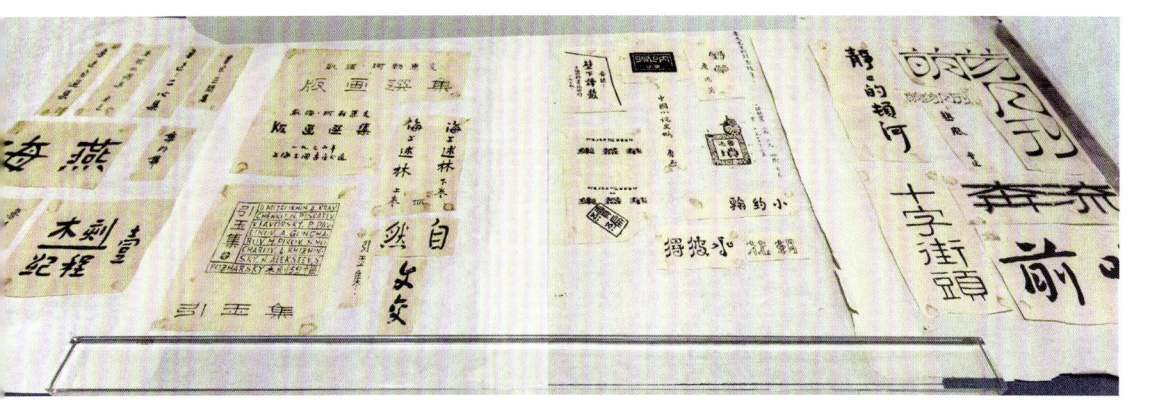

▲ 鲁迅设计的书刊封面图案

"鲁迅"作为笔名。他以敏锐的思想、犀利的笔触，呈现出一个狂人的艺术形象，来揭露封建家庭制度和封建礼教制度的弊端，揭露了封建礼教所谓的仁义道德，其实却是"吃人"的本质，对其进行了深刻的批判。《狂人日记》是鲁迅先生撰写的一篇彻底的反封建檄文，也是鲁迅此后所有创作的总序言。

拓展视频：
其他文物鉴赏

《新青年》编辑部旧址（陈独秀旧居） 14

> 箭杆胡同20号，一个看似寻常的四合院，却见证了五四前后新文化运动的蓬勃发展和马克思主义在中国开始广泛传播的历史过程，在党的创建史上发挥了重要作用。这里如同一面鲜明的旗帜，指引着青年学生们寻求真理的道路。

穿过故宫东华门，沿北池子大街向北行，就来到了箭杆胡同。继续沿着胡同前行，来到位于胡同中部的20号，就能看到一座看似不起眼但却在历史上有着重要作用的小四合院。这里就是中国新文化运动重要的起源地之一——《新青年》编辑部在北京的旧址，也是陈独秀在北京的旧居所在地。1917年至1920年，陈独秀来到北京，任北

▼ 箭杆胡同里的陈独秀旧居

▲ 院内的棚子、休息桌椅及院墙上《新青年》编辑部成员的雕像

▲ 箭杆胡同牌匾

《新青年》编辑部旧址（陈独秀旧居）

京大学文科学长之后就租住在此。当时院子的北房作为《新青年》的编辑部，前后大约有3年的时间。当时陈独秀在北京生活，他的很多工作都是在这个院子里完成的，这个看似寻常的四合院也正是因为有过这些不同寻常的人和事，而具有了非常重要的历史价值。2001年《新青年》编辑部旧址（陈独秀旧居）被北京市列为第六批市级文物保护单位。2021年3月，被北京市文物局确定为北京市第一批不可移动革命文物。

建筑特色

古朴传统的四合院建筑

陈独秀旧居位于箭杆胡同20号，顺着箭杆胡同往里走，不一会儿，右手边就出现了一个门口标有"陈独秀旧居"字样的院落。陈独秀旧居的街门建在院子的东北角，面北，为"如意门"。往东院一拐，一南一北两间开阔的平房环抱着中间灰砖铺地的院子。北房的门窗被做旧成斑驳的样貌。所有深色的房梁都是过去百年的老梁子，在对陈独秀旧居进行修缮的时候根本没落地，浅色的木材是后补上去加固用的。该院占地面积约460平方米，院内有正房3间（带1间东

▲ 陈独秀旧居的小院子已经修整一新

14 《新青年》编辑部旧址（陈独秀旧居）

耳房）、南房 3 间（亦带 1 间东耳房）、东厢房 2 间，院内西墙有随墙门通往西院。院内房屋均为起脊合瓦房，正房 3 间前出廊子。陈独秀从 1917 年初到 1920 年初在这个院子里断断续续住了 3 年。整座四合院坐北朝南，当时陈独秀及其家人就住在这座院子的南房。

▲ 小院内向阳的北房就是当年的新青年社编辑部

常设展览·文物精华

推开朱门，穿越门廊，走入这个整洁宁静的小院，首先映入眼帘的就是《新青年》第二卷第一号的封面放大版的展示图板，这也是《新青年》从《青年杂志》更名为《新青年》的第一本。

由杂志封面的展示板向右拐，即能看到一间小房门边挂着"新青年社编辑部"的匾额，这也是当年编辑部匾额悬挂的位置。随后进入院内，内有北房 3 间、南房 3 间，其中，北房正是当年新青年社编辑部，南房则是当时陈独秀及其家人的住所。院内西墙

▲《新青年》第二卷第一号封面放大版展示图板

上，有一幅青铜人物浮雕，绘制着陈独秀、李大钊等人曾在此工作的场景。院中的鱼缸里，几条红色小鱼欢快地游弋。

"历史上的《新青年》"专题展

在这处旧居的北房推出的"历史上的《新青年》"专题展，集中展示了《新青年》的历史地位和重要作用。值得一提的是，1920年9月至1926年7月间《新青年》刊登的200余篇马克思、列宁著作和宣传马克思列宁主义的文章在这里首次以仿真的形式集中展示，填补了一项历史空白。当观众来到刊登于1923年6月《新青年》上的瞿秋白翻译的《国际歌》歌词处时，可以戴上耳机聆听《国际歌》，感受当时热血青年们高唱《国际歌》的激昂的爱国热情。

热播电视剧《觉醒年代》中的很多事件都是在《新青年》编辑部旧址内发生的。来到小院，人们会发现小院专题展览在布展过程中特意还原、重现了《觉醒年代》中的部分场景，引起了参观者的共鸣，使观众在参观过程中，能够获得更好的观展体验。同时，展览现场还特别设置了油印体验的环节，来到小院参观的观众可以在这里亲手印制一份第一版《新青年》的封面并加盖当日纪念章，带走留念。

在那漫漫长夜里，《新青年》唤醒了一代青年。毛泽东、周恩来、刘少奇、张太雷、恽代英、蔡和森、叶挺等，都是在《新青年》的影响下，走上了革命道路。

▲ 1915年9月陈独秀在上海创办的《青年杂志》创刊号

▲ 北房内"历史上的《新青年》"专题展一角

▲《新青年》第六卷第五号、第六号上连载的李大钊的《我的马克思主义观》

▲《青年杂志》自1916年9月改名为《新青年》

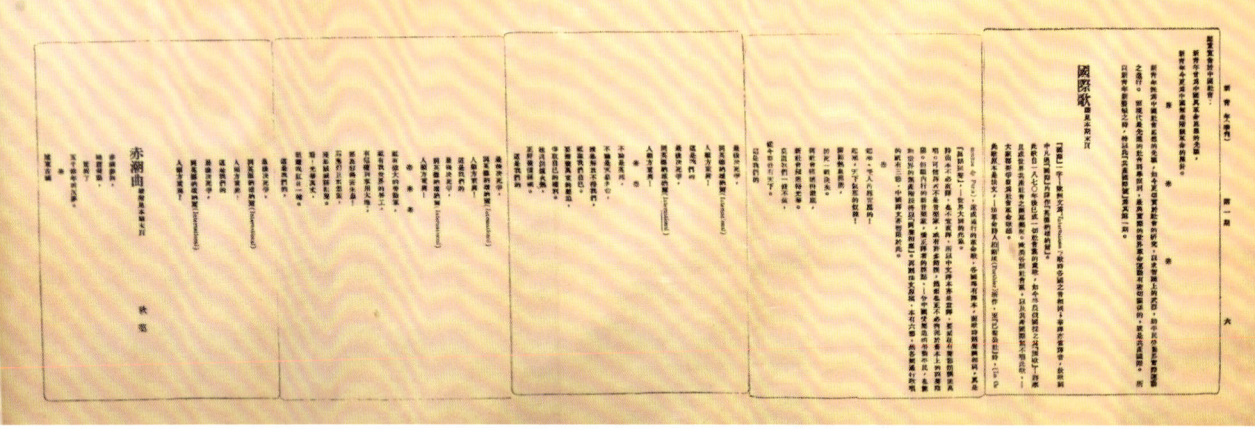

▲刊登于1923年6月《新青年》上的瞿秋白翻译的《国际歌》歌词

"陈独秀在北京"专题展

在旧居的南房推出了"陈独秀在北京"专题展。专题展主要展示的是陈独秀的基本生平及其在京期间的主要活动与历史作用。展览中首次汇集展出了陈独秀、李大钊编辑《新青年》时的往来书信及编者、作者之间的通信手札，让观众了解和感受中国先进知识分子探索救国救民的初心和使命。

"青年如初春，如朝日，如百卉之萌动，如利刃之新发于硎，人生最可宝贵之时期也。青年之于社会，犹新鲜活泼细胞之在人身。新陈代谢，陈腐朽败者无时不在天然淘

▲南房内的"陈独秀在北京"专题展一角

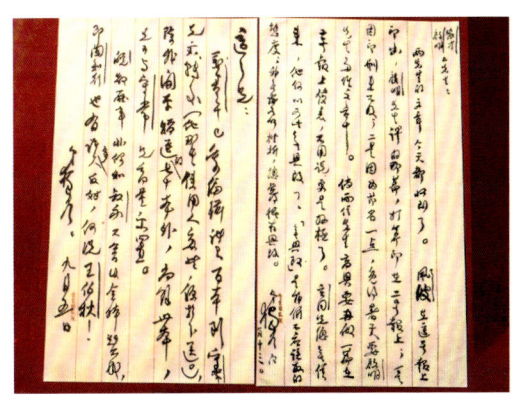

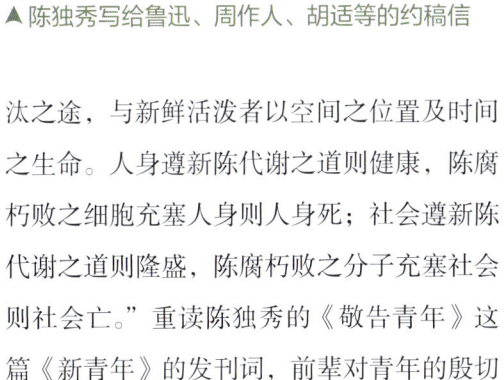

▲ 陈独秀写给鲁迅、周作人、胡适等的约稿信

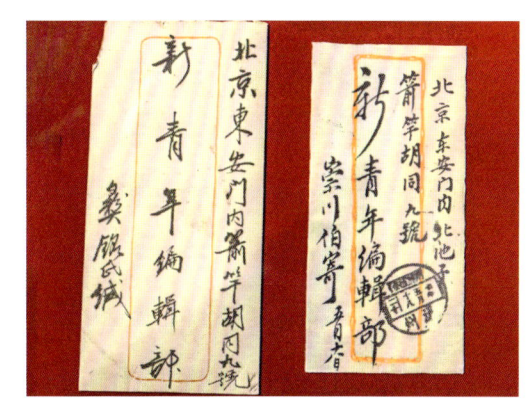

▲ 两位读者写给编辑部的信件

汰之途，与新鲜活泼者以空间之位置及时间之生命。人身遵新陈代谢之道则健康，陈腐朽败之细胞充塞人身则人身死；社会遵新陈代谢之道则隆盛，陈腐朽败之分子充塞社会则社会亡。"重读陈独秀的《敬告青年》这篇《新青年》的发刊词，前辈对青年的殷切希望跃然纸上。在箭杆胡同20号，陈独秀、李大钊、鲁迅等曾经探索救国救民之路的中国先进知识分子、革命先驱，穿越百年，与新时代的青年以另一种方式"相遇"。今日之青年生逢其时，作为实现中华民族伟大复兴的中国梦的主力军，今日青年应铭记历史，担负起应该担负的历史责任，为国家的繁荣富强，为伟大中国梦的实现，在民族复兴的征程上奋勇前行。

▲ 陈独秀所用皮包、毛笔、马灯、暖壶、茶壶等

▲ 陈独秀所用皮箱、伞

北京文博交流馆 15

在北京喧闹的禄米仓胡同里,有座闹中取静的古寺——智化寺。寺内春天繁花似锦,冬季白雪映满红墙;还有那时常飘出的略带神秘的古代宫廷音乐,使人仿佛回到了500多年前。

如果你某一天路过东城区禄米仓胡同东口路北附近,也许会听到一种轻柔、神秘的古乐。这就是被誉为"中国古音乐活化石"的智化寺京音乐。

智化寺,建于明正统八年(1443年),距今已有近600年的历史。寺庙初为明英宗时期司礼太监王振"舍宅为寺"所建的家庙,因邀得明英宗"敕建"之封号,被英宗

▼智化寺山门

▲ 智化寺脊兽

15

北京文博交流馆

赐名"报恩智化寺"而繁盛至极。

　　这座占地面积不大的智化寺，有明代古建筑营造之美，有始于唐宋的京音乐，还有北京地区仅存的明代藏传佛教转轮藏。这3项都是我国宝贵的文化遗存，也被称为"智化寺三绝"。

　　1992年，在智化寺原址上成立的北京文博交流馆，是一座以促进文化发展、研究文物、举办民间收藏及文化交流活动为中心任务的综合性博物馆。自此，古老的智化寺被赋予了新的历史使命。

　　智化寺除因保存完整、高深美妙的佛教音乐而闻名于世外，其貔貅也远近闻名。智化寺的貔貅是用一种非常珍贵的乌木雕刻而成的，被称为北京"四气"中的财气。

　　智化寺至今游客不绝，香火鼎盛。近年来，人们常把智化寺作为网红打卡地。这里

▲ 智化寺春季繁花盛开

143

▲ 智化寺智化门夜景

四秀景色各异，春天可以欣赏多种盛开的鲜花，不少年轻人穿着汉服流连于花树与红墙之间，也有人在树下弹筝吟唱，任凭花瓣飘落发梢；秋天寺里古树上的果实均已成熟，黄色的梨与红色的沙果点缀在红墙间，引得游客垂涎欲滴。

徜徉在殿宇院落中，追溯其兴衰隆替的历史，品味它美轮美奂的建筑、精湛的造像、精美的壁画、高深的佛经、悦耳的古乐、优美的四季风景，确实是一种难以寻觅的超级享受。

建筑特色

京城保存最完整的明代木结构建筑群

智化寺这座明代寺院，虽然经历了几百年的辉煌与没落，但院内主体建筑依然保存完整：主要建筑物的屋顶用黑色琉璃瓦铺砌，虽经历代多次修葺，其梁架、斗拱、彩画等仍保持明代早期特色。它的四进殿宇堪称目前京城保存最完整的明代木结构建

▲ 智化寺古建筑一角

▲ 智化寺智化殿夜景

145

▲ 智化寺大智殿夜景

筑群。

北京自明代开始建造了不少皇家建筑，但因年代久远，那时建造的皇宫、祭祀点、寺院等，后来很多遭雷击、火烧等损毁，也有的被清代皇帝下令重建。因此，现在留存下来的绝大多数是明清混合建造的古建筑群。所以，这座北京市内建于明代的建筑群，就显得十分珍贵。

"伽蓝七堂"的建筑布局

智化寺当年仿唐宋"伽蓝七堂"规制而建，其庄重典雅、用料独特的黑琉璃瓦顶，素雅清新的装饰彩绘，精美古朴的佛教艺术等，都是不可多得的瑰宝。

"伽蓝七堂"一般是指佛教建筑中规定的布局，同我国传统四合院的布局相一致，其每座建筑物均承担寺院的相应功能。智化寺从南往北，沿中轴及两侧院落分布有山门、钟楼、鼓楼、智化门、智化殿、大智殿、藏殿、如来殿与万佛阁、大悲堂等，均按相关作用分布排列，构成了"伽蓝七堂"这种古代佛教的建筑布局。

如来殿与万佛阁

这是智化寺最大的建筑。上、下两层各有其名：一层叫如来殿，主要供奉释迦牟尼佛本尊，梵王、金刚分侍两侧；二层叫万佛阁，供奉毗卢遮那佛、卢舍那佛、释迦牟尼佛。在上、下两层山墙上，满布有9000余尊小佛龛，由此得名"万佛阁"。整座建筑形式明承宋制，学术价值很高。20世纪30年代，建筑学家梁思成先生推荐同在营造学社的刘敦桢先生到访勘测，形成《北平智化寺如来殿调查记》。该论文发表后引发业内高度关注。

常设展览·文物精华

智化寺历史沿革展

此展览位于智化门，分为前言、王振与智化寺、土木之变、智化寺的变故、刘敦桢在智化寺的考察等5个部分，通过老照片、实物等介绍了这座寺院曾经的辉煌、衰落、整修历程。

▲ 智化寺万佛阁牌匾

▼ 智化寺如来殿释迦牟尼佛及其胁侍：梵王、金刚

▲ 智化寺如来殿与万佛阁夜景

15

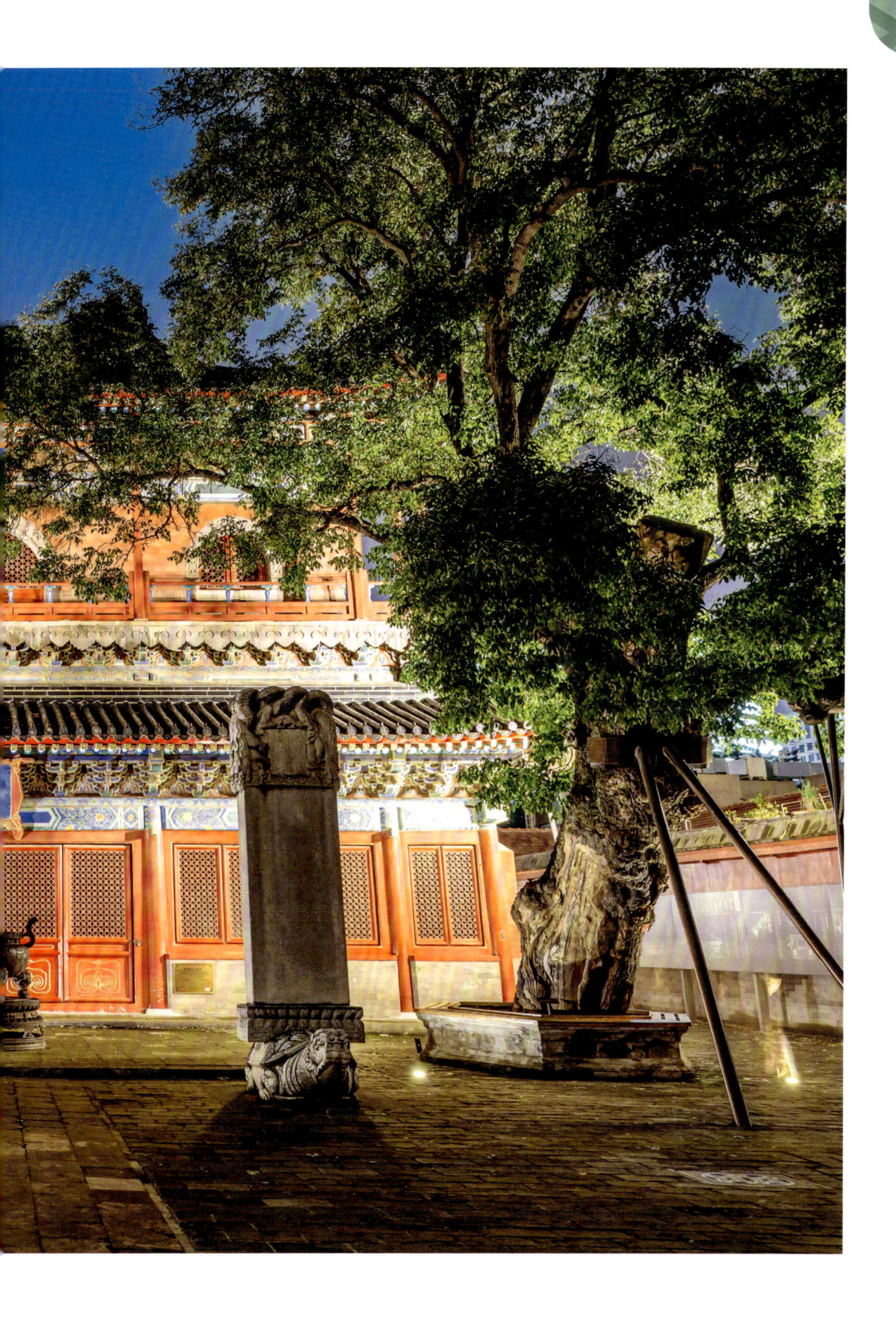

北京文博交流馆

爱上北京博物馆

▲ "敕赐智化寺"门额

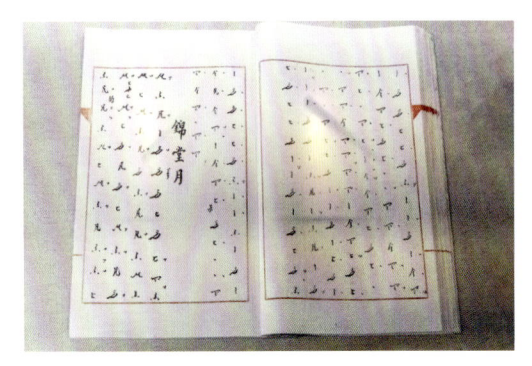

▲ 智化寺第二十六代艺僧张本兴整理的乐谱

藏殿文化艺术展

此展览主要是藏传佛教的内容，包括佛造像、坛城布局、梵文种子字神祇等。另

▼ 智化寺藏殿夜景

▲ 20世纪30年代的智化寺鼓楼

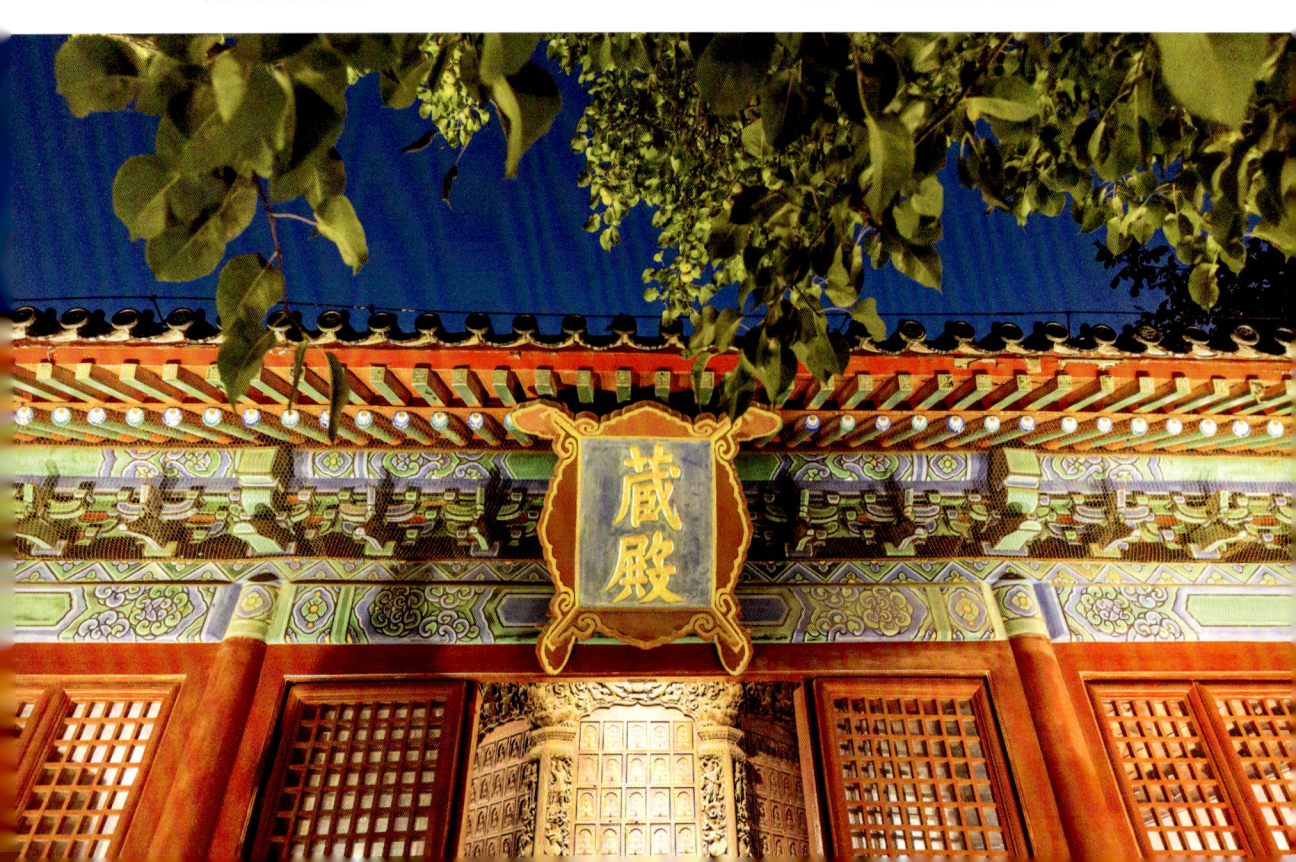

外，还介绍了智化寺各殿堂具有较高艺术价值、富有特色、不同形状的天花。

明代转轮藏

这是北京地区仅存的一具明代转轮藏。但与一般转轮藏不同，由于它以汉白玉石为基座固定在地面上，自身不能转动，信众膜拜时，需要围着它顺时针走动。这具转轮藏制作非常用心，楠木制八面藏经橱，360个盛装大藏经的抽屉；有千字文作为检索使用；还有不少精美的纹饰、佛八宝、

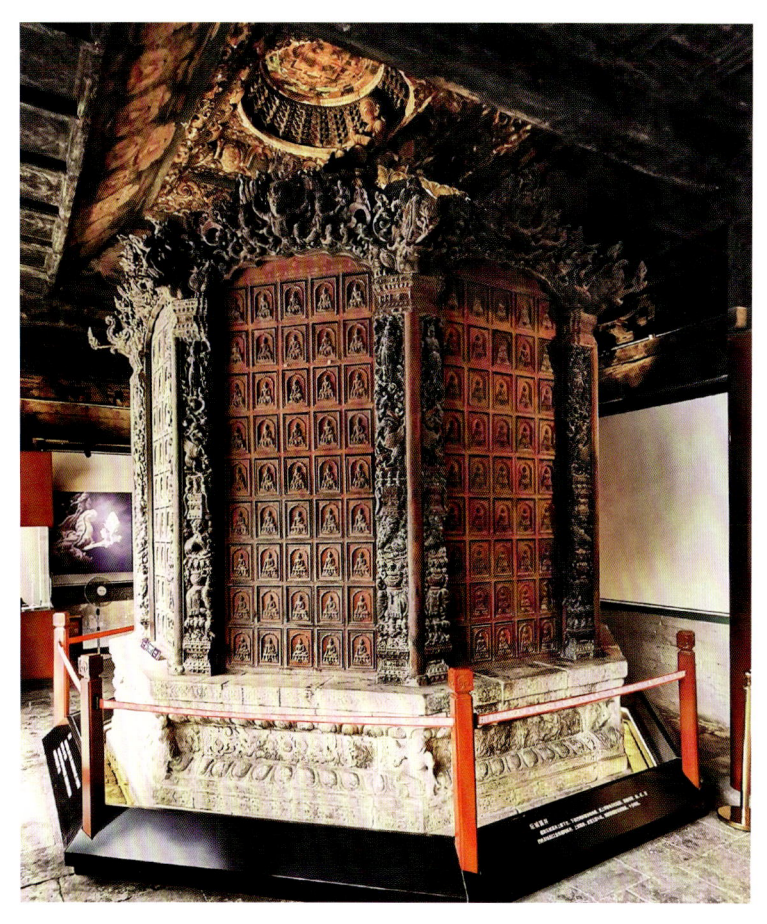

▲ 明代转轮藏

▼ 智化寺智化殿内景

▲ 泥塑智化寺京音乐演出阵容

六拿具、力士等题材雕刻。经橱顶部则别有洞天，为莲花座中的毗卢遮那佛像。整个转轮藏制造极其精美。

智化寺京音乐

当年王振为了向世人展示其"手握王爵"的权力，擅自把部分宫廷音乐带入寺院，送进自己的私庙，训练僧人演奏传习，即佛教乐曲"京音乐"（又称"经音乐"）。大约在道光、咸丰年间（1821—1861年），智化寺的京音乐向外传授到天仙庵，以后又分别传授到成寿寺、水月庵、地藏寺、夕照寺、观音庙、火神庙、九顶庙及普宁寺等10余座寺院，逐渐成为北京北传佛教音乐的中心。

长期以来，智化寺京音乐一直遵以严格的师承关系，在演奏姿势及技巧，甚至是乐谱传承方面都非常严谨，比较完备地保留了古老的风貌，是我国现有古乐中唯一按代传袭的乐种。传承至今，智化寺京音乐共有古谱10余部，刊载曲牌600余首，目前已传至第二十八代。其内容丰富的工尺谱本以及曲牌、曲目、乐器等集宫廷音乐、佛教音乐、民间音乐于一体，具有十分珍贵的艺术价值和学术价值，被誉为"中国古音乐的活化石"。

现代有专家对这种古乐进行研究，发现传下来的曲目还有唐宋的曲牌，可见其历史之久远。

▲ 智化寺京音乐演奏用的云锣

京音乐演奏

智化寺开放期间，一般每天上午10点和下午3点，有京音乐第二十七代传人定时演奏。他们从小要学习工尺谱，这是演奏京音乐必须掌握的基础知识。京音乐悠扬且庄严的曲调，传播着几百年前皇家的音乐审美。现在乐队使用的乐器中，还有几百年前的老物件。2006年，京音乐被列入我国非物质文化遗产名录。

153

北京考古遗址博物馆 16

走进这座由3处博物馆组成的考古遗址博物馆，你一定会有一种穿越时空的感觉。在这里，你将依次走进西周都城、西汉地下宫殿、金中都城，感受西周、西汉、金中都人的生活风貌。

在首都北京，如果你想同时了解西周、西汉、金朝的重要考古文物及详细历史，非北京考古遗址博物馆莫属。

北京考古遗址博物馆是2021年由原北

▼金中都水关遗址外景

▲ 西周燕都遗址博物馆前影壁墙

京市西周燕都遗址博物馆、原北京市大葆台西汉墓博物馆（暂未开放）和原北京辽金城垣博物馆组建而成的。其主要目的，是从琉璃河遗址、大葆台西汉墓遗址、金中都水关遗址3处遗址出发，在做好遗址保护、文物研究的基础上，从考古和历史两个角度充分发掘遗址的文化内涵，讲好考古故事，一窥800年古都文化的历史序章……

西周燕都遗址博物馆，是北京考古遗址博物馆的琉璃河遗址分馆，位于北京市房山区琉璃河镇董家林村，是一座以收藏、研究、展示及传播古代燕国历史文化为宗旨的专题性遗址类博物馆。

大葆台西汉墓博物馆，一般指北京考古遗址博物馆（大葆台西汉墓遗址），位于北京市丰台区丰葆路世界公园南600米。大葆台曾名宝台、保台，大葆台西汉墓博物馆是一座历史类专题性博物馆、帝王陵墓遗址博物馆，是在距今2000多年前西汉广阳顷王刘建（前73年—前44年在位）的地下宫殿

▲ 大葆台遗址出土的西汉黄肠题凑

▲ 金中都水关遗址展厅一角

原址上建立起来的。

　　金中都水关遗址，位于北京市丰台区右安门外玉林小区内，是建立在金中都水关遗址之上的一家专题性遗址类博物馆，建筑面积约 2500 平方米，是北京除部分金代城墙外仅存的金中都都城建筑遗迹。1990 年 10 月，北京市园林局在建造宿舍楼时在这里发现了金中都南城垣水关遗址。水关遗址的发现立刻引起了学界的极大重视，被评为 1990 年度全国十大考古发现之一。1991 年，北京市政府在遗址上建立北京辽金城垣博物馆，于 1995 年 5 月 1 日正式对外开放。2021 年 6 月，辽金城垣博物馆、西周燕都遗址博物馆与大葆台西汉墓博物馆组建北京考古遗址博物馆。

　　西周燕都遗址、大葆台西汉墓遗址、金中都水关遗址，是中国百年现代考古学的北京贡献，是北京地区不同时期历史文化的重要标志，是蕴含着丰富知识、智慧、艺术的宝藏，也是坚定文化自信的重要源泉。

建筑特色

西周燕都遗址博物馆

　　博物馆整体为方形建筑，其建筑风格采取对称四合院式布局，中心以文献记载之"明堂"特点为主体，用 5 组（一高四低）四角攒尖式大屋顶覆盖，顶为棕红色色调；外形作"五室""重屋""四旁"等，四周展室为单层，用平顶、出瓦檐的形式，使外形取得廊庑及围墙效果，以衬托中心主体。另外，在大门入口处设石柱斗拱，搭配以饕餮、夔龙等纹饰为题材的浮雕饰物，起到"符号"作用。

大葆台西汉墓博物馆

大葆台西汉墓博物馆的主体是一座灰白色建筑，外形是仿照汉墓封土的覆斗状造型设计建造的。院落前是一只展翅起舞的神雀雕塑。这座西汉广阳顷王的地宫，使用的是汉代"天子之制"即皇帝御用的葬具体系，史称"梓宫、便宫、黄肠题凑"。此博物馆暂未开放。

金中都水关遗址

金中都水关遗址坐落在凉水河畔，毗邻居民区，建筑整体呈不规则多边形，外墙为青灰色，屋顶铺以灰瓦，城墙垛口式的檐下饰一兽头，远远望去仿佛金代北京城又重现眼前。整个展馆建筑面积 2500 平方米，地下展厅为水关遗址。整个遗址为木石结构，全长 43.4 米，过水涵洞长 21 米，宽 7.7 米。该遗址是中国目前已发现的古代都城水关遗址中规模最大的一处，是确定金中都城址和研究中国古代建筑和水利设施的重要实物。

▼ 西周燕都遗址博物馆外景

▼ 从侧面看金中都水关遗址

爱上北京博物馆

常设展览·文物精华

西周燕都遗址博物馆

西周燕都遗址博物馆分为 8 个单元，主要以发掘时间为序，详细介绍了西周燕国墓葬及出土文物的基本情况。展出的文物主要有：原地保留的两组墓葬、奴隶殉葬的车马坑；西周燕国贵族墓出土的青铜器，特别是堇鼎（所有青铜中最重大的一件）、伯矩鬲等重要文物；全国西周早期唯一能复原完整的觚、豆等漆器；大量制造精美的陶玉、石、玛瑙器。通过参观整个展馆，能基本了解北京城最初的样貌和风土人情，感受古都在漫长历史变迁中的城市演化。

▲ M52墓葬坑

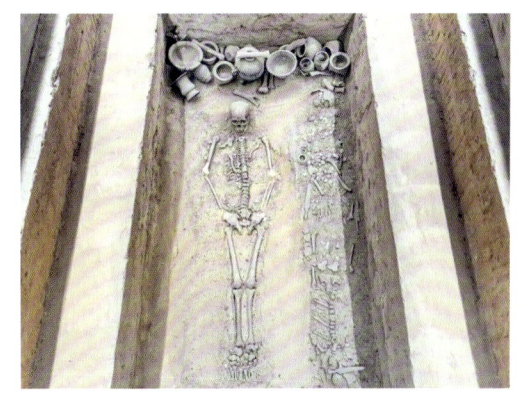

▲ M53墓葬坑

16 北京考古遗址博物馆

▲ 堇鼎

漆方豆

西周时期文物，北京房山琉璃河遗址出土，复原品；豆相当于现在的盘和碟，是盛放腌菜、肉酱等调味品的器皿，是礼器的一种，全身用漆绘制而成，常以偶数组合使用，也有用奇数组合的。

▲ 漆方豆

堇鼎

西周早期青铜器，北京房山琉璃河遗址出土，复制品；口稍内敛，方唇鼓腹；1974年出土于琉璃河遗址253号墓。"堇"是第一代燕侯"克"的近臣，因鼎内铭文记录了堇远赴周王都所在地"宗周"向召公奉献食物，并受到召公赏赐之事，故取名"堇鼎"。

伯矩鬲

西周时期青铜器中的杰作，1975年出土于北京琉璃河遗址251号墓。伯矩是当时燕国贵族，鬲盖内及颈部内壁铸有相同的铭文，记述了燕侯在戊辰这一天赏赐伯矩贝币，伯矩做器纪念父亲的史实。目前，原件收藏在首都博物馆，西周燕都遗址博物馆内的藏品为复制品。

▲ 伯矩鬲

▲ "都城肇始——纪念北京建都870周年考古成果展"入口

金中都水关遗址

金中都水关遗址共有3个常设展览，分别为：都城肇始——纪念北京建都870周年考古成果展、遗迹展、石刻展，主要展出辽金时期的各类文物。

都城肇始——纪念北京建都870周年考古成果展

此展览共分为3个部分：营国建城、繁华中都、中都环胜，共汇集6家收藏单位的187件（套）文物，通过历年考古发现与研究成果展示金中都的形制布局、社会生活等内容，深度挖掘金中都在北京都城发展史上的重要意义。

▲ 金代錾花高足金杯

▲ 金代青釉葫芦式执壶

爱上北京博物馆

金代錾花金托盘

金代，复制品，北京市西城区月坛南街出土。此件托盘整体浅腹弧壁，平底，盘为折沿，饰寿桃纹，寓意长寿富贵。金盘采用模压、锤揲、錾刻等工艺制成，纹饰精美，是一件难得的金代金器。

遗迹展

金中都水关遗址是一处南北方向、木石结构的建筑遗址，全长近44米，施工中使用了大量木、石、砖、铁、砂石等建筑材料。据统计，建水关约用了1800根木桩、2500个铁质银锭榫。金中都水关遗址是现存中国古代都城水关遗址中规模较大、保存较完整的遗址。

▲ 金代錾花金托盘

▲ 铁质银锭榫

▲ 金中都水关遗址

石刻展

此展览主要展出辽金时期的石刻文物10余件,如辽代契丹文墓志、金代石虎、文臣石像、武将石像、石函等。

▲ 吕君(吕徽)墓志

▲ 金代石虎

拓展阅读 ▶▶▶▶

辽代绿釉贴塑马镫壶

马镫壶,又称"鸡冠壶",来自于契丹人所用的盛水皮囊,是最具草原特色的代表器物。其壶身作扁圆体,环梁呈鸡冠状。外胎为黄白色,上施淡绿色釉。整体造型稳重古朴,粗犷、雄浑。器身上4个仿铆钉穿带的纹饰,展现出浓厚的草原民族风格。

▲ 辽代绿釉贴塑马镫壶

郭守敬纪念馆 17

站在纪念馆最高处回身眺望，夏季的西海中荷花满潭，叶荫下的鸳鸯穿梭戏水……这流淌千年的西海水，默默记录着元大都的建设密码、科学家郭守敬的治水功绩，以及大运河码头当年人舟如潮的场景。

这片被称为西海的地方，就是老北京熟知的一片湖泊——积水潭。直到现在，许多人还习惯以此称呼它。积水潭的四季交替变换着不同的自然美景。尤其夏

▼夏日的积水潭北岸西沿风光

17 郭守敬纪念馆

▲ 郭守敬纪念馆入口

日,水面层叠涌动着大片绿色荷叶,粉红色荷花点缀其间,高大的芦苇随风摇曳,发出沙沙的声响。相信在不少北京人的脑海中,都会留下这片水域的美好记忆。

积水潭北岸西沿曾经是元代管理水务的机构——都水监办公地,据说郭守敬曾在这里上班。明朝在附近建有"镇水观音庵",也叫"法华寺"。清乾隆年间改为"汇通祠"。20世纪70年代修建地铁二号线时,汇通祠被拆除。

1986年建筑学家吴良镛先生主持汇通祠复建工作。后在中科院院士侯仁之先生的建议下,西城区政府将其辟为"郭守敬纪念馆"。1988年国庆节,该馆建成开放。

走进位于汇通祠内的郭守敬纪念馆,可以看到展馆主题:"世界名人郭守敬,世界遗产大运河。"馆内虽然没有什么文物藏品,

▲ 复建后的汇通祠山门

165

▲ 郭守敬纪念馆

但通过4个主题展厅的图片说明、复制品、沙盘、多媒体等手段，能让游客从中获得关于古代科学家郭守敬与中国大运河变迁的不少知识。

郭守敬纪念馆，因其优美的景观环境、适合各年龄段观众游览的内容，成为北京市文化和旅游局推荐的"2021北京网红打卡地"之一。

建筑特色

采用仿古代园林建造手法

郭守敬纪念馆采用仿古代园林建造手法，利用水岸山坡层叠向上而成。游客步入西海北岸，可以沿着蜿蜒的山道小路拾级而上。一路上假山叠石，多种植物掩映。登上小山平台，就来到纪念馆山门。站在高处看山下，西海清波漾漾，人影绰绰。水中竖立着郭守敬全身铜像，形成湖光山色与人造美景巧妙平衡的和谐画面。

纪念馆仿造了明清汇通祠的原有形制建筑，有石券山门，一律硬山顶的三开间前殿，三开间东西配房，三开间两层高的后罩楼。不大的仿古院落红墙灰瓦，布局紧凑，前低后高，有借山势向上延伸、浑然天成之感。

这种仿古园林建筑方式，不仅丰富了纪念馆的历史文化内涵，还提升了游人驻足观

▲ 复建的两层高后罩楼

▲ 纪念馆前郭守敬雕像

▲ 简仪模型

▲ 后人复制的《授时历》

▲ 郭守敬画像

景的娱乐空间。

常设展览·文物精华

纪念馆内有4个展厅，分别为：世界名人郭守敬、大都水利开新篇、通大运河树丰碑、前贤遗珍惠后人。陈列有300余件展品，包括简仪、浑仪等复制品等。

世界名人郭守敬

郭守敬1231年生于邢州邢台县郭村，1316年去世，享年86岁。他在水利、天文、历法、数学、机械等多方面成就非凡。郭守敬曾数次根据地势水势疏通古河道，改善农业灌溉，使粮食丰产；也曾带领团队进行四海测验，综合大量数据进行计算，得出两个冬至间的时间为365.2425天，与当今公历数值几近一致。他发明简仪，观测并绘制超过1300颗恒星；制订的《授时历》使用达360年。他参与元大都城市建造、水患治理等，为今天的北京城打下一定基础。

1962年我国邮电部发行中国古代科学家主题纪念邮票，其中一枚就是郭守敬画像。

国际天文学联合会在1970年命名月球背面的一座环形山为"郭守敬环形山"；1977年又将中国科学院紫金山天文台发现的一颗小行星命名为"郭守敬星"。

在郭守敬一生的科技成就中，有二十几项遥遥领先世界水平，为人类的科学事业做出了巨大贡献。

《知太史院事郭公行状》

这是一份史料。郭守敬去世后，他的学生齐履谦撰写了其生平，记载翔实可靠。比如：郭守敬小时候"生有异操，不为嬉戏事"，是说他从小跟别的孩子就不一样，不去嬉戏打闹，而是在祖父郭荣的带动下观察星星，对各种仪器充满兴趣。他15岁就用竹子做了观察天体的浑仪。

《二十四史》中的《元史·郭守敬传》就是以这份史料为基础编写的。

通大运河树丰碑

运河是指人工开凿的河道。我国大运河经历了从先秦到蒙元时期不同的变迁过程。展厅用示意图向人们说明：运河的建造和走向，与各历史时期经济中心、政治文化中心乃至军事重地等的位置有着极其密切的联系。

荆笆编笼装石

郭守敬在从昌平白浮泉引泉水下山过程中，根据计算发明了这种简易装置。其取材很简单——用荆条编织笼子装上石块，但使用效果很好。装有石头的笼子排列在水渠边

▲ 浑仪模型

▲《知太史院事郭公行状》中关于郭守敬引永定河通漕运的记载

▲《元史·河渠志》

▲ 荆笆编笼装石模型

泉水可能的旁流处，引导泉水流动方向。当洪水袭来时，巨大水流冲散编笼，可使水流自由流动，减少对引水渠的损毁。等洪水过后，重新编好笼子装上石头，还可持续使用。

前贤遗珍惠后人

从积水潭到什刹海，自元代郭守敬治水以来，这一带发生了很多变化。我们至今还能感受到"前人栽树，后人乘凉"的美好与幸福。

汇通祠乾隆御制诗碑

纪念馆北侧后山平台上建有碑亭，亭内立有清代"汇通祠乾隆御制诗碑"。乾隆帝称赞了汇通祠和积水潭的美景及其发挥的重要作用。这是汇通祠与积水潭历史变迁的见证。据介绍，这块诗碑在20世纪60年代曾离开此地。后来，人们从北京石刻艺术博物馆将其找回。

郭守敬纪念馆在传播科学文化、北京水系历史方面发挥着一定作用。有空时不妨去馆里看看，别忘记展览主题："世界名人郭守敬，世界遗产大运河"。

▲ 汇通祠乾隆御制诗碑

爱·上·北·京·博·物·馆

文化艺术篇

中国园林博物馆 / 172
中国电影博物馆 / 188
保利艺术博物馆 / 202
中国美术馆 / 212
中国现代文学馆 / 220
中国邮政邮票博物馆 / 236
北京艺术博物馆 / 246

北京石刻艺术博物馆 / 261
北京燕京八绝博物馆 / 270
徐悲鸿纪念馆 / 284
北京画院美术馆 / 293
石景山区石刻文物园
（田义墓） / 299

爱·上·北·京·博·物·馆

中国园林博物馆 ⑱

"方宅十余亩,草屋八九间。榆柳荫后檐,桃李罗堂前","小构园林寂不哗,疏篱曲径仿山家",这里就是现代都市人寻寻觅觅的理想家园。在这里,不仅可以全面了解中国古典园林文化,还可以漫步于小巧别致的私家园林和辉煌大气的皇家园林之中,感受和体会古人的极致生活!

在北京西南鹰山脚下、永定河畔,毗邻北京园博园,有一座气势恢宏的建筑,这就是中国园林博物馆。

中国园林博物馆位于北京市丰台区射击

▼ 中国园林博物馆外景

▲ 中国园林博物馆馆名

场路 15 号，是北京市为 2013 年主办第九届中国国际园林博览会而建的永久性建筑，也是中国第一座以园林为主题的国家级博物馆。该馆于 2013 年 5 月开馆运行，占地面积 6.5 万平方米，建筑面积 49950 平方米，以"中国园林——我们的理想家园"为建馆理念，是收藏园林特色文物、研究园林历史价值、展示园林艺术魅力、弘扬中国传统文化的公益性文化机构，全面展示中国园林悠久的历史、灿烂的文化、多元的功能，以及辉煌的成就，被誉为"有生命"的博物馆。

中国园林博物馆由固定展厅、室内展园和室外展区构成。固定展厅包括中国古代园林厅、中国近现代园林厅两个基本陈列，以及世界名园博览厅、中国园林文化厅、中国造园技艺厅、园林互动体验厅 4 个专题陈列；室内展园撷取南方园林菁华，建有畅园、余荫山房、片石山房三处园林景观；室外展区按地形特点建有塔影别苑、半亩轩榭、染霞山房三处北方园林。

全馆展示各类植物 200 余种、山石 10 余类；馆内收藏有陶器、瓷器、木器、古籍等 16 类藏品，所属年代跨度大，较为完整地展示了中国园林的发展脉络。

博物馆馆名为书法家欧阳中石所题写。

建筑特色

中国园林博物馆对中国传统建筑语素进行了提炼和引用，使博物馆成为一座现代的，同时带有中式韵味的建筑。

神奇的屋顶

站在正门广场看博物馆的建筑，9 个悬山式屋顶高低错落，分布有致，体现出中国古典建筑独有的美感：金色琉璃瓦屋顶辉煌大气，灰瓦屋顶庄严古朴。然而这些看起来古香古色的屋顶，其实没用一片瓦当，而是借助管桁架结构和装饰性铝板做出的瓦垄效果。

▼ 从正面广场看中国园林博物馆

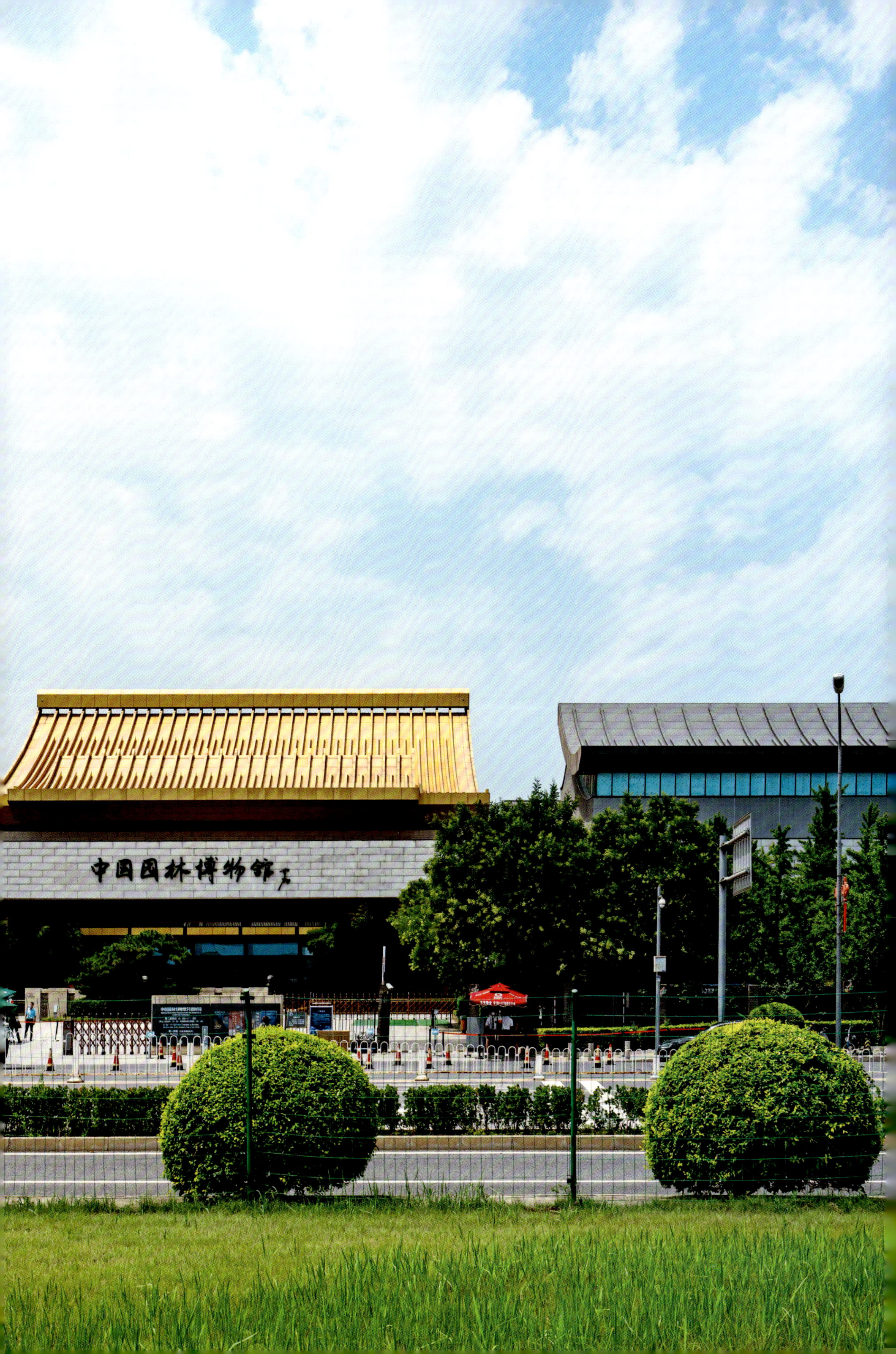
中国园林博物馆

爱上北京博物馆

▲ 中国园林博物馆大厅

前殿后苑

中国园林博物馆采用"前殿后苑"传统布局方式。主体建筑位于前半部，紧邻博物馆大门；3个室外展区位于主体建筑之后，犹如两只巨大的手臂，拥抱着巨大的室内展园部分，形成了平稳周正、藏风聚气的山水骨架格局。"前殿后苑"的布局展示了园博园到园博馆、城市到自然、现代到传统的过渡。

园内有馆、馆内有园

中国园林博物馆充分展示了中国传统园林的多样性，形成了园内有馆、馆内有园的独特风貌。

馆内包括主体建筑和室内展园。主体建筑平正、大方、整体性强，注重表达园林空间自由灵动与博物馆功能需求的融合；3个室内展园中，苏州"畅园"婉转优雅，扬州"片石山房"险峭别致，岭南"余荫山房"

▲ 中国园林博物馆畅园风光

小巧玲珑，展现了江南、岭南两大园林派系的特色。

馆外主要为北方系列的3个室外展区。山地园林"染霞山房"大方包容，私家园林"半亩轩榭"厚重华丽，水景园林"塔影别苑"巧夺天工，尽显北方园林的端庄华贵。

176

常设展览·文物精华

固定展厅

中国园林博物馆固定展厅主要包括中国古代园林厅、中国近现代园林厅两个基本陈列，以及世界名园博览厅、中国园林文化厅、中国造园技艺厅和园林互动体验厅4个专题陈列。

▲ 中国古代园林厅一角

中国古代园林厅

中国古代园林厅以"源远流长 博大精深"为展览主题，分为中国园林的生成、中国园林的转折、中国园林的繁盛、中国园林的成熟和中国园林的集盛5个部分，系统展示中国园林3000多年的发展历程、高超的造园技艺和深厚的文化底蕴。

上林瓦当

上林瓦当出土于陕西西安上林苑遗址，汉代。

馆藏上林瓦当最大直径15.7厘米，高8.3厘米，为汉代圆形文字瓦当。瓦边较为平整，当面由上到下阳文篆书"上林"二字，表明它曾用于汉代宫苑"上林苑"建筑

▼ 中国古代园林厅入口

◀ 上林半瓦当

▼ 上林瓦当

群。瓦当当面文字排列组织和谐匀称，充分体现了汉代质朴浑厚的艺术风格。

上林瓦当不但有较高的书法艺术价值，而且有丰富的学术价值，是研究古代园林建筑的重要史证资料。

中国园林博物馆馆藏砖瓦类藏品1500余件（套），涉及先秦至元明时期的画像砖、浮雕砖、文字瓦当及图案瓦当等多种类型。

青莲朵

青莲朵为一块太湖石，是圆明园内长春园之旧物，至今已有800余年历史。石高145厘米，长228厘米。石上沟壑遍布，质地细密，上刻乾隆御笔"青莲朵"3字。据考证，此太湖石原为南宋临安（今杭州）德寿宫中故物，原名"芙蓉"。清乾隆十六年（1751年），乾隆皇帝南巡时发现此石，十分喜爱。次年，由地方大吏舟运至京师致贡，乾隆皇帝降旨将其安置在长春园的茜园

▲ 青莲朵

▲ 北宋艮岳复原模型

太虚室院中，并亲自命名为"青莲朵"。民国年间移至中山公园，2013年移至中国园林博物馆。

北宋艮岳复原模型

艮岳为宋代皇家园林的典型代表，始建于北宋政和七年（1117年），建成于宣和四年（1122年），是一座叠山、理水、花木和建筑完美结合在一起的人工山水园，具有浓郁的诗情画意。它把大自然生态环境和各地的山水风景概括、提炼、典型化而缩移摹写，体现了中国古代园林成熟时期的高超造园技艺。宋徽宗赵佶曾自作《御制艮岳记》。

明代吴亮止园立雕复原模型

明代止园位于江苏常州武进城北，于明万历三十八年（1610年）建成。其主人吴亮（1562—1624年）为万历二十九年（1601年）进士，曾官至大理寺少卿，后为避免朝内激烈党争，退而归隐家乡常州。他辞官回乡后，便选择在武进城北的青山门外建造止园。此处陈列的立雕模型是以明代吴亮所著《止园集》、明代画家张宏所绘《止

▼ 明代吴亮止园立雕复原模型

园图》册和常州地方志等文献资料为复原依据，由上海工艺美术大师阚三喜制作而成的。

中国近现代园林厅

中国近现代园林厅以"传承创新 宜居和谐"为展览主题，分为中国近代园林和中国现代园林两部分，系统展现中国近现代园林逐步走向繁荣的光辉历程。

▲ 中国近现代园林厅的参观者

▲ 燕京大学模型

▲ 中国近现代园林厅入口

世界名园博览厅

　　世界名园博览厅以"名园览胜　海外撷珍"为展览主题，分为欧洲园林、亚太及非洲园林、美洲园林3个部分。通过文字和图片资料、沙盘模型，展示了22个国家和地区的经典历史名园，体现世界园林的丰富多彩。场景包括典型的欧洲规则式园林"法国凡尔赛宫苑"和具有东亚园林风格特征的

▲ 清雍正粉彩西洋人物纹盘

▲ 世界名园博览厅法国凡尔赛宫苑

▲ 世界名园博览厅入口

"日本枯山水庭院"等。沙盘有体现伊斯兰园林风格的"印度泰姬陵"等。

中国园林文化厅

中国园林文化厅的展览内容主要有园林与传统思想、园林与传统文学、园林与传统书画、园林与传统戏曲等。展览以大量的文献、实物、楹联匾额与书房、戏台、《红楼梦》大观园场景等来表达园林中的诗情画意，体现中国园林与文化生活相结合的特色，反映园林作为人类的理想家园的本质和内涵。

▲ 中国园林文化厅一角

▼《红楼梦》文会场景

中国造园技艺厅

中国造园技艺厅的展览分为园林造景立意、园林造景技法、园林基本要素和传统造园流程4个部分。展览融合建筑营造、叠山理水、花木配置等造园要素，系统展示了从相地到立基、屋宇、墙垣、铺地等各个环节精湛的造园技艺和景面文心的艺术特征。

▲ 中国造园技艺厅入口

▼ 中国造园技艺厅一角

室内展园

室内展园撷取南方园林菁华，建有畅园、余荫山房、片石山房3处园林景观。

畅园

该展园以苏州畅园原型为主体，各小庭院融合了畅园风格和苏州园林的特色，形成了一个和谐的整体，展现了苏州园林独特的造园风格和高超的艺术成就。

畅园位于苏州市姑苏区庙堂巷，是苏州小型园林的代表作之一。其园林面积仅有一亩之余，但小巧别致。整个园林以水池为中心，周围绕以厅堂、船厅、亭、廊，采用封闭式布局和环形路线，景致丰富而多层次。园内古典园林建筑较多，局部处理手法细腻，比例尺度适宜，山石、花木布置少而精，给人精致玲珑的印象，在同类园林中具有代表性。

室内展园畅园总面积1450平方米，总建筑面积395平方米。以水池为中心，周围绕以厅堂雅室，水中的小径蜿蜒而曲折通

▲ 畅园园门

▼ 畅园室内建筑

幽，池边的景致丰富而错落有致。

余荫山房

该展园占地面积537平方米，总建筑面积193平方米，复建了余荫山房的精华部分。主厅厅门皆是书画木雕，镂空雕刻细腻，巧夺天工、寓意深远。

余荫山房为广东四大名园之一，位于广州市番禺区南村镇北大街，为清代举人邬彬的私家花园，始建于清同治五年（1866年）。余荫山房以其"藏而不露，缩龙成寸"的建筑特色，被誉为岭南古典园林的代表之作。

片石山房

该展园以扬州片石山房为蓝本，总占地面积1050平方米，建筑面积270平方米。展园选取扬州园林中最具代表性的叠石"人间孤本"、最大体量建筑楠木厅，以及"水中月、镜中花"等特色景观进行构筑，其假山山石重近千吨。

片石山房位于扬州城南花园巷内，传说

▲ "余荫山房"牌匾

▼ 余荫山房"大雅舍宏"

▼ 片石山房

中国园林博物馆

为明末清初画家石涛（1641—约1718年）叠石的"人间孤本"。园中"水中月、镜中花"的表现手法，表达出人们摆脱尘世烦恼、修身养性、寄情山水的人生追求和向往。片石山房体现了扬州园林"莫谓此中天地小，卷舒收放卓然庐"的意趣和诗情画意。

室外展区

室外展区按地形特点分别由塔影别苑、半亩轩榭、染霞山房3处北方园林组成。

塔影别苑

该展园位于主建筑外的南侧，仿北京"三山五园"而修建。园内参照了颐和园谐趣园、圆明园上下天光等造园艺术案例，在水体周围仿建了石舫、牌楼、双环亭和重檐亭等多个经典园林建筑。

展园因环境而设计，利用鹰山为背景，是一处结合人工营建的水系、建筑、植物等

▲ 片石山房揖峰亭

▼ 中国园林博物馆永定塔

要素构筑的北方水景园林。它利用桥、堤、岸、舫的变化将周围景物融为一体,突出水景造园思想,巧于因借,利用水面将鹰山永定塔引入园中,倒影成趣。

半亩轩榭

该展园位于主建筑外西北侧,占地为530平方米,以清代北方私家园林的代表作——半亩园云荫堂庭院为蓝本仿建,再现了历史上半亩园内最具特色的云荫堂庭院、玲珑池馆、留客亭等景观,建筑与水体、山石相互融为一体,充分体现了"小中见大"的造园手法。

半亩园始建于清康熙年间(1662—1722年),位于京城弓弦胡同(今黄米胡同)内,但现已不存。据传此园为清初造园家李渔所建,园内建筑风格淡雅,陈设精致,空间幽曲,叠山、理水、花木栽植都别具匠心,尤其是园中叠石假山更被誉为"京城之冠"。

染霞山房

该展园占地面积近10000平方米,是结合鹰山东坡地形、地貌和植物情况而建设的一处北方山地园林,再现了著名古典园林的景观,如承德避暑山庄的山近轩、梨花伴月,颐和园的赅春园,等等。园内集中运用了各种传统山地造园技巧,在建筑布局、地形处理、山石步道、植物配置等方面,充分展示了空旷与幽深相结合的北方山地园林艺术特征和艺术成就。

▲ 半亩轩榭

▲ 染霞山房

拓展视频:其他文物鉴赏

中国电影博物馆 19

看电影已是现代人生活中不可或缺的休闲方式。徜徉于中国电影博物馆这座光影的艺术殿堂,不仅可观大千世界、人间万象,还可圆一个属于自己的电影梦。在这里你可以亲手制作录音、拍短片……体验电影制作的乐趣!

在北京市朝阳区南皋乡环城铁路试验基地内,屹立着一座庞大的黑色建筑物,这就是令无数影迷流连忘返的中国电影博物馆。

▼中国电影博物馆外景

中国电影博物馆位于北京市朝阳区南影路9号，2005年底落成，2007年正式对公众开放，是纪念中国电影诞生100周年的标志性建筑，也是目前世界上最大的国家级电影专业博物馆。该馆是展示中国电影发展历程、博览电影科技、传播电影文化和进行学术研究交流的艺术殿堂，是集博览、展示、交流、庆典、娱乐于一体的多功能国际化电影文化中心。

该馆占地52亩，建筑面积近3.8万平方米，展线长度近3万米，展览展示总面积约为13000平方米。其中涉及电影1500余部、图片4300余张，介绍电影工作者450多位，有藏品4万余件。馆内除了20多个展厅外，还设有巨幕电影厅、数字电影厅及3个35毫米电影放映厅等6个影厅，其中巨幕电影厅可同时容纳1000多人观影。

建筑特色

中国电影博物馆是由美国RTKL公司和北京市建筑设计研究院合作设计的，其建筑气势宏伟，设计手法精巧，完美地体现了电影艺术与建筑语言的平衡。

丰富的电影元素

中国电影博物馆在设计上借用了通俗易懂的电影图形符号，充满了独特的艺术

爱上北京博物馆

特色。

从空中鸟瞰，建筑物仿佛是一个巨大的黑匣子，隐喻了电影胶片加工的"暗箱"。

在博物馆主体建筑的前方，巨大的银幕与断续的斜墙的平面组合，形如"场记板"，意味着一场戏拍摄的开始；10个"场记板"立柱随着角度的变化形成连续性的方向渐变，不仅隐喻着中国电影百年的光辉历程，而且暗示了电影的连续摄影法。

博物馆大门设计成一颗星星

▲ 星状博物馆大门

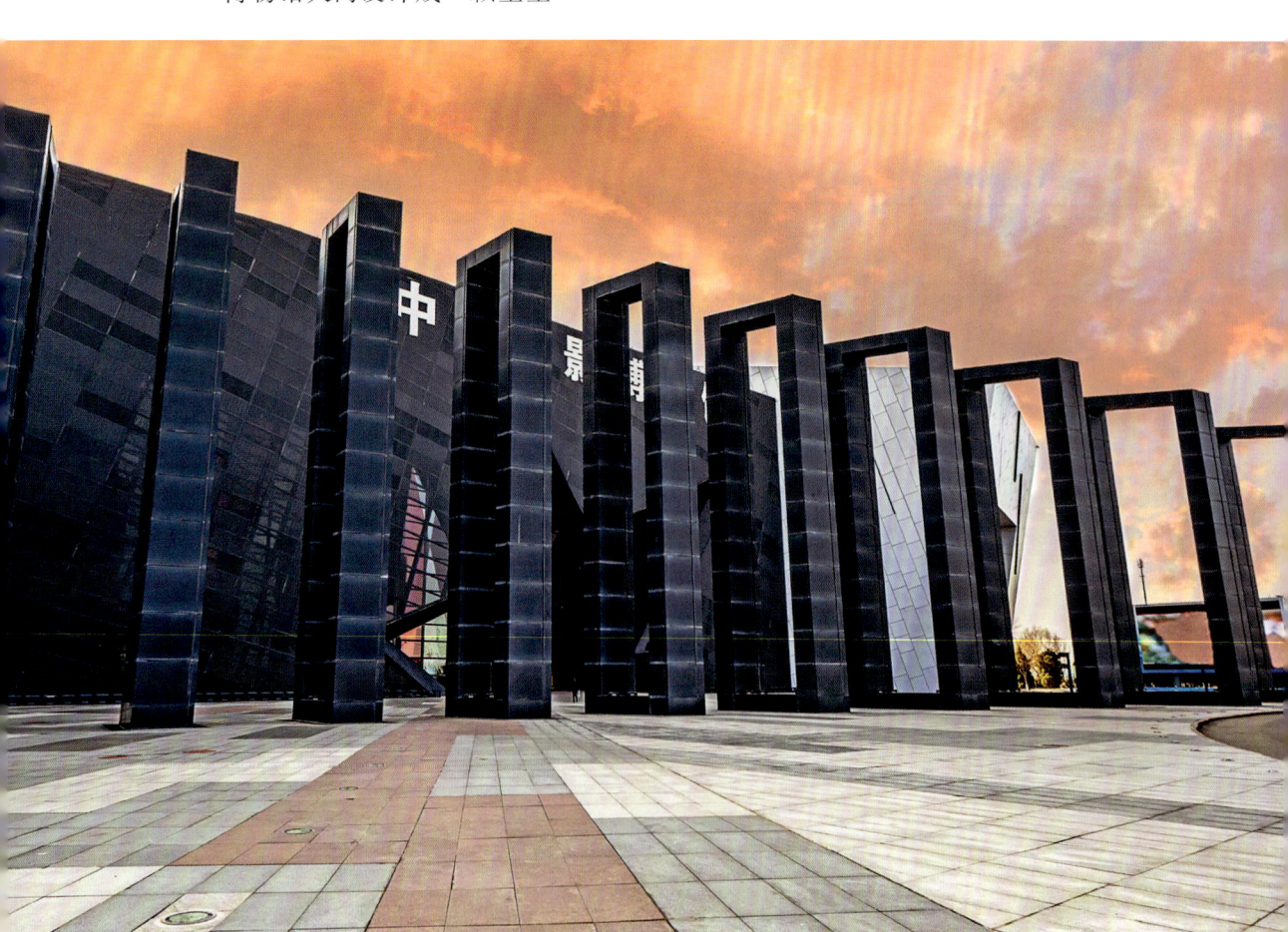

▲ 10个"场记板"立柱

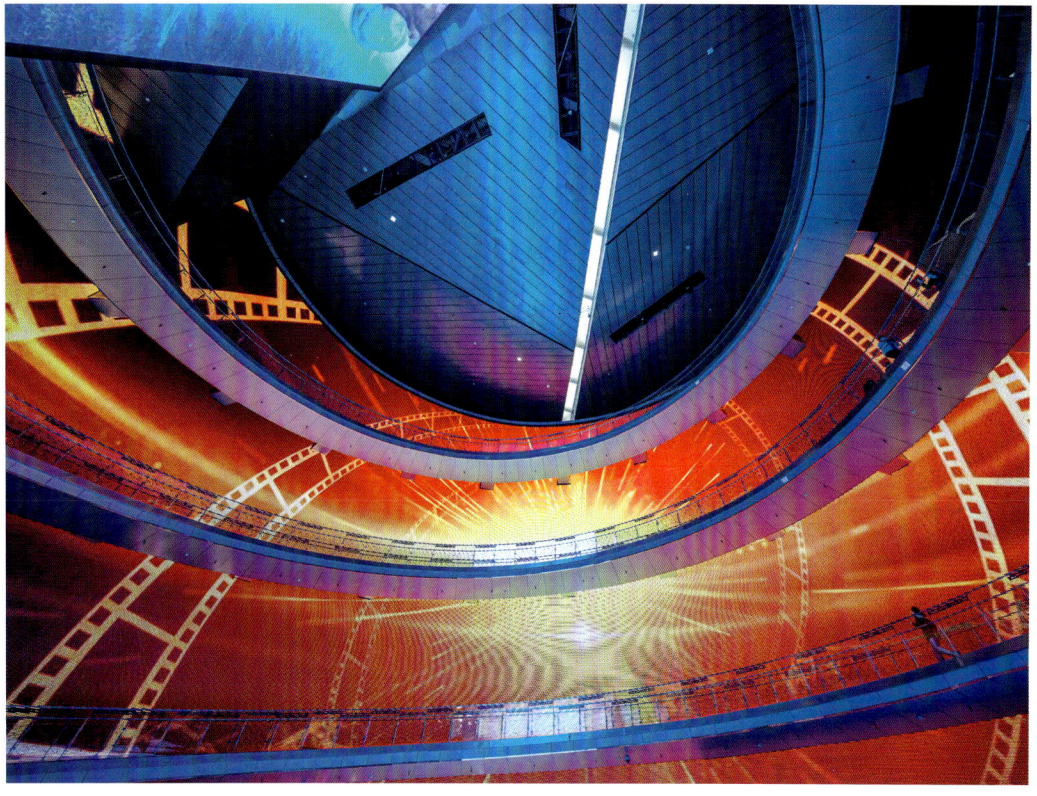

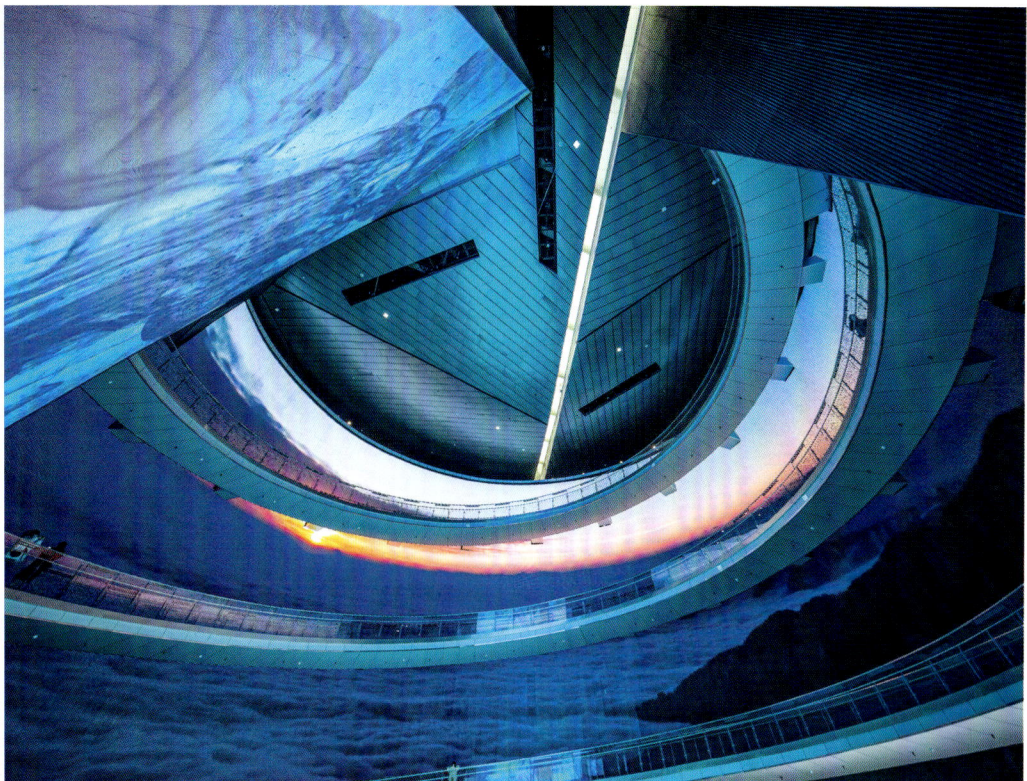

▲ 中国电影博物馆回廊

19

中国电影博物馆

的形状，同时在建筑物的外部、内部也有很多星状的设计，象征着中国电影在百年历史长河中群星闪耀。

步入五角星形状的大门，宛若踏入了光和影交织而成的圣殿。20余米高的中央圆厅中盘旋向上的回廊，隐喻盘桓的电影胶片，引领人们走向灿烂的电影世界。

魔幻的色彩光影

除了实体形态之外，中国电影博物馆把色彩与光影也运用到极致。

其建筑外观以黑色作为基础色，并使用镂空的金属板作为装饰，在夜景灯光的照射下，美轮美奂。馆内则采用黑、白、灰三色作为基调，典雅而沉静。巨型的彩色玻璃在自然光的照射下，折射出多彩的光影。4个立面根据建筑内部公共空间的位置分别开辟一片大型彩色玻璃面，红、绿、蓝、黄分别代表着展览、博览、影院、综合服务4个功能区域。

为了营造艺术化的环境，博物馆用舞台灯光取代了普通建筑照明，屏幕也被转化为建筑和照明工具。中央圆厅高25米的环形荧幕，采用了目前国际最先进的声光电技术，不断释放出变幻的色光，华美鲜艳。漫步回廊，感受近在咫尺的光影交汇和视觉冲击，令人仿佛置身于虚拟与现实的梦境之中。

▼ 中国电影博物馆环形荧幕

常设展览·文物精华

中国电影博物馆现收藏电影拷贝、手稿、电影海报和电影器材等珍贵藏品 3 万多件，其中国家一级藏品 8 件。博物馆常设展览为"百年历程　世纪辉煌：中国电影1905—2005"。

百年历程　世纪辉煌：中国电影1905—2005

该展览位于博物馆第 2~4 层，展示了中国电影从 1905 年到 2005 年走过的百年历程，是目前我国乃至全世界第一次全景式、立体化、系统性地呈现中国电影发展史和电影制作技术的大型综合展览。展览共设有 20 个展厅，可分为电影艺术展览厅和电影技术博

▲ "百年历程　世纪辉煌：中国电影1905—2005"展厅入口

▲ "百年历程　世纪辉煌：中国电影1905—2005"展厅一角

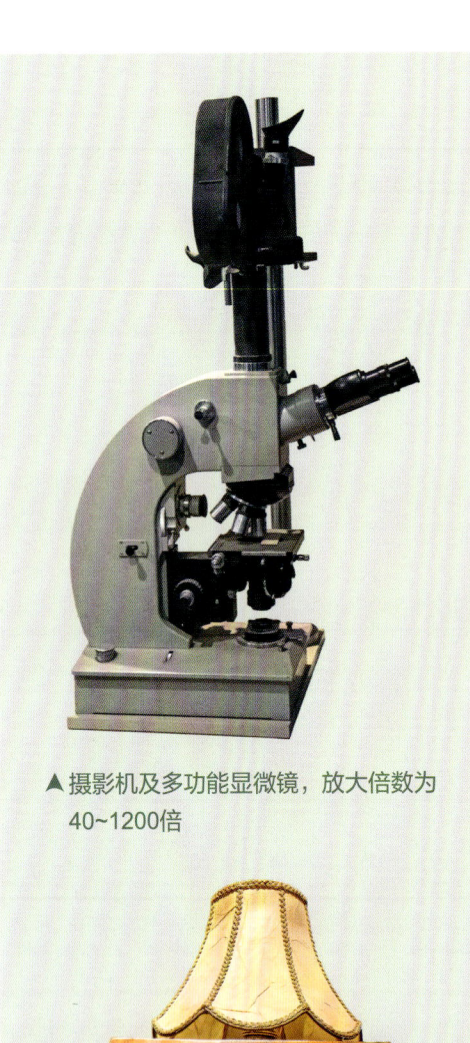

▲ 摄影机及多功能显微镜，放大倍数为40~1200倍

▲ 1879年法国人雷诺发明的活动视镜影戏机

览区两大主题。

电影艺术展览厅

电影艺术展览厅位于中国电影博物馆第2~3层，以展示中国电影百年历程和电影艺术家的艺术成就为主。展区由序厅和"电影的发明""中国电影的诞生和早期发展""革命战争时期的中国电影""新中国电影的创建与发展""改革开放新时期的中国电影""美术电影""儿童电影""科学教育电影 译制电影 新闻纪录电影""香港、澳门地区电影""台湾地区电影"10个展厅组成。

世界第一场电影的放映厅

也许有观众会问："历史上究竟哪一天为世界电影的诞生日？"当你漫步中国电影博物馆时会找到答案。

▲ 放映机模型

▲ 世界第一场电影的放映厅局部复原场景

1895年12月28日巴黎时间晚上9点，卢米埃尔兄弟的10部短片在法国巴黎大咖啡馆的地下室印度厅正式放映，而担任这场电影放映员的是卢米埃尔兄弟的父亲。当时，36位观众买票观看了这世界上第一场电影。这一天被公认为世界电影的诞生日。中国电影博物馆局部复原了巴黎大咖啡馆印度厅的放映场景。

中国电影开拓者

展厅有一组雕像非常吸睛，为中国电影开拓者，分别为：

任庆泰（1850—1932年），字景丰，原籍山东，生于辽宁法库，中国第一位经营电影业的民族实业家。

郑正秋（1889—1935年），原籍广东潮阳，生于上海，中国最早的电影编导和导演之一。

黎民伟（1893—1953年），原籍广东新会，生于日本，中国早期电影事业家、编导、摄影师。

夏衍（1900—1995年），原名沈乃熙，字端轩，浙江余杭人，电影剧作家、理论家、事业家。

袁牧之（1909—1978年），浙江宁波人，电影演员、编导、事业家。

▲ 中国电影开拓者

任庆泰 70 岁时拍摄的照片及该照片的金属底版

该展品为 1920 年遗物，现藏于中国电影博物馆，属国家一级文物，由任庆泰亲属任佩时于 2005 年捐赠给中国电影博物馆。无论是金属底版的制作工艺，还是任庆泰的生前照片都是极其珍贵的，是该人物实物载体中仅存的一件，具有重要的历史价值。

任庆泰于 1892 年在北京琉璃厂创办了北京第一家照相馆——丰泰照相馆。1905

▲ 任庆泰70岁时拍摄的照片及该照片的金属底版　　▲《定军山》拍摄现场复原场景

年，任庆泰与京剧大师谭鑫培合作，拍摄了京剧《定军山》中的"请缨""舞刀""交锋"等几个片段，并在前门大观楼进行公映。这是中国人自己拍摄的第一部电影，标志着中国电影的诞生，任庆泰由此成为中国第一部电影的制作人、中国第一位电影导演，被称为"中国电影之父"。

德累斯顿放映机

德累斯顿放映机，20世纪20年代遗物，现藏于中国电影博物馆，为原件，属国家一级文物。

该机产于德国的德累斯顿，为35毫米手摇无声电影放映机，体现了无声时代的特征，是电影早期发展的见证，具有一定的历史价值。该机型现存世稀少，在国内更是罕见。

▲ 德累斯顿放映机

郑正秋的书房

郑正秋的书房，20世纪30年代末遗物，现藏于中国电影博物馆，属国家一级文物。

书房的书桌、书橱、卡片柜、文件柜以及书桌上的文房四宝，都是郑正秋先生当年使用的。中国第一部故事片《难夫难妻》的剧本就是在这间书房里创作的。这间书房里

▲ 郑正秋的书房

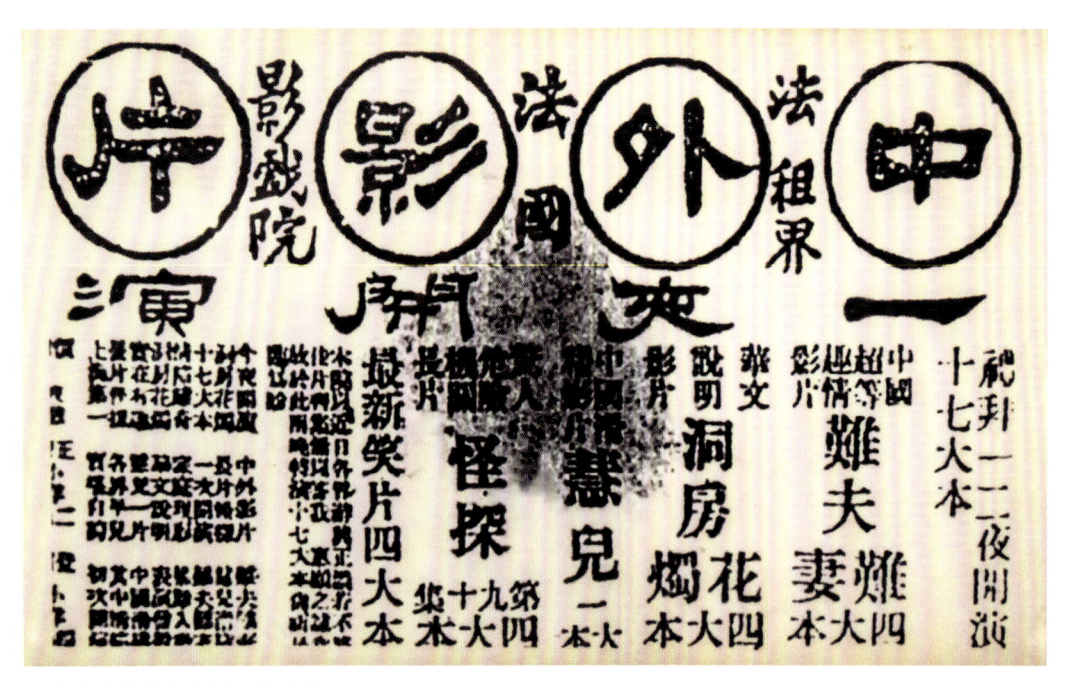

▲《难夫难妻》上映时的广告

的所有用品，均为郑正秋先生的亲属捐赠。

郑正秋，原名郑芳泽，号伯常，一生共编导影片40余部。1913年，其编剧并参与执导的中国第一部故事片《难夫难妻》，被夏衍赞誉"为中国电影事业铺下了第一块奠基石"。

第一部人民电影纪录片《延安与八路军》拍摄照片素材集

《延安与八路军》拍摄照片素材集，1938年遗物，现藏于中国电影博物馆，由吴印咸女儿吴筑清女士捐赠，属国家一级文物。

▲第一部人民电影纪录片《延安与八路军》拍摄照片素材集

▲十八集团军为徐肖冰等人拍摄纪录片《延安与八路军》发放的军用证明书

《延安与八路军》是1938年根据周恩来的指示由徐肖冰等人拍摄的一部反映延安抗日根据地八路军的工作、生活的影片，是在中国共产党领导下拍摄的第一部人民新闻纪录电影，具有重要的意义。但遗憾的是，影片主要素材在送往苏联进行后期制作期间不幸遗失，造成了无可弥补的损失。万幸的是，吴印咸用照相机记录下了当时整个影片的拍摄、采访和创作过程，留下了很多珍贵的八路军历史资料。该素材不仅为后人了解历史提供了真实的史料，而且比较全面地反映了影片的重要历史意义。

电影技术博览区

电影技术博览区位于博物馆第4层，以展示电影制作技术和电影知识、揭示电影制作的奥秘为主要内容。该展区由"电影拍摄""电影美术""电影特殊摄影""电影传统特技""电影数字特技""电影录音""电影剪辑""电影洗印""电影动画""形形色色的电影"10个展厅组成。同时设有观众互动项目77项，参观者在此可以亲自动手录音、拍短片等，充分体验电影制作的乐趣。

影片《林则徐》设计图

影片《林则徐》设计图，1959年遗物，原件，韩尚义设计，现藏于中国电影博物馆，属国家一级文物。

韩尚义（1917—1998年），中国电影美术师，中国电影美术的奠基人。擅长电影美术、漫画，担任过《一江春水向东流》《林则徐》《聂耳》《枯木逢春》《南昌起义》《子夜》等多部影片和舞台剧的美术设计。

▲ 影片《林则徐》设计图

▲ 农家小院摄影棚

韩尚义的美术设计追求虚实结合，强调戏剧节奏和艺术气氛，构图和谐，具有很强的表现力。

此文物为韩尚义先生为影片《林则徐》而设计，以简练的笔触着力于场景的概括，强调了戏剧气氛，画风粗犷。设计图内的场景被影片采用，具有重要的历史意义和研究价值。

农家小院摄影棚

此简易摄影棚内可搭建各种场景，具有极大的创作空间。真正拍摄时可利用各种灯光和其他手段，营造出各种气象、时间、气氛。更值得一提的是，棚内搭建的"农家小院"景，可演示一天的时间变化和不同的天气景象。

《精武门》场景

《精武门》是中国香港嘉禾电影有限公司出品的功夫片，由世界武道变革先驱、功夫片的开创者、截拳道创始人、武术宗师李小龙主演，于1972年3月22日在香港首映。

此《精武门》场景中的蜡人是剧中人陈真（李小龙饰），场景为陈真飞身跃起冲向敌人。

▲《精武门》场景中的蜡人陈真

保利艺术博物馆 20

这里的建筑，线条简洁、稳重大气；这里的艺术珍品，精美绝伦、价值连城；这里的圆明园兽首铜像，更是极为传奇、万众瞩目……

保利艺术博物馆位于东四十条桥西南角巍峨耸立的新保利大厦内，这座博物馆隶属于大名鼎鼎的保利集团，成立于1998年12月，1999年12月正式开放。当年博物馆成立不久，保利集团便斥资数千万元，从香港拍卖会上购回了圆明园海晏堂前十二生肖兽首铜像中的牛、虎、猴三件，掀起了国人的爱国热潮，后来澳门赌王何鸿燊先生又向博物馆捐赠了猪首铜像，使保利艺术博物馆的圆明园兽首收藏数量达到了4件。这4

▼东四十条桥西南角的新保利大厦

▲ 西周立兔形尊

▲ 唐代双龙耳盘口壶

件兽首铜像，也是这座博物馆最知名的藏品。

很多人去保利艺术博物馆就是冲着圆明园兽首去的。其实圆明园兽首铜像只是保利艺术博物馆展出文物的冰山一角，其最重要的馆藏包括青铜器和石刻两大部分，这些文物大多是从海外抢救回来的，一部分展品属于精品、绝品和孤品，具有极高的历史艺术价值。而且这座博物馆平时人比较少，环境非常舒适，展陈灯光很舒服，展品件件精美，在这里看展，着实是一种享受。

建筑特色

北京当代十大建筑之一

去保利艺术博物馆看展，首先不要忘记欣赏一下博物馆所在的新保利大厦。这座大厦坐落于北京东二环的东四十条立交桥西南角，与立交桥东北角的保利剧院及其他保利大厦相呼应，分别是保利集团的新总部和老总部所在地，建筑都别具特色，也都是北京的地标性建筑。尤其是新保利大厦，还曾在2009年与鸟巢、水立方、国家大剧院一起被评为"北京当代十大建筑"。

这座大厦正面呈长方形，从空中俯瞰则大致呈三角形，线条简洁，稳重大气。其总建筑面积近11万平方米，地下4层，地上23层，建筑总高度105.2米。别看这些数据一般，外观也简单，实际上新保利大厦的设计施工技术是非常先进的。据报道，这座大厦涵盖悬挑结构、悬索结构、大跨度桁架结构等多项复杂技术，不仅在设计上突破创新，在施工上也开创国内之先河。新保利大厦凭借其拥有的诸多世界第一，填补了建筑业多项空白。而且这座建筑特别注重环保与节能，是一座集甲级写字楼、博物馆、商业娱乐用房于一体的绿色智能化大厦。

世界首席柔索玻璃幕墙 + 超级摩天中庭

实际上从非专业人士的角度，也能看出这座大厦的两个非凡之处。首先就是外立面的 90 米高、70 米宽单层双向点式柔索玻璃幕墙，据说其面积雄踞世界之最。仔细观察，你会发现这面幕墙实际由 3 块斜面内凹拼接而成，这也是世界上第一例内凹式柔索玻璃幕墙。在外面看这块幕墙，你的感受可能还不是很强烈，但当你走进大厦，就会被幕墙后面的超级中庭深深震撼：这处中庭面积达 1500 平方米，高 90 米，体积 75000 立方米。这个超大空间里没有一根立柱遮挡视线，异常宽敞通透，在丽泽 SOHO 建成以前，这里一直顶着"北京第一摩天中庭"的头衔。

挑战极限的世界最大特式吊楼

从外侧观察，你会发现大厦左下角有一大块凸出的幕墙，这个特别设计也是新保利大厦另一个引以为傲的非凡之处——悬浮式特式吊楼。这个吊楼悬挑达 23.98 米，高约 50 米，重约 5000 吨，其重量、体量在世界建筑的同等结构中首屈一指，且无一立柱支撑，钢索安装张拉完成后，

▶ 新保利大厦近景

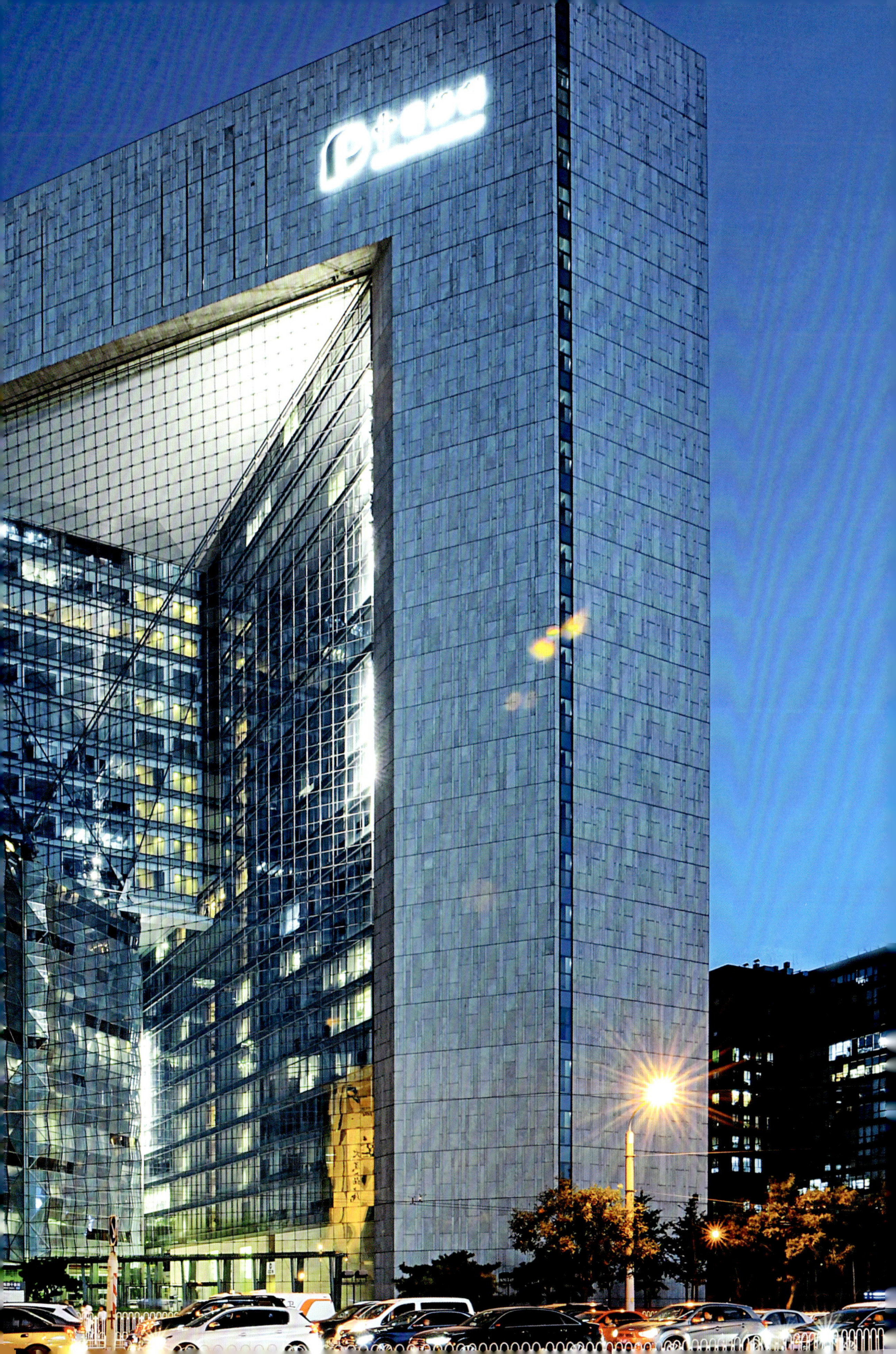

▲ 从中庭观察特式吊楼的复杂结构

吊楼最终位移量仅为30毫米，控制精度极高。该吊楼结合中国传统文化元素与现代高科技，设计灵感源于中国古代叠式灯笼造型，保利艺术博物馆就设在其中。

常设展览·文物精华

保利艺术博物馆位于保利大厦第9~15层，需要在大厦内乘坐专门电梯上下。馆内的展览主要是"中国古代青铜艺术珍品陈列"和"中国古代石刻造像精品陈列"，展出了100余件（组）青铜器和40余件石刻造像，别看数量不多，但件件都是珍品、精品，而且大多是国外回流的文物，意义非凡。此外，博物馆也经常举办一些临时特展，如果碰上，绝对不要错过。馆内环境非常舒适安静，展陈布光也极具艺术性，被海内外博物界誉为"中国大陆最具现代水平的博物馆之一"。

中国古代青铜艺术珍品陈列

"中国古代青铜艺术珍品陈列"是保利艺术博物馆的基本陈列之一，也是国内数得着的中国古代青铜艺术精品专题陈列馆，展出商代早期至唐代（公元前16世纪至公元9世纪）的青铜珍品100余件（组），超过一半的展品为国宝级文物，展现出中国古代青铜文明的发展历程与独特魅力。其中的商代兽面纹三牛首尊、史尊、𬭚伯卣，还有西周神面卣、王作左守鼎、戎生编钟、伯季凤鸟大尊等，皆为世所罕见的稀品与孤品。

▲ 青铜艺术珍品：伯季凤鸟大尊

▲ 青铜艺术珍品：戎生编钟

▲ 青铜艺术珍品：神面卣

王作左守鼎

这是一件西周的天子级别青铜鼎，高41.5厘米，口径38厘米，口沿外折，上立粗壮的两耳，颈部略收，腹部稍鼓，腹下置三蹄足。颈和足的上部均有短棱脊，形制与上海博物馆藏的小克鼎相似。鼎内腹壁上有"王作鼎彝左守"6字铭文，表明它是周王专门用于祭祀的一件大鼎。根据器形和装饰等方面，专家们认为这件鼎的主人应是西周中期的周恭王，或是稍晚的夷王或厉王。一直以来，考古学家们苦心求索，也没能发现周王陵墓的踪迹，目前所发现的可以确定的周王铜器存世不过六七件而已，作为鼎则仅此一件，故极为难得。

而且这件周王鼎的入藏故事也颇为曲折。据说它最早是清宫旧藏，1860年火烧圆明园时遗失海外，后来几经转手到了香港的古董店。1999年12月底，保利艺术博物馆的专家在店内偶然发现了这件鼎。当时它的表面有一层铜锈，铭文不可见，曾有人为了找铭文在鼎内底刮了几道，但一无所获，于是专家重点观察了其内腹壁，并隐约发现有字的迹象，并大致看出是两道横，会不会是个"王"字？当时专家不动声色，便向货主提出将鼎带回北京。送到北京后，这件鼎被送到有关单位做X光检测，结果印证了专家的猜测。后来经过除锈处理，这件鼎上的铭文才彻底显露出来。

▲ 天子级别的青铜大鼎：王作左守鼎

中国古代石刻造像精品陈列

保利艺术博物馆共展出北朝至唐代（5至8世纪）的石刻佛像40余尊，勾勒出巅峰时期中国佛教艺术的风采，其中以北朝时期的青州石刻造像最为出彩。这一批石刻造像保存之好、工艺之精，举世罕见。可以说，保利艺术博物馆是国内除青州市博物馆以外，收藏青州佛教造像最为集中、最为系统的博物馆了。除了青州石刻以外，馆内展出的唐代菩萨头像、北齐汉白玉思惟菩萨像等也相当精美，是唐代石刻造像的代表之作，同样不容错过。

青州石刻造像

青州石刻造像是中国佛教石刻艺术史上的瑰宝，有专家甚至认为其代表了中国古代佛教石刻艺术的最高水平。保利艺术博物馆展出的青州石刻造像，几乎件件精美绝伦，佛宝相庄严，菩萨仪态万千，特别是它们大都面含难以用语言形容的深邃微笑，极富感染力。凝视其双眸，相信你也会深受感染，并有所感悟。这些造像的身躯上，衣薄贴体，特色鲜明，是典型的"曹衣出水"样式，应该是按照当时大画家曹仲达所创立的风格雕造的。仔细观察其雕饰细节、手足部位，线条圆转，质感鲜明，给人一种独特的美感。参观时你也许会发现，这些造像基本都残缺不全，有的甚至是由多块拼接而成，这就是历史上多次"灭佛"运动所留下的痕迹。展区入口处的东魏背屏式佛三尊造像，除顶部残缺、仅余两身飞天外，其他皆保存完好，是目前已知个体最大、保存最完整、艺术水平最高的东魏青州背屏式造像之一，殊为珍贵。

▲石刻造像精品：菩萨头像

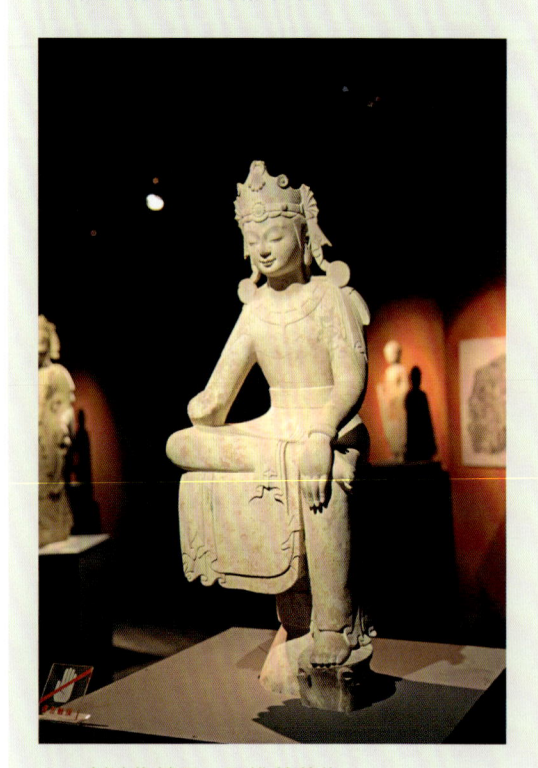

▲石刻造像精品：思惟菩萨像

▲ 石刻造像精品：东魏菩萨立像

▲ 东魏青州石刻的代表作：背屏式佛三尊造像

圆明园兽首铜像展

圆明园兽首铜像可以说是保利艺术博物馆最为知名的藏品了，很多人都是冲着它们来参观的。兽首铜像原为圆明园海晏堂前喷水池上的喷泉构件，当年郎世宁原本设计的是欧式的裸体仕女，乾隆皇帝认为"不和大国之风雅"，便改为中式的十二生肖。其内部设置机关，每隔一个时辰，代表该时辰的生肖像便从口中喷水，正午时分，则十二生肖兽首同时向空中喷水，颇为壮观。众所周知，1860年英法联军侵华期间，火烧圆明园，海晏堂被毁，十二生肖兽首铜像也就此流散海外。

2000年4月底、5月初，在香港佳士得和香港苏富比的拍卖会上，牛首、猴首和虎

▲ 石刻造像精品：东魏带头光菩萨立像

爱上北京博物馆

▲ 圆明园牛首铜像

▲ 圆明园虎首铜像

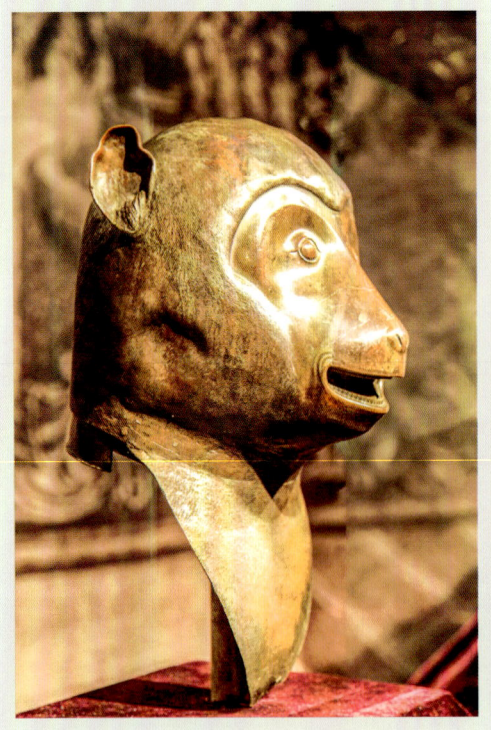

▲ 圆明园猴首铜像

▲ 圆明园猪首铜像

首铜像现身。当时，这两家拍卖公司拍卖流失文物的做法，引起了香港和内地社会各界的极大愤慨。最终保利集团毅然参拍，分别以774.5万元港币拍得牛首、818.5万元港币竞得猴首，以1544.475万港币拍得虎首（价格均包含拍卖公司佣金）。数年后，猪首铜像在美国现身，经过中国抢救流失海外文物专项基金人士的艰苦谈判，美国藏家最终同意转让，澳门赌王何鸿燊先生得知消息后，为基金出资600多万元购回猪首，并捐赠给保利艺术博物馆，这样保利艺术博物馆收藏的圆明园兽首铜像达到了4件。

▲ 圆明园海晏堂

如今在博物馆内，只要没有被外借展出，你都能看到这4件兽首铜像。这4件铜像颜色深沉，内蕴精光，铸工精整，表面还以精细的錾工刻画，身上动物绒毛等细微之处皆一凿一凿锻打而成，清晰逼真。兽首的鼻、眼、耳等重点部位及鼻上和颈部皱褶皆表现得十分细腻，不见一丝马虎，展现出极高的工艺水准，应该是和故宫、圆明园陈列的铜鹤铜龟一样，出自清宫造办处之手。仔细观察，你还会发现猴首头像面颊、猪首铜像头顶部还有凹坑，应该是当年的入园强盗用枪托所砸。

多年来，保利集团回购圆明园兽首铜像等珍贵文物，点燃了国人的爱国热情，也引起了世人对圆明园流散文物、中国海外流散文物的重视，此后国家有关部门、民间爱国机构纷纷行动起来，利用各种渠道，推动海外流失文物归国。马首铜像由何鸿燊于2007年二次出手回购，又在2019年捐赠国家文物局，回归圆明园永久收藏。鼠首和兔首铜像则于2013年4月，由法国的皮诺家族无偿送交中国，现已入藏国家博物馆。此外，又有王处直墓武士浮雕石刻、青铜皿方罍器身、唐武惠妃石椁、秦公晋侯青铜器等被盗卖至国外的国宝重器回流祖国。

文物，是一个国家、一个民族深厚的历史和曾经辉煌灿烂的工艺及艺术的见证，是祖先留给我们的宝贵文化遗产，每一件都是无价之宝。唯愿在祖国日益强大的背景之下，在爱国企业、爱国机构、爱国人士的努力之下，我国流落海外的所有文物都能尽快回家！

中国美术馆 ㉑

这是一座金碧辉煌、气势恢宏的建筑，这是雕塑的园地、书法的海洋、画作的殿堂……这里的艺术珍品，仿佛凝固了历史上的某些精彩瞬间，韵味隽永，魅力无穷！

在五四大街一号，有一座具有鲜明民族风格的建筑。其陈列的艺术作品，可以洗去你身心的疲惫，成为你精神的圣地、梦开始的地方……这里便是中国美术馆！

▼ 中国美术馆外景

▲ 黄宾虹国画《蜀山图》　　▲ 蒋兆和雕塑"黄震之像"

这是中国唯一的国家造型艺术博物馆。1963年，毛泽东主席为中国美术馆题写馆额，该馆正式开放，成为中华人民共和国成立后的国家标志性文化建筑。

中国美术馆的主楼建筑面积达18000多平方米，第1~6层共有21个展厅，展览总面积6660平方米。其中，一层为1~11号展厅，二层为12号展厅，三层为13~17号展厅，四层为18号展厅，五层为19~21号展厅，六层为藏宝阁。建筑周边有3000平方米的展示雕塑园。1995年，中国美术馆建立现代化藏品库，面积4100平方米。

中国美术馆有各类艺术藏品13万余件，包含中国画、油画、版画、雕塑、素描、摄影、水彩、风筝、陶瓷、织物等多个门类，藏品丰富、种类齐全。

这里是中国美术的最高殿堂，是泱泱大国之气韵的彰显，是中华传统文化的薪火相承。

建筑特色

民族风格浓郁

中国美术馆的设计出自建筑大师戴念慈之手。他注重在作品中融入中国传统建筑文化的元素，风格细腻，极富古韵。为使中国美术馆具有"艺术宝库"的内涵，他将主体建筑采用了敦煌莫高窟仿古阁楼式设计，塔尖高耸，飞檐层层错落，韵律十足，呈现出浓郁的民族风格。

▼ 主体阁楼式建筑

▲ 周边回廊一角

江南园林画意

中国美术馆四周廊榭围绕，回廊边还种着许多翠竹，打造出江南园林的秀丽之景。若是雨天，站在回廊上听雨观竹，则有梦回水乡的诗情画意。

细部精雕细琢

其屋顶采用金黄色琉璃瓦，在蓝天白云的映衬下显得十分高贵、华丽。若遇风和日丽的天气，当晴朗的阳光倾泻在琉璃瓦上，整座建筑则更显流光溢彩。

如果进一步观察，你会发现屋顶下的墙面上雕刻着精美的琉璃花饰，而梁柱上则配有白、绿相间的陶饰。这种或典雅，或纯朴，利用各种建筑元素的精雕细琢，从多角度传达着传统建筑的丰富文化内涵。

▲ 中国美术馆墙面琉璃花饰

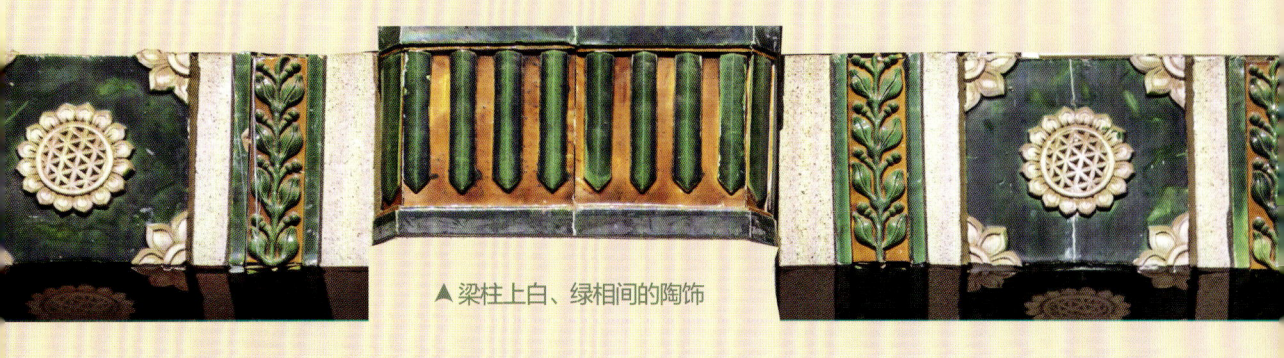

▲ 梁柱上白、绿相间的陶饰

专题展览·文物精华

中国美术馆的展览包括馆藏展览、专题临时展览。其中，馆藏展览分别在藏宝阁及中国美术馆雕塑园展出。藏宝阁重点展示中国美术馆馆藏经典名作，并定期更换展品；雕塑园主要展出馆藏中外著名雕塑家的雕塑作品。

藏宝阁

中国美术馆的藏宝阁位于六层，被誉为"皇冠上的明珠"。仅从其展厅门口的"典藏精品陈列厅"7个大字就可知：这里展出

▲ 齐白石国画《老农》　　▲ 徐悲鸿国画《杜鹃猫》

的作品皆是从本馆众多藏品中精选出来的，可谓是珍宝中的"珍宝"！

中国美术馆雕塑园

中国美术馆雕塑园设立于2017年，园内展出雕塑藏品百余件，这些或大或小、形态各异、独具特色的雕塑，成为中国美术馆花园"艺艺"生辉的一部分。春暖花开之时，伴着鸟语花香行走在雕塑园，或闲庭信步，或驻足观赏，这一座座置于园内的雕塑无声地诉说着一个个关于"美"的故事。能让观众为之吸引、感动的，便是"美"的温度。

▲ 藏宝阁入口

▲ 张大千国画《张大千山水册》之慈光寺

▲ 陈抱一油画《月季花》

▲ 张文新铸铜鲁迅坐像

爱上北京博物馆

▲ 中国美术馆雕塑园石刻

▲ 王克庆制朱自清石像

美在致广——全国小幅美术精品展

该展览为癸卯新春佳节即将来临之际，中国美术馆举办的专题展览，汇集了中国美术馆馆藏、特邀创作和从全国范围内征集的小幅美术作品，共计千件，涵盖中国画、油画、版画、雕塑、水彩、工艺美术等美术种类。"小中见趣味"是该展览的主旨，展品虽小，格局之大、艺术之光可见一斑，尽精微，致广大。

齐白石《咸蛋小虫》

齐白石（1864—1957年），原名纯芝，字渭清，号兰亭，后改名璜，字濒生，号白石、白石山翁等，近现代中国绘画大师。齐白石擅长画花鸟虫鱼、山水人物，造型简练生动，笔墨雄浑滋润，色彩明快生动，意境朴实深厚。《咸蛋小虫》是齐白石的一幅小画，29.2厘米×22.7厘米。咸蛋和小虫的颜色鲜明，动静结合的画面充满生活意趣。

徐悲鸿《双狮》

徐悲鸿（1895—1953年），原名徐寿康，中国现代画家、美术教育家，景星学社社员。他表达动物形象的时候采用非常写实的手法，注重动物的结构和动物行迹的准确。与传统中国水墨画的写意不同，徐悲鸿

▲ 齐白石《咸蛋小虫》　　　　▲ 徐悲鸿《双狮》

笔下的动物更加生动写实。这幅小小的《双狮》作品尺寸为47.8厘米×33.7厘米，画中狮子的结构、形象都非常准确，雄狮雌狮皆十分灵动，体现了徐悲鸿对于中国传统绘画之中用笔的理解。

"美在致广"中的藏品，于方寸之间便传递出画家对人生的思考，其精湛的绘画语言、灵活的艺术主张、锐利的思想观念，无不反映出艺术品对社会和时代面貌的表达。

艺术源于生活而高于生活，生活需要艺术也需要表达。我们不妨停下生活中匆忙的脚步，走进中国美术馆，在一件件艺术品前驻足，细细品味文化的魅力，感受美的熏陶。

中国现代文学馆 22

走进大隐于市的中国现代文学馆，开启一场文学的朝圣之旅。在这里，你可与神交已久的鲁迅、郭沫若、茅盾、巴金、老舍、冰心等文学巨匠进行一场跨越时空的心灵对话；与一部部浓缩着生命感悟的文学作品产生情感共振。这里，是一个净化心灵、唤醒人文情怀的神圣殿堂，给人启迪，催人奋进，使人心向美好！

在对外经济贸易大学的北面，有一座错落有致、风格独特的花园式建筑群落，这就是作为"文化艺术类"地标之一、入选"2022北京网红打卡地"的中国

▼ 中国现代文学馆A座正门

▲ 中国现代文学馆A座局部

▼ 中国现代文学馆B座正门

现代文学馆。

中国现代文学馆位于北京市朝阳区文学馆路45号，是中国第一座，也是目前世界上最大的文学博物馆，主要展示中国现当代文学发展史以及重要作家、文学流派的文学成就，是集文学展览馆、文学图书馆、文学档案馆以及文学理论研究、文学交流功能于一身的综合性文学博物馆。

中国现代文学馆是在巴金先生的倡议下于1985年正式成立的，旧址在北京万寿寺西院，2000年迁至现址。该馆总建筑面积达3万余平方米，是一座蕴含浓厚文学气息的标志性文化建筑。

中国现代文学馆共有4个题名，分别由叶圣陶、冰心、巴金和江泽民主席题写。3位文学巨匠的题名分别镌刻在主体建筑的东、北、西3个墙体上，白底黑字，有署名，有红印；江泽民主席的题名匾额则悬挂在A座、B座两个主厅入口处的上方。C座的题名则为巴金先生所题写。

▶中国现代文学馆C座

建筑特色

传统与现代的交融碰撞

中国现代文学馆，在建筑上融合了中国古典建筑美学和现代审美意识，把传统的民族风格与现代技术相结合，于稳重、典雅中透露出清新、活泼的艺术气息。

首先，在建筑布局上打破传统的正南正北模式，采取45°形式，使建筑物呈现出错落有致的意趣。

其次，在屋顶的设计上匠心独运。主体

中国现代文学馆 巴金题

爱上北京博物馆

▲ 中国现代文学馆红、白、蓝三色建筑

建筑的屋顶式样虽采用了中国传统建筑大屋顶的坡形结构，但设计者另辟蹊径地将顶尖部分的无用空间改换成透明的玻璃屋顶。这种传统与现代的结合，一方面大大丰富了室内空间和光影变幻，另一方面也大大丰富了建筑物的外部形象，增强了可欣赏性。可谓一举两得。

最后，在建筑物的色彩上使用红、白、蓝三色。外观以红墙蓝瓦为主，红墙上装饰有白色大理石雕刻的百花浮雕，体现出百花齐放的意境。

中西合璧的园林风格

中国现代文学馆在整体布局上，构思极为巧妙。它不仅将中国传统建筑的中轴对称庭院组合与江南园林的造园手法相结合，而

▼ 中国现代文学馆一角

且融入了涌泉、暗流、彩灯和椭圆形社交广场等西方文化的元素，使整个建筑组群的平面和空间布局极富变化，成为一座风格独特的花园式建筑群。该馆因其中西结合、园林风格的建筑设计，荣获了中国建筑设计"鲁班奖"。

浓郁的文学艺术氛围

漫步在中国现代文学馆，你会发现馆内的园林雕像、石头馆徽、玻璃壁画、主厅油画等建筑小品的设计都别出心裁，处处营造着浓浓的文学艺术氛围。

在文学馆的正门口，映入眼帘的是一块巨石影壁，其前后两面均阴刻有巴金先生的名言名句，阐明中国新文学的使命和责任。

来到东门内小广场，你会看到一块像孔雀屏的奇石。其中心有一个透空的圆孔，而

▲ 鲁迅雕像

▼ 中国现代文学馆正门影壁

我们有一个多么丰富的文学宝库，那就是多少作家留下来的杰作。它们支持我们，教育我们，鼓励我们，使自己变得更善良，更纯洁，对别人更有用。
——巴金

▲ 冰心雕像

▲ 巴金雕像

▲ 茅盾雕像

且连着一个缺角，形似逗号，这块天然赋形的"逗号石"被视为文学馆的重要标记。逗号不仅象征着现代文学的标点符号，而且代表着未完待续，象征文学的生生不息。设计师马泉将这个符号设计成文学馆的徽章。

在园林庭院中，你可能会与鲁迅、郭沫若、茅盾、巴金、老舍、曹禺、冰心、叶圣陶、朱自清、丁玲、艾青、沈从文、赵树理等13位文学大家不期而遇。他们或低头沉思，或仰天呼唤，或坐在一起促膝交谈。这些真人大小的雕塑，生动再现了文学大师们的风采。

当你步入馆内时，会惊喜地发现所有进出门的门把手都是铜铸的巴金先生的手模。手模上掌纹清晰可见，旁边还有一个他

▲ 巴金先生的手模

▲ 中国现代文学馆A座内的青花瓷瓶

的小印章。每一位参观者都是从这里开始，跟随着大师的印记，步入这座神圣文学殿堂的。

当你走进文学馆A座时，一定会被深深地震撼到。在大堂中间，竖立着一对巨大的青花瓷瓶，上面有5000多名中国作家协会会员的签名。大堂正门两侧的彩色玻璃镶嵌画，借鉴了西方教堂玻璃窗的形式，用6组画的形式艺术再现了鲁迅的《祝福》、郭沫若的《女神》、茅盾的《白杨礼赞》、巴金的《家》、老舍的《茶馆》和曹禺的《原野》。大堂通往展厅的走廊两侧各有一幅油画，主题分别是"受难者""反抗者"，再现了1917年至1949年现代文学作品中的文学形象。在这里，你一定能找到一些耳熟能详的人物形象。

常设展览·文物精华

中国现代文学馆的主要任务是收集、保管、整理、研究现当代文学书籍及作家著作、手稿、书信、日记、录像、照片、文

▲ 谴责小说：《廿年目睹之怪现状》《官场现形记》

22 中国现代文学馆

爱上北京博物馆

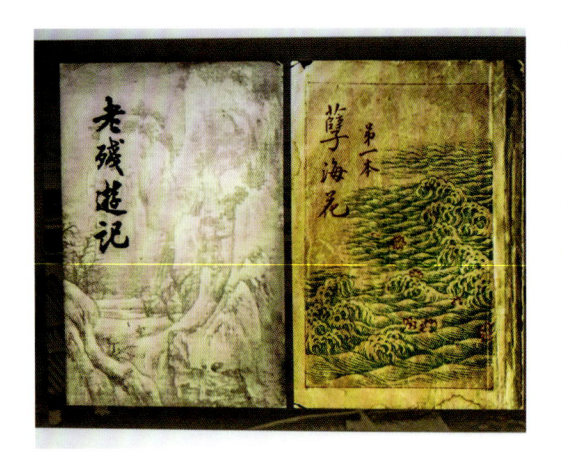

▲ 谴责小说：《老残游记》《孽海花》

物等资料。其展览主要在 B 座、C 座进行，常设展览有"中国现当代文学展""不著一字　尽得风流——现代作家书房展"两个。

中国现当代文学展

在中国现当代文学展展厅，你不仅能看到一张张熟悉的面孔，还会惊喜地发现一些耳熟能详的文学作品的手稿或初版。该展览是目前国内规模最大的现当代文学展。展览中涉及的作家 2000 多人，手稿原件和初版本图书 600 多件，图片 4000 多张。时间跨度从 19 世纪末一直延伸到 21 世纪，呈现了完整的文学史脉络。展览分为七大主题展区，依次是"20 世纪文学革命前奏""五四文学革命""左翼和进步文学的崛起""战火洗礼中的文学""社会主义新中国文学""新时期文学的繁荣""迈入 21 世纪的文学"。中国现当代文学展不仅展览规模大，史料丰富珍贵，而且创意新颖，北大红楼、鲁迅的"老虎尾巴"书房、郭沫若和茅盾书房、左联成立会议室等场景的还原复制，令人印象深刻。多媒体等高科技展陈手段的加持，极大地增强了展览的吸引力与震撼力。

展览中有很多特色展品，现选介如下：

▼ 中国现当代文学展展厅入口

▲ 茅盾晚年的书房局部复制场景

▲ 鲁迅在北京的住所"老虎尾巴"复制场景

茅盾长篇小说《子夜》（原题名《夕阳》）手稿（1933年）及创作提纲

茅盾（1896—1981年），原名沈德鸿，字雁冰。中国现代著名作家、文学评论家、文化活动家以及社会活动家，曾任文化部部长、中国作家协会主席、全国政协副主席等职。著有《蚀》三部曲（《幻灭》《动摇》《追求》）、《虹》、《子夜》、《霜叶红似二月花》等。

《子夜》，是茅盾于1931年至1932年创作的现代长篇小说。它以1930年的旧上海为背景，以吴荪甫、赵伯韬的矛盾为贯穿全书的主线，把以上海为代表的中国社会纷纭复杂的矛盾和形形色色、多姿多态的人物，编织进一幅广阔、鲜明而又不断变化着的社会图画，结构严谨而宏大，影响了后来的社会历史小说写作。此手稿为国家一级文物。

老舍长篇小说《四世同堂》手稿（1944—1945年）

老舍（1899—1966年），原名舒庆春，字舍予，另有笔名絜青、鸿来、非我等，中国现代小说家、作家、语言大师，新中国第一位获得"人民艺术家"称号的作家。代表作有小说《骆驼祥子》《四世同堂》，话剧《茶馆》《龙须沟》等。

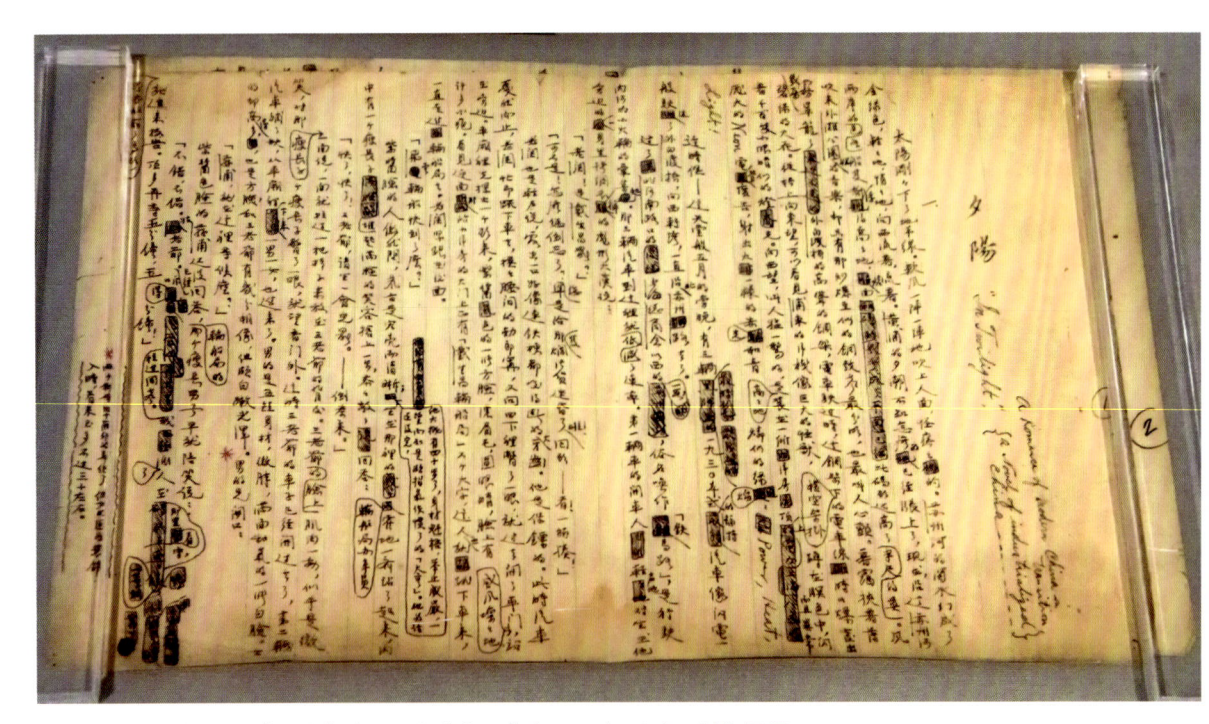

▲ 中华人民共和国中央人民政府任命沈雁冰为中央人民政府文化部部长的任命通知书

▲ 茅盾长篇小说《子夜》（原题名《夕阳》）1933年手稿及创作提纲

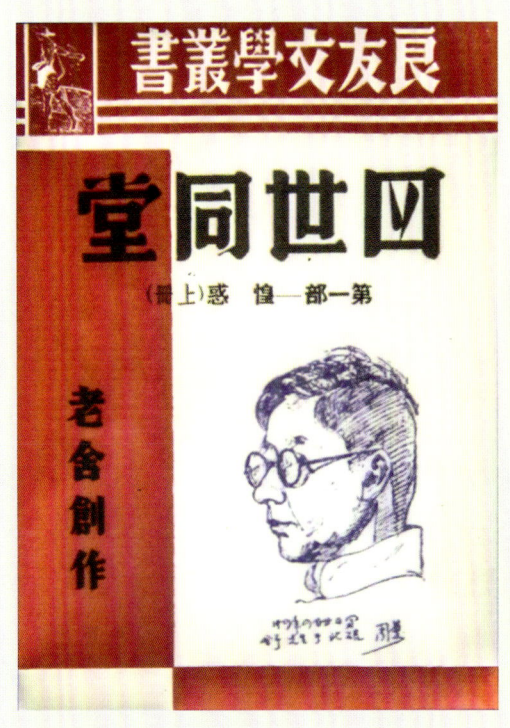

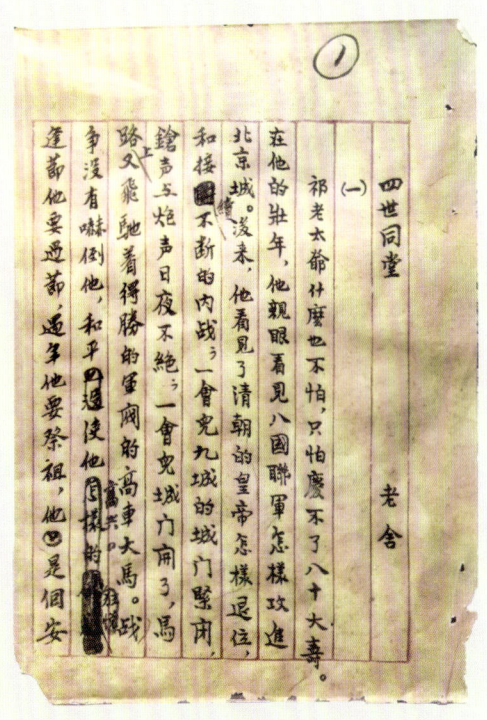

▲ 老舍长篇小说《四世同堂》

▲ 老舍长篇小说《四世同堂》手稿

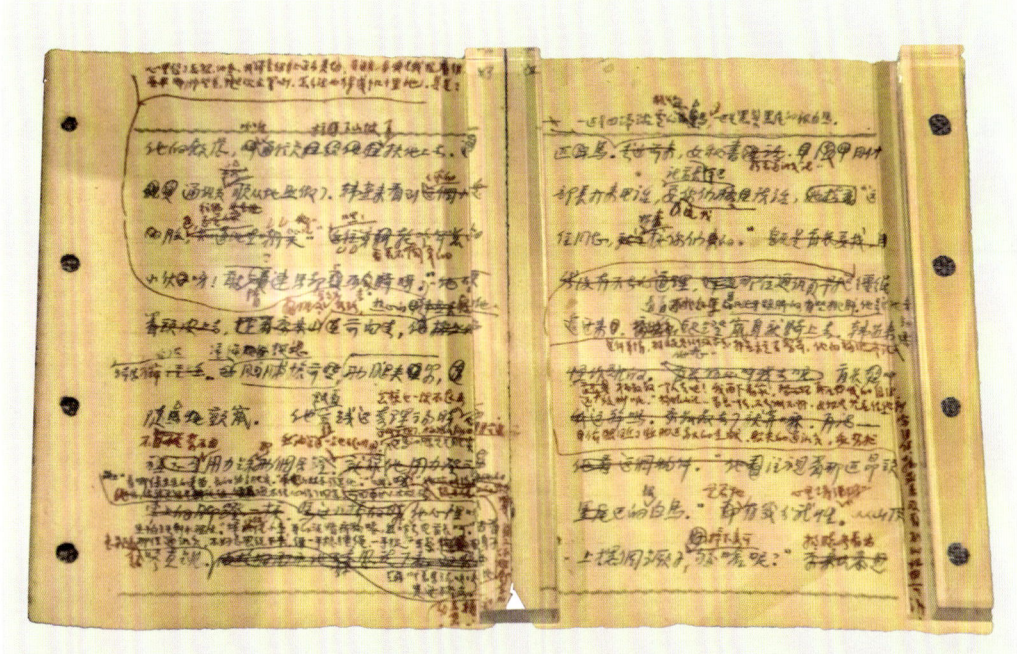

▲ 李英儒长篇小说《野火春风斗古城》手稿

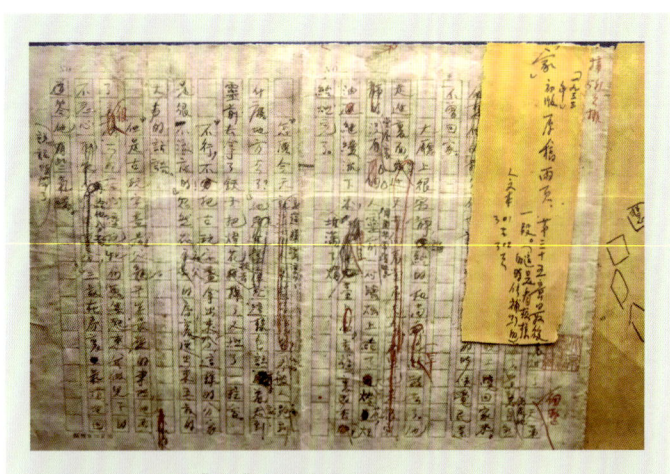

▲ 巴金长篇小说《家》手稿复制件

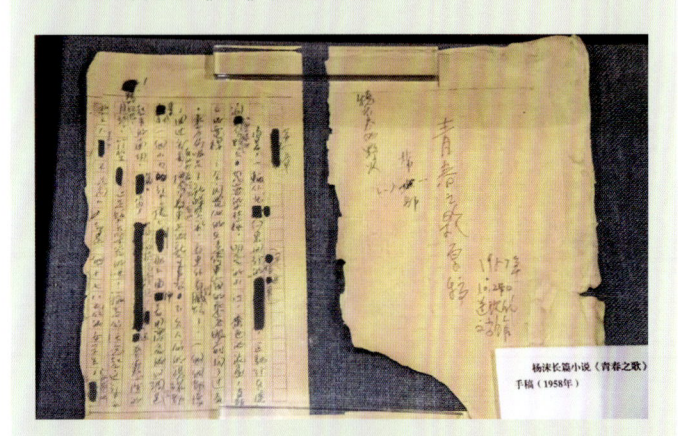

▲ 杨沫长篇小说《青春之歌》手稿

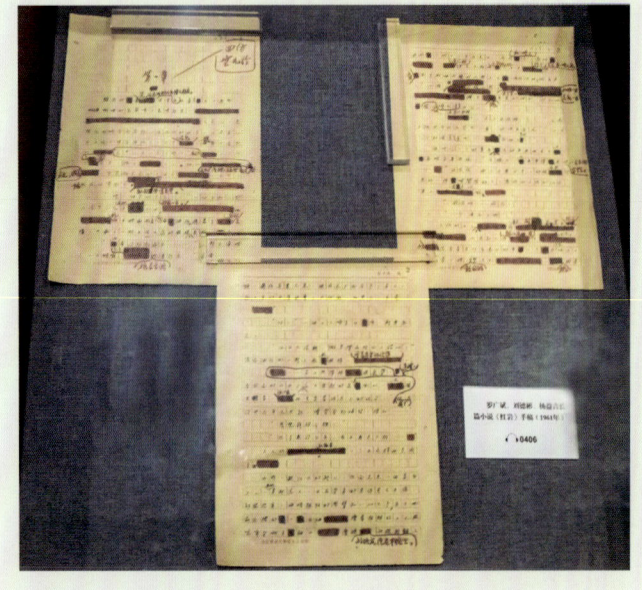

▲ 罗广斌、刘德彬、杨益言长篇小说《红岩》手稿

《四世同堂》是老舍先生于1944年至1948年历时4年创作的一部现代长篇小说。小说以抗战时期北平一个普通的小羊圈胡同为背景，以几个家庭众多小人物屈辱、悲惨的经历来反映北平市民在卢沟桥事变后惶惑、偷生、苟安的社会心态，深刻地揭示了普通人在大时代历史进程中所走过的艰难曲折的道路。

此手稿为国家一级文物，2007年入选首批《中国档案文献遗产名录》，文学类手稿仅此一件入选。

不著一字 尽得风流——现代作家书房展

中国文人把阅读、写作、会客的场所叫作书房、书斋。中国传统文化里，书房不仅是一种生活的空间、一种生活的方式，更是一种文化精神的象征。作家的书房，是文化传统、作家个性和作家真实生活的综合体现。中国作家的书房大都具有简约、含蓄、内敛的特点：一桌一椅一方几，一人一灯一卷书，

▲ "不著一字 尽得风流——现代作家书房展"入口

自成乾坤。这里的"现代作家书房展",主要展出了张志民、臧克家、冰心、艾青、叶君健、王辛笛、萧军、曹禺、柏杨、丁玲等10位作家捐赠的文物及藏书。所有展品都是作家本人生前用过的实物,带有浓郁的历史感和文化气息。

冰心书房

冰心(1900—1999年),原名谢婉莹,著名诗人、散文家、翻译家,代表作有小说集《超人》,诗集《繁星》《春水》,散文集《寄小读者》《关于女人》等。她善于发掘生活中蕴藏的哲理,作品清新隽永,寓意深

▼ 冰心书房

远。她的散文《小橘灯》《寄小读者》，深深影响了一代又一代的中国读者。

冰心先生一生钟爱玫瑰，书房内总有一束玫瑰花。书房玻璃柜中陈列的是全国各地小读者写给冰心奶奶的信件。书房中悬挂的书法作品为赵朴初先生所书。

丁玲书房

丁玲（1904—1986年），原名蒋伟，字冰之。中国现代女作家、社会活动家。代表作有处女作《梦珂》，长篇小说《太阳照在桑干河上》，短篇小说《莎菲女士的日记》，短篇小说集《在黑暗中》等。1951年春，丁玲分到王府井大街多福巷的一个小四合院。其中，北屋西边为丁玲书房。她在此接待过许多当时的著名文人，如苏联作家爱伦堡、智利诗人聂鲁达。晚年她在此写出了《魍魉世界》《风雪人间》等100多万字的作品。书房悬挂的油画作品为艾青先生之子艾轩所作。

萧军书房

萧军（1907—1988年），原名刘鸿霖，笔名三郎、田军等。著有长篇小说《八月的

▼ 丁玲书房

▲ 萧军书房

乡村》。1951年，萧军从东北迁居北京，居住在什刹海畔鸦儿胡同6号院。"文化大革命"期间，部分房产被强占，他只好将一间不起眼的储藏室改成了书房。书房咫尺方寸，没有窗户，内仅放置一张三屉书桌，桌上立一小书柜、一盏台灯。萧军用木头雕刻了"蜗蜗居"3字，作为书房名称，并作诗一首记之："蜗居虽小亦何嫌，芥子须弥两大千。苍狗白云瞰去往，镜花水月幻中看。虫沙劫历身犹健，烽火频经胆未寒。一笑回眸六六载，闲将琴剑娱余年。"1987年，萧军分到新房，但他还是依恋着"蜗蜗居"不愿离去，直至去世。书房所陈列的油画作品是萧军先生年轻时的自画像。

中国邮政邮票博物馆 23

"小时候,乡愁是一枚小小的邮票,我在这头,母亲在那头。"一张小小的邮票,承载太多人的情感和回忆。方寸之间,气象万千,素有"国家名片""微型百科全书"之称的邮票,展示着一个国家、一个时代的形象、风貌和精神。走进中国邮政邮票博物馆这座艺术殿堂,不仅可以了解中国邮驿邮政数千年波澜壮阔的发展史,而且可以目睹中国乃至世界邮票之珍宝!

沿着长安大戏院东侧的贡院西街向北行走100米,能够看到巨大的"贡院六号"铜牌像浮雕一样镶嵌在墙体上,接着"中国邮政邮票博物馆"9个金色大字便

▼ 中国邮政邮票博物馆正门

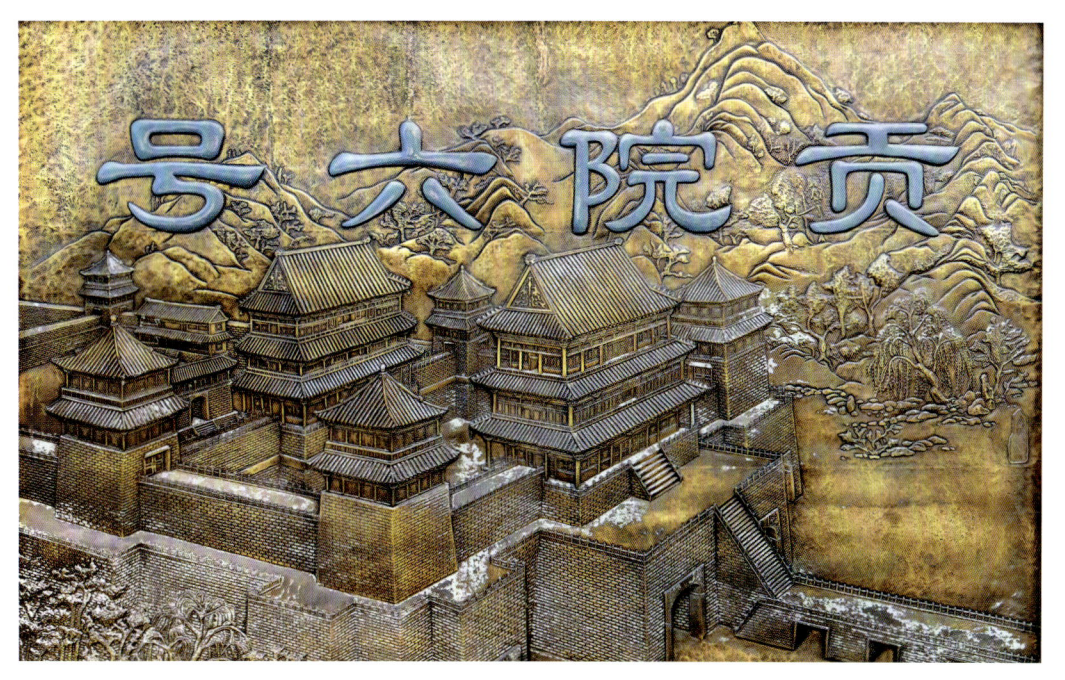

▲ "贡院六号"铜牌

映入眼帘。

中国邮政邮票博物馆位于北京市东城区贡院西街6号，南邻中国社会科学院，西南与长安大戏院相望，2007年正式向社会公众开放。此地自古为天子脚下、京城政务要地，也是明清两代开科取士之地，位置极其优越。

中国邮政邮票博物馆是由中国邮政集团有限公司主管的行业博物馆，也是我国唯一收藏和利用邮政、邮票文物进行相关学术研究与交流的国家级专业博物馆。馆内藏有丰富的邮政文物、清代以来中国各历史时期邮政主管部门发行的邮资票品，以及200多个国家和地区发行的邮票。

博物馆大楼建筑面积23705平方米，展厅面积5500平方米。展区共分为4层，分别设有邮票展厅、邮政展厅、特展厅和珍宝馆，内容涵盖书信、中外邮票、古代邮驿及近现代邮政史。无论是展厅面积、馆藏文物数量还是硬件设施，独具中国邮政鲜明行业特色和时代特点的中国邮政邮票博物馆都堪称世界最大的邮政主题博物馆。

建筑特色

中国邮政邮票博物馆是一座宏伟的现代化楼宇建筑。其最具特色的建筑小品当数门前的雕塑。

在博物馆的门前，两尊巨大的骏马飞驰仿铜雕像格外引人注目。左边是脚踩马镫的古代驿兵，跨马疾驰传递军情；右边是肩挎邮包的现代邮递员，策马扬鞭递送邮件。古今两位骑手都凝神贯注、目视前方，两匹骏马凌云奋蹄、栩栩如生。这两尊雕塑的造型，一尊取材于甘肃嘉峪关古长城雄关烽火台雕塑，一尊取材于现代邮政服务中的马班邮路。

爱上北京博物馆

▲ 中国邮政邮票博物馆正门前骏马飞驰仿铜雕像

▲ 悬挂对联的中国邮政邮票博物馆大厅

两尊雕塑从古至今，跨越时空，恰如其分地表现了博物馆传承邮驿邮政历史的主题。

进入博物馆，一楼大厅两侧悬挂"邮驿马萧古道西风惠达万民，鸿雁翔空通令传信情播四海"巨幅对联，似乎正在讲述着"驿道血脉国之径"的辉煌与没落、变迁与更迭、现在和未来。

常设展览·文物精华

中国邮政邮票博物馆收藏有近万件邮政文物、数亿枚中国邮票，以及200多个国家和地区发行的有特色、观赏性强的邮品等藏品。其展区共有4层，设有邮票展厅、邮政展厅、特展厅和珍宝馆。其中邮票展厅、邮政展厅、珍宝馆为常设展览。

邮票展厅

位于博物馆二层。主展厅是邮票陈列，分为"海关邮政时期邮票""清代国家邮政

▲ 中国邮政邮票博物馆邮票展厅一角

时期邮票""中华民国时期邮票""中国人民革命战争时期邮票""中华人民共和国邮票""外国异形异质邮票""邮票印刷工艺和防伪技术"等7个部分，全面展示了中外邮票发行的发展历程。

大龙邮票

1878年，清朝政府在北京、天津、上海、烟台、牛庄（今营口）等5处海关试办邮政，收寄公私信件。1878年7月，海关邮政发行了第一期邮票，图案为江山云龙，因图幅较第二套云龙邮票相对大些，故称"海关大龙邮票"。1988年纪念其发行110

▲大龙邮票：海关关平银一分银 　　▲大龙邮票：海关关平银三分银 　　▲大龙邮票：海关关平银五分银

周年时，中国邮电部将其正式定名为中国"大龙邮票"。

大龙邮票一套3枚，邮资面值以中国海关记账单位关平银（海关银）表示：一分银（绿色，寄印刷品邮资）、三分银（红色，寄普通信函邮资）、五分银（黄色，寄挂号信函邮资）；邮票铭记中文标识为"大清""邮政局"字样；英文标识为"CHINA"（中国）和"CANDARIN"（海关关平银分银）字样。

大龙邮票用无水印纸、单个阳纹铜模拼成活版印制，先后共分3期印制：1878年发行的称"大龙薄纸"，纸质薄，呈半透明状，图幅间距为2.5毫米；1882年加印的称"大龙阔边"，图幅间距为4.5毫米；1883年的因所用纸张较厚，称"大龙厚纸"，有光齿和毛齿之分，前批齿孔光洁，称"大龙厚纸光齿"，后批齿孔毛糙，称"大龙厚纸毛齿"。

大龙邮票是中国第一套邮票，为中国邮票的鼻祖，它的发行标志着中国近代邮政的诞生。大龙邮票因其珍稀性，是古今中外众多集藏名家的终极梦想。

慈禧寿辰纪念邮票

此为中国第一套纪念邮票，1894年为纪念慈禧六十大寿始发，设计者为德国人费

▲慈禧寿辰纪念邮票：一分 　　▲慈禧寿辰纪念邮票：二分 　　▲慈禧寿辰纪念邮票：三分

▲ 慈禧寿辰纪念邮票：四分 　　▲ 慈禧寿辰纪念邮票：五分 　　▲ 慈禧寿辰纪念邮票：六分

▲ 慈禧寿辰纪念邮票：九分 　　▲ 慈禧寿辰纪念邮票：十二分 　　▲ 慈禧寿辰纪念邮票：二十四分

拉尔。

此邮票一套9枚，取龙、鱼、帆船、五蝠捧寿等内容，俗称"万寿票"。由于海关邮政业务的发展，原3种面值的邮票（大、小龙均为1、3、5分银）已不能适应邮政需要，万寿票便开始采用多种面值，图案各不相同：面值一分银（朱红）五蝠捧寿；二分银（绿）云龙花卉；三分银（橘黄）云龙蟠桃；四分银（玫红）云龙牡丹；五分银（橘黄）鲤鱼瑞芝；六分银（棕）云龙万年青；九分银（深绿）双龙捧寿；十二分银（深橘黄）双龙牡丹；二十四分银（洋红）帆船蟠桃。

此套邮票共分3种版别：1894年初版，1897年再版，1897年改版。

红印花加盖暂作邮票

红印花原票，是由英国伦敦华德路公司采用雕刻凹版印刷。其图案则全部用英文书写"CHINA REVENUE 3 CENTS"字样，

▲ 红印花加盖暂作邮票：当一圆  　　▲ 红印花加盖暂作邮票：暂作洋银二分

241

爱上北京博物馆

▲ 红印花加盖暂作邮票：暂作洋银四分
▲ 红印花加盖暂作邮票：当一分 
▲ 红印花加盖暂作邮票：当五圆 

没有任何中文；颜色以红色为主。清政府自从1896年正式开办邮政以后，因为业务扩大，急需高面值邮票，但现有邮票不敷使用，于是就在1897年2月2日把上海海关库存未使用的60多万枚红印花原票，分批加盖"大清邮政"、"当×圆"或"暂作洋银×分"等字样后作为邮票发行，这是中国第一套用其他票券改作的邮票。

红印花加盖暂作邮票共有8种，加盖小字有：当壹圆、暂作洋银贰分、暂作洋银肆分；加盖大字有：暂作洋银贰分、暂作洋银肆分、当壹圆、当壹分、当伍圆。其中小字"当壹圆"四方联原票有"中国珍邮"之首的美誉。中国邮政邮票博物馆内现藏有两枚红印花加盖小字"当壹圆"邮票。

红印花加盖暂作邮票一般都是用黑色油墨加盖的，只有很少一部分是用绿色油墨加盖的，即"红印花加盖小字'暂作洋银贰分'绿色试样票"，这种用绿色油墨加盖在红色原票上的邮票，被称为"绿衣红娘"。其数量十分稀少，全世界目前仅存9枚，因此非常珍贵。唯一的一个直双联票收藏在中国邮政邮票博物馆内。

加盖"临时中立"和"临时中立·中华民国"邮票

民国初期在北洋军阀统治下，邮政运营

▼ 加盖"临时中立·中华民国"邮票复制件

困难，邮票频繁加盖。先是将清朝后期发行的 15 种邮票及 8 种欠资邮票上加盖"临时中立""临时中立·中华民国"等文字，共计 46 枚，正式出售的仅 18 枚。这些邮票存世罕见，是民国初年著名的珍邮。

抗战军人纪念邮票

抗战军人纪念邮票是 1938 年晋察冀边区临时邮政发行的邮票，这是中国人民革命战争时期邮票中第一套纪念邮票和第一套军人贴用邮票。全套 1 枚，主图为一名全副武装的八路军战士持枪跑步前进的场景，反映了抗日军人在战场上奋勇拼搏的英雄形象。上列"晋察冀边区"铭记，下为"临时邮政"，两侧花柱分列"抗战""军人"4 字，"纪念邮票"4 字分列四角，红色，白纸，石印，无齿孔，无面值，专供抗日战士免费寄家信使用。该票是解放区邮票的珍品之一。

▲《梅兰芳舞台艺术》邮票

▲ 抗战军人纪念邮票样票

《梅兰芳舞台艺术》邮票

《梅兰芳舞台艺术》邮票是为了纪念杰出的戏曲艺术家梅兰芳先生，于 1962 年 8 月 8 日和 1962 年 9 月 1 日发行的、志号为"纪 94"的纪念邮票。

《梅兰芳舞台艺术》邮票全套 8 枚，1 枚选用了梅兰芳正面半身生活照，其余 7 枚选取梅兰芳在其知名剧目《抗金兵》《游园惊梦》《霸王别姬》《穆桂英挂帅》《天女散花》《生死恨》《宇宙锋》中的艺术造型。其中，《天女散花》邮票根据徐悲鸿早年在上海为梅兰芳所作的油画绘制。

▲《梅兰芳舞台艺术》邮票：天女散花

《梅兰芳舞台艺术》邮票及小型张以其优美、精确的造型，淋漓尽致地展现了京剧艺术的魅力，从而成为中华人民共和国邮票史上最具代表性的设计精品之一。

《庚申年》邮票

《庚申年》是1980年中国邮政为纪念庚申年而特别发行的邮票，是我国第一套生肖邮票。邮票原画作者是我国著名画家黄永玉，设计者是邵柏林，雕刻者是姜伟杰。

《庚申年》全套只有1枚，面值8分。

背景为红色，主图案是一只两眼炯炯有神的金猴。黄永玉采用泼墨手法，寥寥数笔就勾画出一只顽皮活泼、充满灵气的猴子。再加上邮票雕刻者的精心雕刻，根根猴毛纤毫毕见，栩栩如生。邮票上的"中国人民邮政"铭文和"庚申年"字样，雕刻细腻，文字笔画非常优美。

《庚申年》邮票因绘画大师的参与，设计者与雕刻者的精心再创作，受到人们的喜爱和追捧，由此造就了新中国邮票史上的"金猴"神话，开启了生肖邮票系列的新篇章。

邮政展厅

位于博物馆的三层、四层。邮政展厅划分为原始通信、古代邮驿、近代邮政和现代邮政4个展区，以大量的实物、图表、景观、模型回顾了中国邮政源远流长的发展历程和丰富的文化内涵。

▲《庚申年》邮票

▲邮政信箱

▲ "大清邮政分局"木匾

▲ 民信局复原景观

信筒形邮政储金罐

此储金罐为铁质,邮绿色,形式完全仿照信筒,高约16厘米。储口下方凸铸有"邮政储金 稳固便利"8字,两行横排;右侧竖列"邮政汇兑 简捷省费"8字;左侧竖列"简易寿险 防老安家"8字;底托弧边横排"筒内储款可持向附近邮局开放存储"15字。

20世纪40年代,上海、南京等地邮局为促进邮政储金业务的开展,吸收小额资金,推出一种新的邮政储蓄方式——邮政储金罐,并对外赠送了一批实用兼玩具型的铁质信筒形储金罐。人们储满钱后到邮局开锁,同时储蓄。

"传邮万里 国脉所系"题词

1940年5月9日,中华邮政总局第三军邮视察段总视察林卓午先生邀请周恩来赴中华邮政陕西邮政管理局做形势报告。其间,周恩来为其题写了"传邮万里 国脉所系",并落款钤印。该题词指出邮政通信直接关系到国家命脉,揭示了邮政的重要社会地位和作用,也说明了邮政部门承担的重要社会责任。

1981年,为纪念周恩来总理为林卓午题词41周年,国家邮电部印制"传邮万里 国脉所系"纪念邮票,发行国内外。

▲ 信筒形邮政储金罐

北京艺术博物馆 24

走进清幽、肃穆,被誉为"京西小故宫"的万寿寺,就等于迈进充满皇家艺术气息的博物馆殿堂。这里高墙深院、雕梁画栋,极其宏伟、壮丽;这里的书法、绘画,笔酣墨饱、大气磅礴;这里的家具、瓷器,古朴厚重、珍贵奢华……

在海淀区广源闸路西侧,有一座被现代高楼大厦包围的明清建筑,这就是被誉为"京西小故宫"的万寿寺。其高墙之内,建筑林立、古树参天、飞檐斗拱,宛

▼万寿寺山门

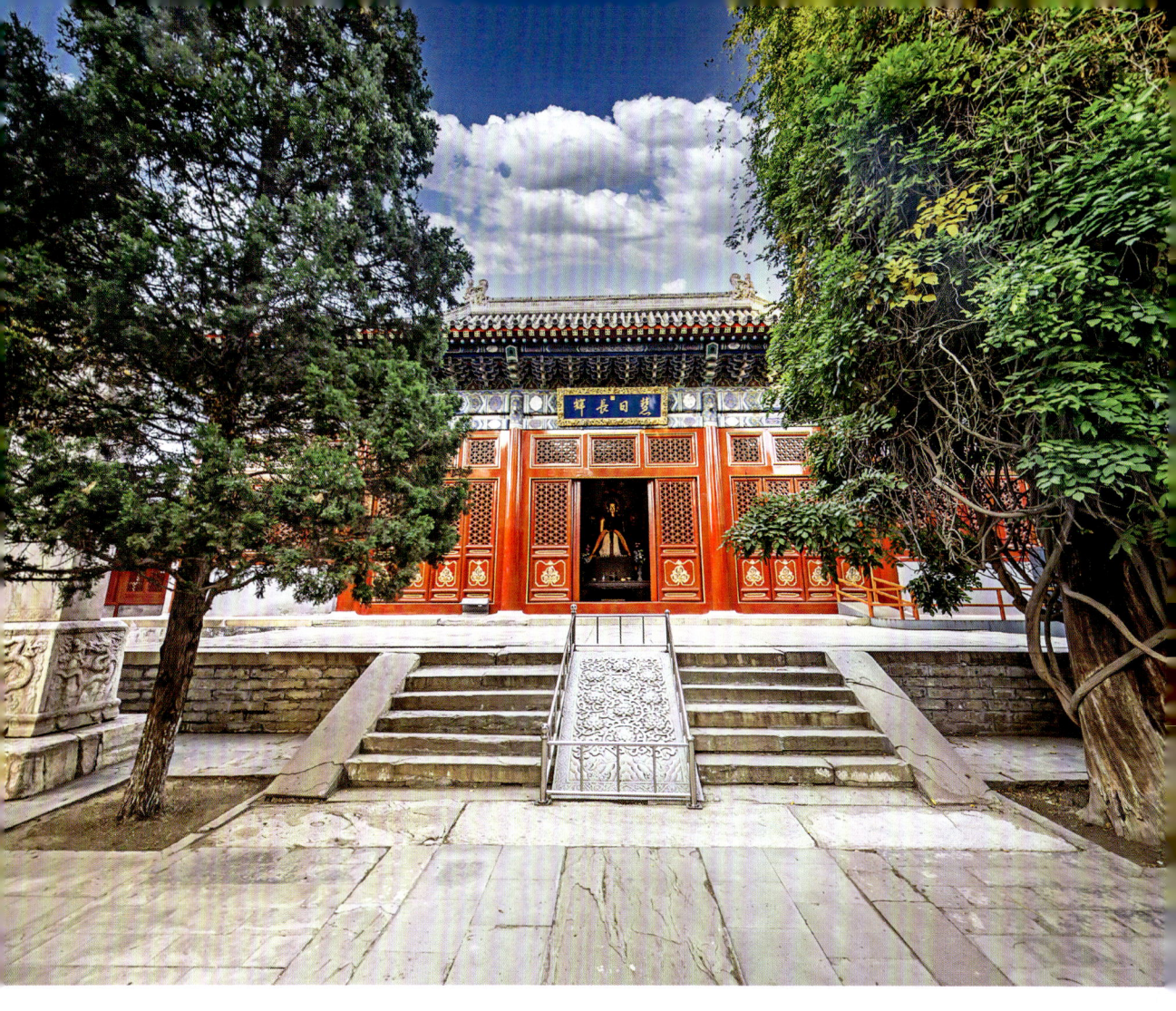

▲ 万寿寺慧日长辉殿

如世外仙境。

　　这座皇家寺庙始建于明万历五年（1577年），由万历皇帝的母亲慈圣皇太后带头捐资修建。在此后明清300多年的历史长河中，虽遭风雨侵蚀，但历经两朝多次兴修、扩建，最终还是形成了集寺院、园林、皇家行宫于一体，中、东、西三路建筑相毗邻的大型古代建筑群。1987年，万寿寺被辟为北京艺术博物馆，主要陈列明清时期的艺术品。

　　2022年9月16日，这座大运河畔的璀璨明珠历经5年整体保护修缮，重新开放。人们终于可以再次目睹这座古寺的容颜，欣赏其珍贵、精美的书法、绘画、瓷器、家具……

建筑特色

中轴对称

　　万寿寺的形制与大多数寺庙相似，深庭广厦、琼楼玉宇，气势恢宏。整座建筑分中、东、西三路。中路为主体建筑，从南往北依次为山门殿、天王殿、慧日长辉殿（即大雄宝殿、大延寿殿）、万寿阁、大禅堂、乾隆御碑亭、无量寿佛殿、万寿楼等。东

▲ 万寿寺乾隆御碑亭

雕梁画栋、广施彩绘

万寿寺被誉为"京西小故宫",可谓实至名归。它的许多大殿的栋梁上均雕刻有精美的花纹,并装饰有华丽的彩绘。比如,其山门殿的殿顶绘有"洪福齐天'青天流云百蝠图'"。此图为清光绪时期修缮万寿寺时所绘。近百只形态各异的红色蝙蝠飞翔于青天流云之间。红蝙蝠谐音"洪福",整幅图案寓意"洪福齐天"。

▲ 檐角神兽、铜铃1

▲ 檐角神兽、铜铃2

路、西路对称分布于中路两侧,东路为方丈院和囿园,为僧人生活区,西路在乾隆年间改为行宫院,有寿膳房、寿茶房、正殿、后罩楼、大悲殿等。

除各大殿外,万寿寺的假山、叠石、松柏、砖雕,也均为寺院增色不少。如果从空中俯瞰,其对称建筑极具韵律美!

▲ 洪福齐天"青天流云百蝠图"

249

▲ 山门两侧的卡子墙、撒山影壁
▲ 万寿寺西洋门
▲ 山门两侧卡子墙、撒山影壁的宝相花砖雕

精美砖雕，中西合璧

来万寿寺游览，你一定会发现其精美的砖雕令人叹服。首先映入眼帘的，是寺庙山门两侧卡子墙、撇山影壁的砖雕，刻宝相花图案，构图精细，为不可多得的艺术精品。当你走到无量寿佛殿前，会看见两侧各有一座始建于乾隆时期、中西合璧的"西洋门"。其中式圆光门顶端为金刚宝座塔式造型，而墙头、墙面则装饰了中西合璧的砖雕。此组砖雕图案由八宝、莲花、梅花及茛苕叶纹相互组合，使万寿寺建筑群独显浓郁的异国情调。

▲ 万寿寺西洋门上的金刚宝座塔式造型

▼ 万寿寺西洋门上的砖雕

常设展览·文物精华

万寿寺历尽沧桑、几经沉浮，宛如一颗镶嵌在北京历史文化长河上的璀璨明珠，绽放着独特的光芒。北京艺术博物馆就坐落于这座明清古刹内，1987年正式建馆，前后总共收藏各类文物藏品13万余件，主要包含历代书法、绘画、宫廷织绣、陶瓷、玉石、竹木牙角、钱币、家具等品类，尤以明清藏品最具特色。

截至2023年5月，万寿寺共有5个基

▲ 清光绪黄地粉彩福寿纹盘　　　　　　　　　　▲ 清晚期红缎地绣花卉寿字轴

本陈列，包括"缘岸梵刹：万寿寺历史沿革展""万几余暇：清代皇室书画艺术展""妙法庄严：佛教造像艺术展""吉物咏寿：吉寿文物专题展""云落佳木：中国传统家具展"，展出300余件馆藏文物，其中七成珍贵文物是首次展出。下面主要介绍3个展览。

▲ 万寿寺大禅堂

万几余暇：清代皇室书画艺术展

如果你想体验清代皇室的书画艺术，可以到万寿寺的大禅堂及其东西配殿观赏。这里展出了博物馆馆藏的清代皇室及其后裔，包括从顺治到宣统（缺同治），以及慈禧皇太后、荣惠皇贵妃、端康皇贵妃后宫女性，直郡王允禔、果亲王允礼、成亲王永瑆等宗室的书画佳作，展现了清代皇室书画大家的精湛造诣。

▲ 宣统帝御笔楷书"凝清室"横幅

嘉庆帝御笔楷书横幅

此作品于清嘉庆丁丑年（1817年）完成，其字幅楷书："燕郊名最旧，西望近京都。山远云犹近，沙停路若纤。斜阳辉细柳，夕霭续轻芜。缓步小楼上，新膏四野敷。"全文描述了嘉庆帝临近傍晚，在京都郊外眺望西山，叹地肥草美、风景如画的独特情感。书法最后落款："行殿晚坐，丁丑季春中浣御笔。"钤朱文印"嘉庆御笔"、白文印"传心基命"。

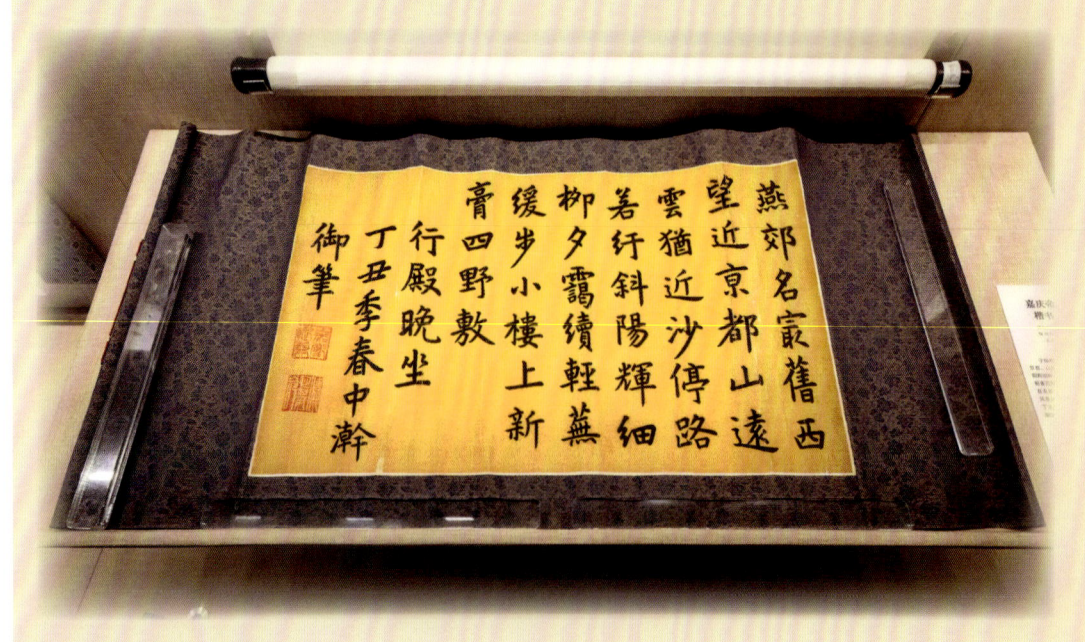

▲ 嘉庆帝御笔楷书横幅

慈禧皇太后御笔"福"字条

慈禧皇太后的这幅作品完成于清光绪癸卯年（1903年）。她墨书"福"字于云龙纹蜡笔纸上，结体严谨端正。正中上部题"御笔赐"，右上题"光绪二十九年十二月二十三日，慈禧端佑康颐昭豫庄诚寿恭钦献崇熙皇太后"。左下题"赏戴花翎三品衔、正白旗公中佐领、镶黄旗骁骑参领、造办处总管郎中臣崇启"。作品有"祝福"的意思。

▶ 慈禧皇太后御笔"福"字条

荣惠皇贵妃楷书"锡兹繁祉"横幅

荣惠皇贵妃为清同治帝之嫔，宣统年间尊封贵妃，清帝退位后尊为皇贵妃。作品中"锡兹繁祉"4字，乃乐府诗《征西将军登歌》里的诗句，有祝愿子孙后代繁荣昌盛之意。字幅上部正中位置钤朱文印"荣惠皇贵妃之宝"。书法整体平正端庄，点画圆润浑厚，不露圭角，实属罕见之作。

▲ 荣惠皇贵妃楷书"锡兹繁祉"横幅

爱上北京博物馆

吉物咏寿：吉寿文物专题展

如果你想体验中国古代的寿文化，一定不要错过"吉物咏寿：吉寿文物专题展"。此展览位于万寿阁，展出了数十件祝寿、庆寿、祈求长寿的器物、书法、绘画、摆件等文物，赋予多福多寿、鹤鹿同春、八仙庆寿、福寿三多、万寿无疆、富贵长寿、多子多福等寓意，表达了人们对长寿的向往。

粉彩寿桃纹碗

烧制于清光绪年间，碗外壁粉彩绘寿桃纹，长枝伸展，硕果累累，象征长寿；另绘有灵芝仙草，飘曳其间，灵动而富有韵律。整体纹饰寓意灵仙祝寿。

▲ 粉彩寿桃纹碗

▼ 万寿寺"吉物咏寿：吉寿文物专题展"展厅入口

青玉瑞兽松鹤纹牌

此文物为清代遗物，玉牌顶部绘浅浮雕双夔纹。方框内一面绘浅浮雕瑞兽纹；另一面绘浅浮雕松鹤纹，一只仙鹤卧于松下的岩石之上。松鹤寓意长寿，瑞兽则为吉祥的象征。

套五色玻璃鹤鹿同春图鼻烟壶

此文物为清代遗物，腹部一周饰通景图案，最底部雕饰硕大的荷叶，荷叶之上有仙山楼阁，两侧的一鹿一鹤各衔灵芝一枚，整个画面纹饰精美，栩栩如生，寓意"鹤鹿同春"。

▲ 粉彩五蝠捧寿纹盘

粉彩五蝠捧寿纹盘

清光绪年间烧制。其盘心饰黄地粉彩五蝠捧寿纹，粉、青、紫、绿、蓝五色蝙蝠悬浮其间，寓意有福长寿。四周饰寿桃纹，精美异常！

▲ 青玉瑞兽松鹤纹牌

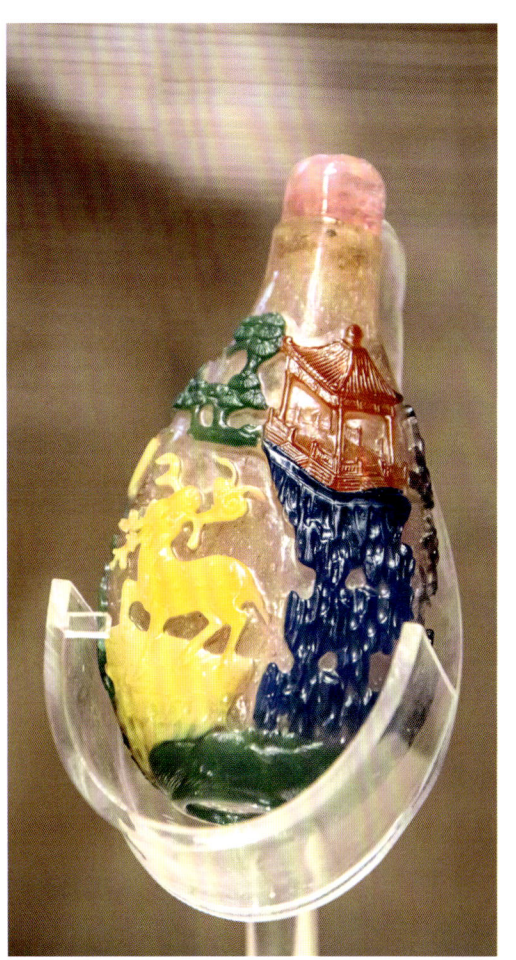

▲ 套五色玻璃鹤鹿同春图鼻烟壶

▲ 万寿寺方丈院

▲ "云落佳木：中国传统家具展"展厅一角

云落佳木：中国传统家具展

步入方丈院，你会看到50余件明清及民国时期传统家具。这些珍贵家具有方凳、圆凳、靠背椅、扶手椅、圈椅、方桌、炕桌、条桌、条案、香几、多宝槅、圆角柜、方角柜、围屏等。置身其中，能深刻感受到其浓厚的文化内涵，以及古人对家具之美的极致追求与向往。

紫檀雕云蝠纹方凳

此文物为清代遗物，紫檀木制。方凳面四周起框，落橙镶板。面下有束腰造型，其上每边设置3个鱼门洞。在方凳牙板和透雕的罗锅枨上浮雕回纹和卷草纹，中间以蝙蝠形状的卡子花连接；四足为向内兜转的花卉造型。整体设计给人一种踏实、稳重的感觉。

▲ 紫檀雕云蝠纹方凳

黄花梨雕花卉纹圈椅

此文物为清代遗物，黄花梨木制。其扶手前伸出头，椅圈圆中带扁。其背板略有弧度，中间浮雕莲花，周围以卷草图案相辅。扶手与鹅脖之间有光素的小角牙。座面为藤编软屉，落橙镶嵌。座面和椅腿之间有束腰装饰，四足为马蹄足。底部正前方的下端有踏脚枨，枨下用素牙条支撑。

◀ 黄花梨雕花卉纹圈椅

花梨木嵌大理石面夔龙纹圆桌

此文物为清代遗物，花梨木制。桌面边框用弧形木材榫接而成，内嵌大理石。面下束腰，其上装饰12块木条。六足，三弯腿。牙腿相交，采用插肩榫。牙板浮雕夔龙纹。下接灵芝纹花板。足端球状，雕卷云纹。

花梨木嵌大理石面夔龙纹圆桌▲

紫檀雕海水江崖嵌铜镏金龙纹四折围屏

此文物为清代遗物，通长160厘米，高162厘米，紫檀木制。由4扇组成，素框，边缘起线。每扇框内均镶嵌浮雕的海水江崖纹，一大一小两条铜镏金的金龙穿梭其中。海水刻画精致、细腻，金龙生动形象、栩栩如生。下边的牙板上透雕龙纹，足端嵌黄铜套内。

◀紫檀雕海水江崖嵌铜镏金龙纹四折围屏

拓展视频：其他文物鉴赏

北京石刻艺术博物馆 25

这里不仅是时尚青年的打卡之地，还是古建爱好者的向往之地；既是书法爱好者的修习之地，更是你我探古寻今的清静之地。秋日里，600多岁的银杏树环抱着那座异国风情浓郁的金刚宝座塔，和谐而又别具韵味……

在国家图书馆东侧的南长河上，有一座白石桥，桥的一头连着北京动物园，一头对着北京石刻艺术博物馆。博物馆馆舍是在一座皇家寺庙的遗址上建立起来的，"真觉寺""大正觉寺""五塔寺"都是它曾用过的名字，这3个名字共同讲述着一段古塔兴衰史。

真觉寺始建于明成祖永乐年间，金刚宝座塔于明成化九年（1473年）落成。清乾隆年间，为避雍正皇帝"胤禛"名讳，真觉

▼北京石刻艺术博物馆大门

爱上北京博物馆

▲ 金刚宝座塔局部

▲ 清代石供一组

▲ 石卧狮

▲ 清代印心玺公和尚灵塔

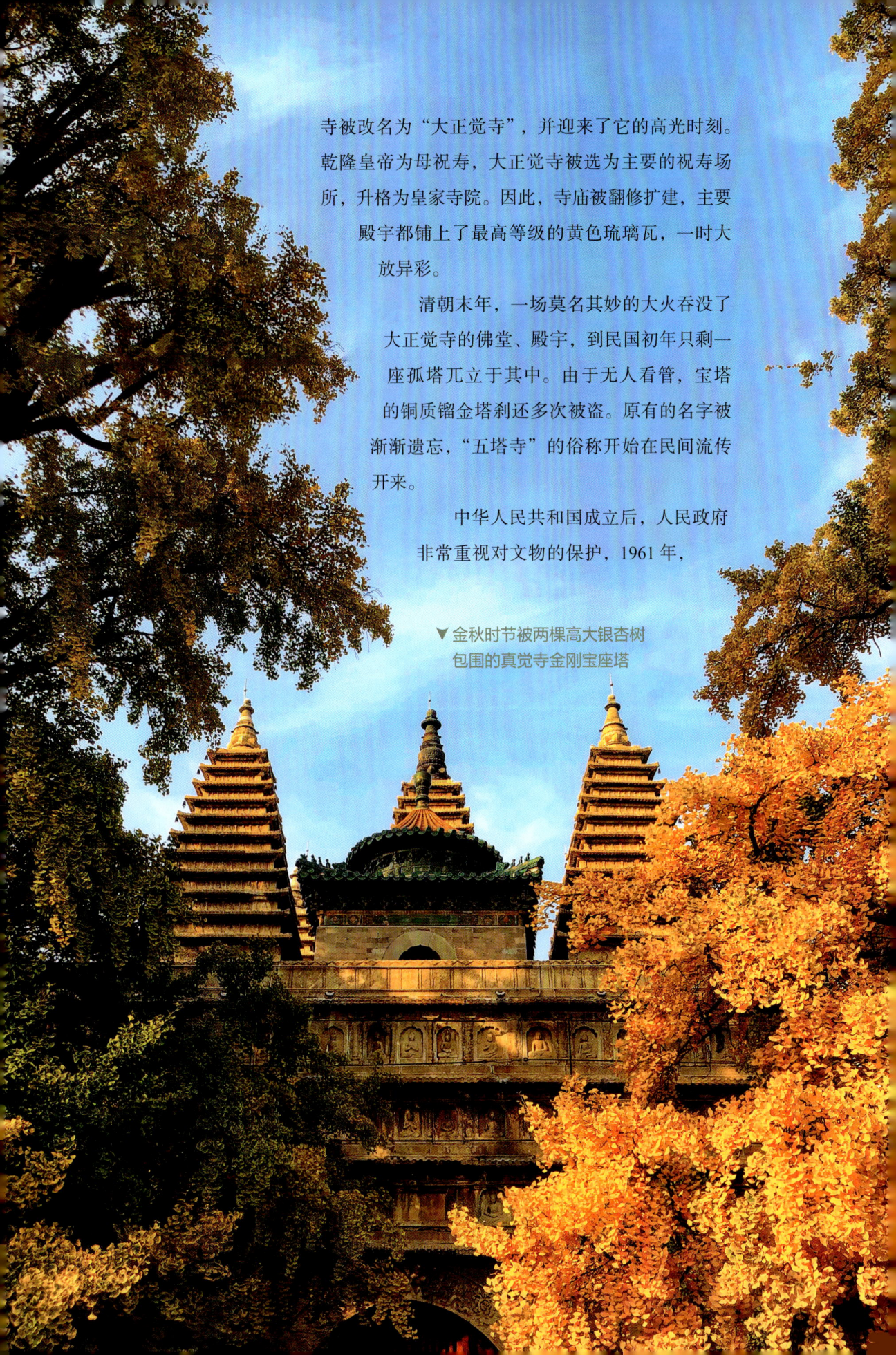

寺被改名为"大正觉寺",并迎来了它的高光时刻。乾隆皇帝为母祝寿,大正觉寺被选为主要的祝寿场所,升格为皇家寺院。因此,寺庙被翻修扩建,主要殿宇都铺上了最高等级的黄色琉璃瓦,一时大放异彩。

清朝末年,一场莫名其妙的大火吞没了大正觉寺的佛堂、殿宇,到民国初年只剩一座孤塔兀立于其中。由于无人看管,宝塔的铜质镏金塔刹还多次被盗。原有的名字被渐渐遗忘,"五塔寺"的俗称开始在民间流传开来。

中华人民共和国成立后,人民政府非常重视对文物的保护,1961年,

▼金秋时节被两棵高大银杏树包围的真觉寺金刚宝座塔

▲ 上马石

▲ 金刚宝座塔佛龛

真觉寺金刚宝座塔就成为第一批全国重点文物保护单位，这里也开始重获新生。

1987年，北京石刻艺术博物馆成立，以金刚宝座塔为基础，收集北京地区的石刻、石雕文物2600余件，包括碑碣、墓志、造像、经幢、石雕、石质建筑构件等诸多类别。从建立石刻馆至今，文物工作者不断地对真觉寺金刚宝座塔进行保护和修缮，如安装避雷针设备、保护塔前的两棵银杏树等。2015年，博物馆经大规模修缮和基本陈列改造后，重新正式对外开放，向观众讲述文物背后的历史故事。

若是金秋时节来到这里，能看到金刚宝座塔前两棵高大的银杏树泛着美丽的金光，柿子树上也结满了沉甸甸的果实，参观游览、拍照"打卡"的游人络绎不绝。

▲ 金刚宝座塔绿琉璃瓦圆形罩亭

建筑特色

国内最美金刚宝座塔

步入博物馆，视野一下开阔起来，略显空旷的院落中一座造型独特的佛塔，在金黄色古银杏树的掩映中，雄壮而神秘。这就是五塔寺的核心建筑——真觉寺金刚宝座塔。

金刚宝座塔起源于印度，高大方正的台基上矗立着5座小塔。这种样式的塔在国内并不多见，目前仅存10余座。真觉寺的这座，是其中年代较早、历史和艺术价值较高的。

真觉寺的金刚宝座塔，在印度样式的基

▲ 金黄色银杏树掩映下的金刚宝座塔佛龛

础上，进行了大胆创新，融入诸多中国建筑元素。最下层的金刚宝座，南北长18.6米，东西宽15.73米，高7.7米，由须弥座和5层佛龛组成。每层佛龛均仿照中式楼阁的木结构样式，短檐、斗拱、廊柱、瓦当、滴水，一应俱全。上层的5座小塔，为中式密檐式塔，和金刚宝座一样，雕刻有中式阁楼样式的佛龛和坐佛。宝座和小塔上总计有1561个佛龛，每龛内刻有一尊坐佛，有"千佛之塔"的美誉。另有种类繁多的佛教题材造型，遍饰塔身，雕刻手法圆润流畅，华丽而不零乱，整座塔犹如一座大型雕刻艺术品。

乾隆年间重建时，于宝座塔台上南侧两座小塔之间，修建了一座仿中式木结构的圆形罩亭，顶部装饰有绿剪边琉璃瓦，不但没有破坏原有建筑艺术风格，反而更具中式神韵。

印度佛教寺院格局

真觉寺依照印度佛教寺院布局，以塔为中心，南北向塔前和塔后各有两座大殿，中轴线上依次为牌楼、山门、天王殿、大雄宝殿、金刚宝座、毗卢殿、后大殿，东、西分列钟鼓楼。这种寺院布局，即使在明朝，也算得上复古了。

可惜那些雕梁画栋的殿宇，如今已不复存在。除金刚宝座塔外，仅存一座大殿的柱基和须弥座台基，现在用玻璃罩保护起来，古朴又现代，倒是有几分卢浮宫前玻璃金字塔的意味。

▲ 真觉寺山门

265

常设展览·文物精华

北京石刻艺术博物馆结合古寺环境和石刻展品体量大的特点，以独特的露天陈列与展厅陈列相结合的方式布置展陈。

真觉年轮——真觉寺历史沿革展

金刚宝座塔内部为无梁砖砌，由券门进入内室，沿一侧的台阶盘旋而上，可以通向宝座顶上的罩亭，或登高远眺，或近距离膜拜五塔。

可惜，二层现已不对外开放。值得一提的是，中央小塔的须弥座南面正中的位置，刻有一双"佛足"。

塔座中间的"真觉年轮——真觉寺历史沿革展"中有一张"佛足"的照片，让我们能有机会一睹其真容。

▲ 金刚宝座塔塔内一层佛像

北京石雕石刻露天陈列

金刚宝座塔两侧是北京石刻艺术博物馆最具特色的露天展区，分为东、西二路展线，聚集了北京地区的各式石碑，包括祠墓碑、耶稣会士碑、会馆碑、寺观碑、墓志碑等。

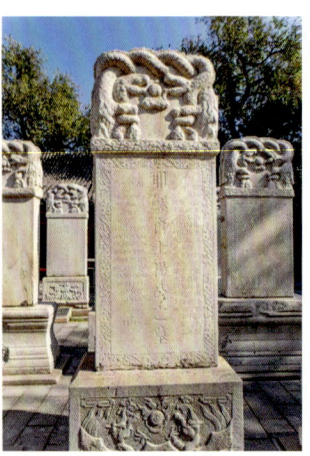

▲ 祠墓碑刻区　　▲ 耶稣会士杨自新墓碑　　▲ 西晋会馆碑

▲ 寺观碑刻区

御制广宁门外石道碑

此碑龟趺长374厘米、宽192厘米、高144厘米,首身高500厘米、宽183厘米、厚64厘米。碑为螭首龟趺,下铺海墁,额篆"御制"。碑首有"广宁门外石道碑文"题字,清雍正皇帝御制,碑文满汉合璧。碑上记载的内容为从广宁门外至小井村修铺石道1500丈的工程。"广宁门"旧称"彰仪门",后因避道光皇帝名讳"旻宁",改称"广安门"。

御制《阅永定河堤因示直隶总督方观承》诗碑

这通石碑螭首方座,底座高96厘米、宽173厘米、厚116厘米,首身高405厘米、

▲ 御制广宁门外石道碑

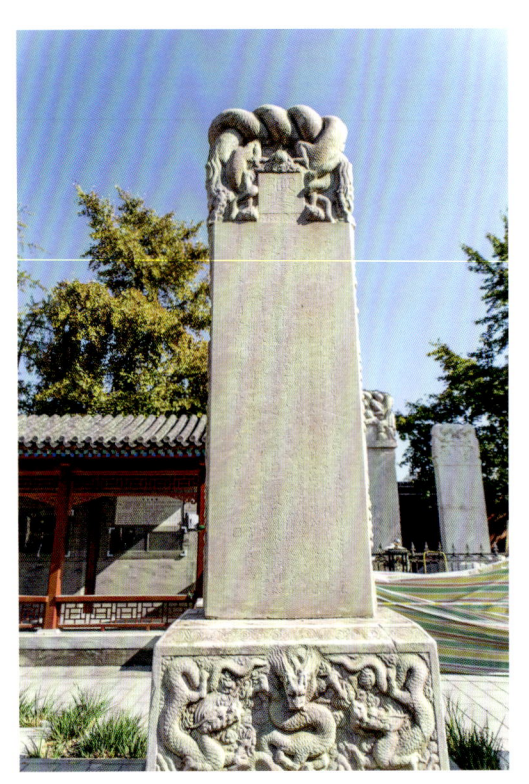

众不同的身份。它乃是馆内体量最大、规格最高的碑——"清乾隆幸贡院御笔碑"。这通碑原本矗立于北京贡院内，碑上记录着四首御诗，为清乾隆九年（1744年），乾隆皇帝视察贡院时，念及读书人科考之不易，有感而发。诗云"寄语至公堂里客，莫教冰鉴负初心"，教导考官执掌考生命运，责任重大，应始终保持冰清玉洁的操守，不忘初心。

石破天惊——从石头到石刻

博物馆最北侧的后罩楼是石刻文化展厅，通过展示北京地区的历代石刻藏品，讲述从石头到石刻艺术的故事。东汉的持盾石人、北魏的佛造像、唐代的翼兽、元代的角狮，或憨态可掬，或庄严肃穆，或霸气十足，各个造型生动，展现出不同时期的审美

▲ 御制《阅永定河堤因示直隶总督方观承》诗碑

宽118厘米、厚41厘米。额上也篆刻有"御制"，下题《阅永定河堤因示直隶总督方观承》诗。碑阳和碑阴的题诗均为清乾隆皇帝御制，为其两次视察永定河堤时所作的五言诗。碑的原址在石景山区永定河畔庞村。

清乾隆幸贡院御笔碑

东侧碑廊中间碑亭内，一通由四方刻石组成的汉白玉卧碑，单独放置，彰显着它与

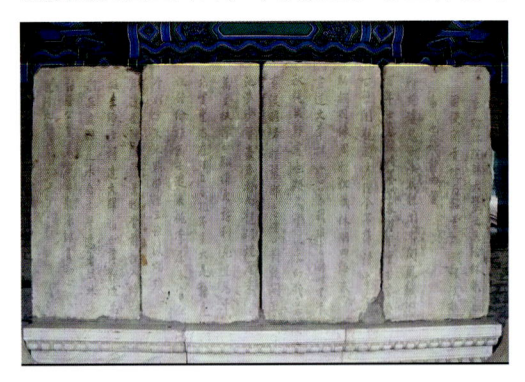

▲ 清乾隆幸贡院御笔碑

▲ 东汉幽州书佐秦君神道石刻

品味和造像工艺。

东汉幽州书佐秦君神道石刻

正对展厅入口的东汉幽州书佐秦君神道石刻，是北京地区现存最早的陵墓石刻。其前侧神道双柱高2米多，柱额上的铭文"汉故幽州书佐秦君之神道"告诉我们，它守护着汉代幽州一位负责撰写文书的秦姓小官。该处铭文为阳刻隶书，丰厚雍容，是书法界公认的汉代隶书精品。后侧残缺的墓阙石柱上，刻有一段《乌还哺母》的长篇铭文，用乌鸦反哺的故事表达子女对父母的孝心，成为汉代厚葬礼仪的佐证。

▲ 北京石刻艺术博物馆后罩楼

北京燕京八绝博物馆 26

一座明代寺庙，承载了明清两代皇室的诸多尊崇；一座颇具匠心的非遗博物馆，呈现了传统工艺的巅峰之作！

北京有着3000多年的建城史、800多年的建都史，历史上文人荟萃、工匠云集。清王朝解体后，清宫内务府造办处的工匠散落民间，在北京地区逐渐形成的8种绝技，包括金漆镶嵌、花丝镶嵌、景泰蓝、牙雕、玉雕、雕漆、京绣、宫毯，现均为国家级非物质文化遗产项目。如今要想近距离欣赏这8种京城传统绝技，得把目光投

▼燕京八绝主展厅（周向东摄）

▲ 驼铃古道（周向东摄）

向西山脚下的模式口。

　　模式口大街在明清时是著名的京西驼铃古道，全长 1500 米，风景秀丽，充满花香鸟语。这段路上曾有 4 道过街楼关卡，是古时候北京城进出西山的交通要道，几百年来京西的煤炭和山货就是从这里运到北京城内进行买卖的。当时骆驼作为主要运载工具，商队日夜往来，驼铃声声不绝于耳，因此模式口大街也被称为驼铃古道。这条街曾被老舍写进他的著作《骆驼祥子》（书中用的还是老地名，叫磨石口），书中的主人公——祥子，就是从这里逃回北京城里的。

　　如今，这条模式口大街修旧如旧，再现昔日繁华，成为西山永定河文化带的重点文化街区。街区内及附近分布着承恩寺、过街楼、法海寺、田义墓等著名古迹，街道上古

▼ 模式口大街上的过街楼遗址

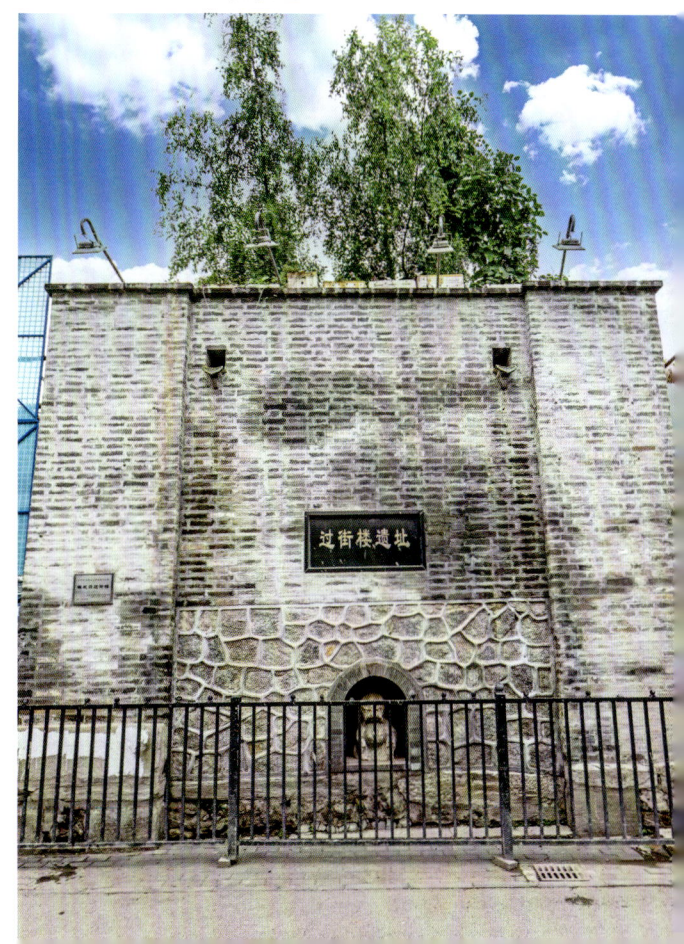

朴幽静，古木参天，更有许多京西故事等着你来探寻。

建筑特色

北京燕京八绝博物馆，收藏包括金漆镶嵌、花丝镶嵌、景泰蓝、牙雕、玉雕、雕漆、宫毯、京绣在内的燕京八绝工艺精品及古代木雕、根雕、石雕等工艺藏品数百件（套），是北京市第一家在全国重点文物保护单位中设立的非遗主题博物馆，是中国第一家由近百位工美大师和非遗传承人历时10年携手打造的匠心博物馆。北京燕京八绝博物馆主体建筑承恩寺为明代古建，四进院落。承恩寺始建于明正德五年（1510年），落成于正德八年（1513年），当地相传早在唐代武德年间（618—626年）这里就已有寺庙存在，故有"千年古刹"之说。明武宗

▲ "敕赐承恩寺"牌匾

▼ 建于明代的承恩寺，如今已被辟为北京燕京八绝博物馆（周向东摄）

▲ 寺院中轴线上的山门殿（周向东摄）

朱厚照赐名"承恩"，取"承天恩泽"之意。承恩寺自明代以来即有"三不之谜"：不开庙门、不受香火、不设道场，所以又被称作"北京最神秘的寺庙"。

中轴突出

承恩寺建筑宏伟，布局严谨。从南向北中轴线上依次是山门殿、天王殿、大雄宝殿、法堂后殿。天王殿内还保存有6幅壁画，其中，北墙东、西两侧各绘有《帝后放飞图》和《帝后放生图》，画的是明武宗朱厚照的父亲（始称"中兴之主"的朱祐樘）和母亲（孝成敬张皇后）。这些壁画均采用明代沥粉堆金工艺，由宫廷画师所绘，画高2米，宽约3米，描绘了硕大威猛的黄、绿、青、白4条龙。

两侧对称

大殿的两侧均有配殿，有东、西厢房相对应。钟楼和鼓楼并非常规寺庙的独栋建筑，而是在天王殿东、西两侧的转角处形成二层阁楼，成为承恩寺独有的寺庙建筑特点。

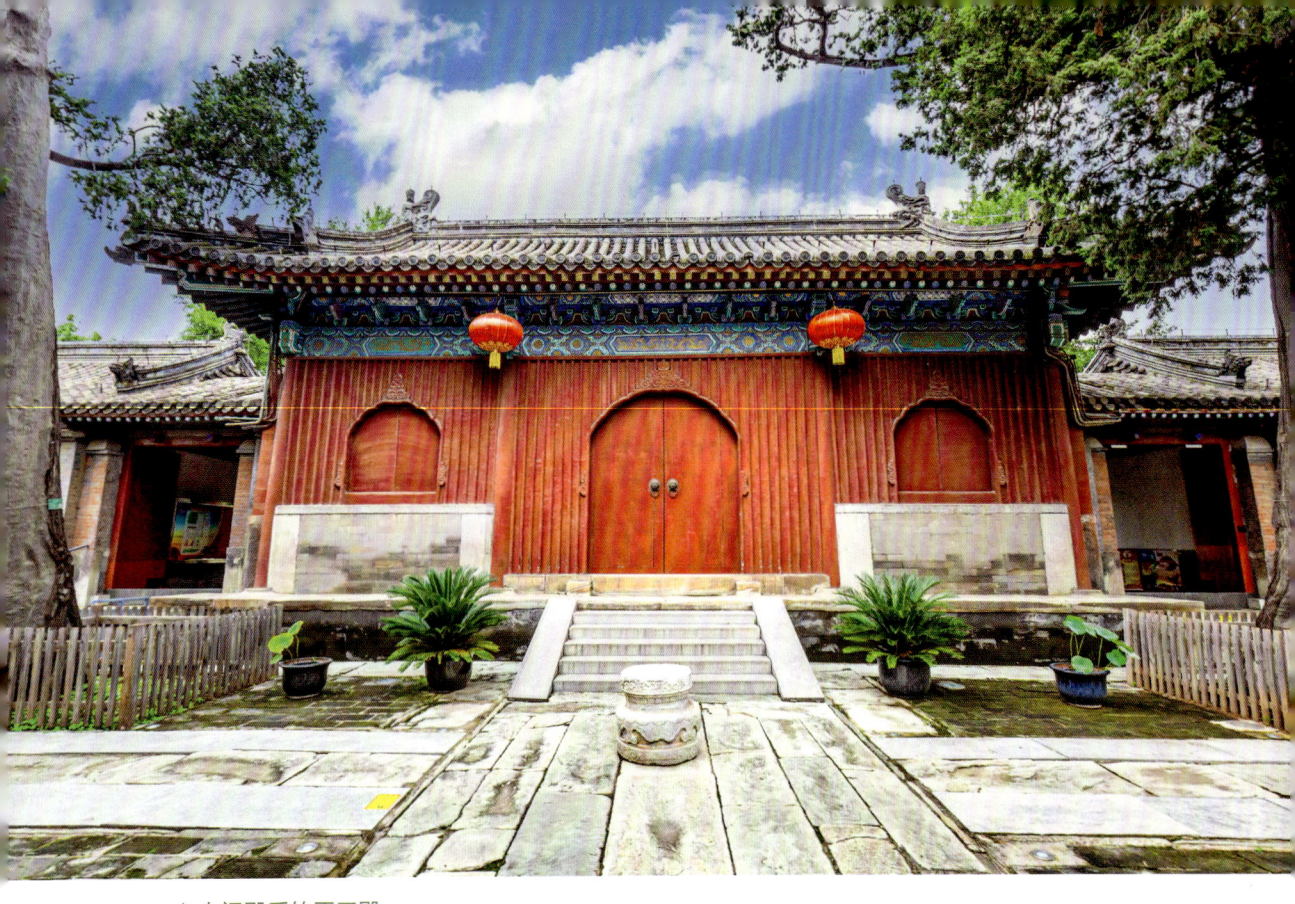

▲ 山门殿后的天王殿

▼ 每年五一时楸树花开（周向东摄）

▼ 承恩精灵（周向东摄）

布局独特

承恩寺建筑布局上的另一个特点，是在其四角建有 10 余米高的石制碉楼，四角各有一座。相传这碉楼与碉楼之间还有暗道相连。碉楼是古代具有防卫功能的一种建筑，其格局在北京寺庙群中极为罕见。这也是承恩寺被人们解读为明朝锦衣卫在北京城外秘密基地的一个重要原因。而且据记载，万历皇帝出京时，曾驻跸于此，并留下了"龙座"等珍宝。有皇帝驻跸，防备森严更是必需的了。后来到了清朝，这里也是达官贵人出没之地。

▼ 寺院一角的碉楼

常设展览·文物精华

明朝时，为满足庞大的宫廷生活需求，陆续设置了管理宫廷事务和为宫廷服务的十二监、四司、八局，统称二十四衙门。其中御用监专职造办宫廷生活用器。

到了清朝，据《清宫内务府造办处档案总汇》记载，康熙年间设立的清宫内务府造办处是制造皇家御用品的专门机构，鼎盛时期的造办处下设42作，来自全国各地的能工巧匠齐聚，是最高水平的手工技艺机构，为宫廷服务200多年。清宫内务府造办处的技艺中，尤以金漆镶嵌、花丝镶嵌、景泰蓝、牙雕、玉雕、雕漆、宫毯、京绣最为出色，被誉为"燕京八绝"。

▲展厅一角1（周向东摄）

▲展厅一角2

燕京八绝博物馆设在承恩寺内，其创办者是清宫内务府造办处第六代传人、国家级非物质文化遗产金漆镶嵌髹饰技艺代表性传承人柏群先生。博物馆会集了100多位工美大师和非遗传承人，专门展示宫廷手工技艺。因此，这座为游客带来体验宫廷艺术的非遗博物馆，也被誉为"当代宫廷造办处"。承恩寺的大雄宝殿就是燕京八绝博物馆的主展厅，因为有燕京八绝的装点，进入其中，确实有进了小故宫的感觉。

殿内展陈不仅对燕京八绝进行了详细的讲解，还展示了非常精美的代表作品，体现了传统手工技艺的传承与创新。这些作品，件件精美至极，令人叹为观止。下面为大家介绍一下代表作。

▲ 承恩寺内的核心建筑——大雄宝殿（周向东摄）

爱上北京博物馆

金漆镶嵌

中国是世界上最早发现和使用天然漆的国家，中国漆器有8000年的悠久历史，浙江省杭州市萧山区跨湖桥遗址出土的漆弓，将我国漆文化向前推进了1000年，代替河姆渡的"朱漆木碗"成为我国的"漆之源"。

金漆镶嵌是中国传统漆器的重要门类，向来为皇家所用，元代已经颇为成熟。元代油漆局、明代果园厂、清宫内务府造办处，都为北京漆器的发展奠定了坚实的技术基础。清王朝的灭亡，使漆器这一宫廷艺术大步走向了民间。

金漆镶嵌作品大器天成，彰显了皇家风范，主要有车、轿、仪仗、皇室、贵族所用的日用家具和器具，以及各种装饰摆件。

大雄宝殿的中间是一樘金漆镶嵌的"穿云龙"屏风，是20世纪五六十年代仿制故宫的一件作品。屏风上镶嵌

▲ 金漆镶嵌八吉祥银锭套盒　▲ 金漆镶嵌福寿挂屏

▼ 金漆镶嵌"穿云龙"屏风（周向东摄）

▲ 金漆镶嵌"和平富贵漆尊" 　　　　▲ 金漆镶嵌立体包镶"太平有象"

玉石雕刻的龙，在云中穿行飞舞，形态逼真。2014年中美领导人在水立方的贵宾室会晤时，调取金漆镶嵌福寿挂屏作为陈设。

金漆镶嵌"和平富贵漆尊"

作品造型简练、饱满，气宇轩昂，以牡丹、和平鸽为载体，抒发和平、美好、富贵、吉祥的寓意，整体采用金漆镶嵌的传统工艺，简洁大方，工艺精湛。该作品打破了传统的惯有造型，立体雕刻和镶嵌有机结合，在器皿中标新立异，为漆器之重器，以典雅潇洒的变形图案和细致流畅的工艺雕刻，创造了俊秀雅致、独特韵律之美感。

花丝镶嵌

花丝镶嵌又称细金工艺，是一门传承久远的中国传统手工技艺，主要用于皇家饰品的制作，为"花丝"和"镶嵌"两种制作技艺的结合。花丝选用金、银、铜为原料，采用掐、填、攒、焊、编织、堆垒等传统技法。镶嵌以错、锼、捶、闷、打、崩、挤、镶等技法，将金属片做成托和瓜子形凹槽，再镶以珍珠、宝石。

花丝镶嵌工艺起源于春秋战国金银错工艺，在明代中晚期达到高超的艺术水平，尤以编织、堆垒技法见长，而且还常用点翠工艺，取得金碧辉煌的效果。大量运用宝石，并完善了宝石镶嵌工艺，是明代花丝镶嵌首饰对中国传统首饰的最重要贡献。它改变了中华民族传统首饰重纹饰、轻宝石的传统。清代宝石资源逐渐枯竭，便用点翠和烧蓝来替代宝石的位置。而今，花丝镶嵌工艺只留存于北京等少数城市，且尤以北京的花丝镶嵌工艺最为齐全。北京花丝镶嵌集中代表了中国宫廷花丝镶嵌工艺的特色。

花丝镶嵌仿乾隆腰刀

该花丝镶嵌仿乾隆腰刀为"花丝"和"镶嵌"两种制作技艺的结合。其花丝是用金、银做原料，拔成细丝，编结成型；镶嵌是把各种珍珠宝石装饰在花丝织品上。花丝

▲ 花丝镶嵌仿乾隆腰刀

为骨，镶嵌作饰。花丝与镶嵌相得益彰，共同演绎"燕京八绝"的精妙之处。

该花丝镶嵌仿乾隆腰刀，细长，通体镀金，有金丝镶嵌的花饰及玛瑙、蓝绿松石等装饰，上面1毫米的珠子都是一点点錾上去的。整件作品施以掐、攒、焊、堆等工艺，再嵌以天然玛瑙、蓝绿松石等，做工精湛，是一件难得的花丝镶嵌精品。

景泰蓝

景泰蓝是中国著名特种金属工艺品类之一，又称"铜胎掐丝珐琅"，因为在景泰年间（1450—1457年）得以昌盛，又多以蓝色（孔雀蓝和宝石蓝）为釉，故称为景泰蓝。

景泰蓝的制作工艺，既运用了青铜和烧瓷的传统技术，又吸收了传统绘画和雕刻的技法，堪称中国传统工艺的集大成者。制作而成的工艺品具有浑厚凝重、富丽典雅的艺术特征。景泰蓝技艺是外传珐琅技艺和本土金属珐琅工艺相结合的产物。它集历史、文化、艺术和传统工艺于一身，古朴典雅、精美华贵，具有独特的民族艺术风格和深刻的文化内涵。

掐丝珐琅的制作大致可以分为7个步骤：制胎，即以红铜板制出器形；掐丝，即将扁铜丝依设计饰纹粘牢于胎体；烧焊，即将粘牢于胎体的铜丝再次焊接牢固；点蓝，即依饰纹中颜色依次上釉彩，先点地，次点花，再点蓝，后加亮白；烧蓝，即点一次蓝烧一次，重复多者可达3次；磨光，即以细砂石、黄石及木炭分别逐次打磨光滑蓝料与铜丝的粗糙处；镀金，即抛光除锈的最后一道工序。

▶ 景泰蓝"四海升平"赏瓶

▶ 仿清宫景泰蓝"万寿无疆"碗

▶ 清代牙雕鱼篮观音

可以说，掐丝珐琅的制作工艺既运用了青铜工艺，又利用了瓷器工艺，同时又大量引进了传统绘画和雕刻技艺，堪称中国传统工艺的集大成者。

仿清宫景泰蓝"万寿无疆"碗

该作品采用景泰蓝工艺制成，通体以天蓝色珐琅釉为地，纹饰细部掐丝，填施各色珐琅釉。碗口沿饰以镀金回纹，间布四组对称双螭龙纹；外壁四组金色圆形开光里錾有"万寿无疆"四字篆书体，辅以对称的彩色缠枝莲纹；下部饰镀金莲瓣纹，底足和碗内部均镀金。造型典雅，丝工精细，釉色绚丽，镀金灿然。

▲ 牙雕"九子戏弥勒"

牙雕

中国的牙雕有着极其悠久的历史，始于约7000年前的新石器时代（中国大约在1万年前就已进入新石器时代），浙江余姚河姆渡新石器时代文化遗址出土的两件牙雕凤鸟匕形器，以及一件双鸟朝阳纹象牙蝶形器是原始象牙雕刻中的艺术珍品，反映了河姆渡人的审美观念和最高艺术成就。当时的象牙制品是作为一种工具出现，随着历史的变迁、时间的推移，后来逐渐出现了牙雕的装饰用品，并成为牙雕工艺的主流。辽、金、元历代帝王都把象牙作为皇家贡品，明代的果园厂和清代的造办处都有为皇宫做象牙制品的作坊，艺人大多来自扬州、广州。他们在继承传统技艺的基础上，把圆雕、浮雕和镂空雕等技法结合运用，融为一体，并从古代绘画、石雕、泥塑等艺术形式中汲取丰富的营养，逐渐形成了北京象牙雕刻。

玉雕

玉雕在中国有着悠久的历史和漫长的工艺发展历程。北京玉器兴于元代，在玉雕漫长的工艺发展历程中，明清时期，玉器开始形成了固定的流派，即南玉作、北玉作。南玉作以苏州、扬州为中心，北玉作以北京为中心。清代，大批南玉作能工巧匠来到北京，形成了集两家之长、融南北玉作之美的北京玉器。北京玉雕自古为皇家服务，以大料的摆件见长，善于立体的圆雕。北京玉雕集全国玉雕之精华，融古都之风韵，自成一体，流传不息。

▲ 清代玉雕血沁吉熏

雕漆

雕漆又称"剔红"，最早始于隋唐，讲究使用天然大漆，在木胎或金属胎上髹漆百余道。当漆有足够厚度时，在漆上进行雕刻。清代的雕漆工艺，纹样更加细腻华贵，往往集绘画、雕漆和漆饰工艺于一身，创作出了难得的精品。

雕漆技法繁多，所有雕刻用的工具都是工匠自己制作的，一件作品往往要用几个月甚至几年的时间才能完成。其中，雕漆作品"龙马精神"，通体髹天然朱漆，马上雕刻云龙纹饰，寓意龙马精神。

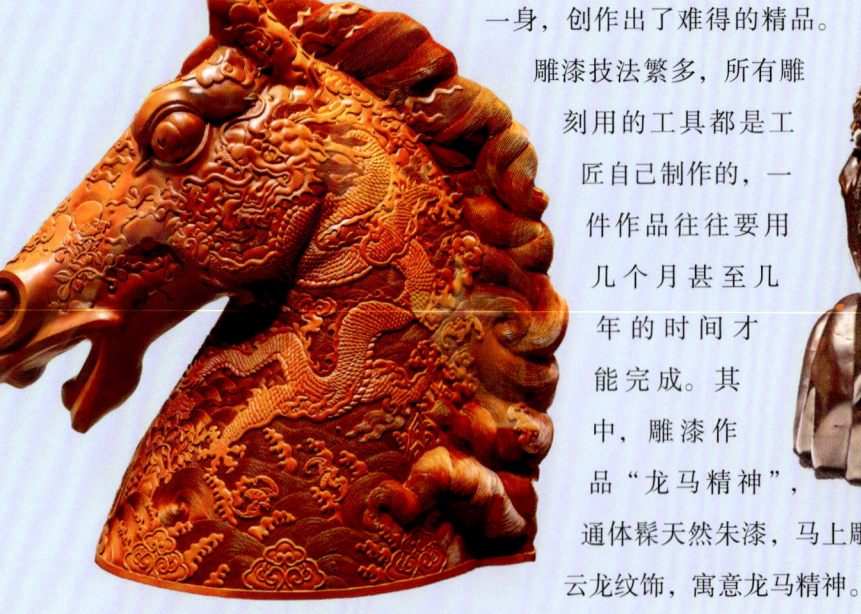

▲ 雕漆作品"龙马精神"

宫毯

宫毯技艺始于元代，其制作分为设计、编织、片剪和整理四大工序。宫毯以其独有的精美图案、精湛的技艺和高贵典雅的风格为众多藏家所喜爱。其中的典型作品"花坛"别具特色。该作品采用宫毯技艺制成，并融合西方设计理念，整体以静物油画的形式展现出来。花坛的静态与植物花朵动态的结合、光感与色彩的搭配充满了立体效果，层次清晰，工艺精湛，是一件难得的创新工艺精品。

▲宫毯作品"花坛"

京绣

京绣最早始于隋代，主要供宫廷帝王、侯爵服饰之用，因而又被称为宫绣。在漫长的发展过程中，京绣受到苏绣、湘绣、粤绣、蜀绣的不同影响，同时又博采众长，形成了金碧辉煌、贵重珍奇的皇家气派。

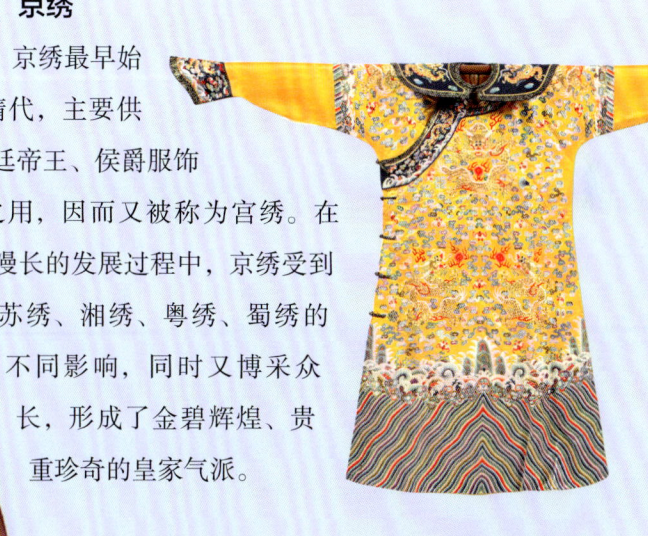

▲京绣龙袍（周向东摄）

拓展视频：
其他文物
鉴赏

▲清代玉雕观音

徐悲鸿纪念馆 27

走进这座幽静、有着二层小楼的小院，就如同走进中国艺术的宝库。在这里，你既可了解艺术大师勤劳、简朴的生平，亦可领略其气势磅礴、形神俱足的画作……

在北京市西城区新街口北大街 5 号，有一座以白色建筑为基调的院落。一进院门，首先映入眼帘的是一尊徐悲鸿的立身雕像。只见他右手拿着画笔，左手端着调色盘，目光深邃，似乎正在思考自己的创作方案……这里就是徐悲鸿纪念馆的独特景观！

▼ 徐悲鸿纪念馆外景

徐悲鸿纪念馆于1954年成立，是中华人民共和国第一座美术家个人纪念馆；2019年9月完成改扩建，现位于北京市西城区新街口北大街5号。纪念馆总建筑面积10885平方米，拥有现代化的文物保管、展览及公众服务的设备设施。展区共4层，设有基本陈列厅、临时展厅、报告厅及儿童活动区等。

1953年，徐悲鸿逝世后，其夫人廖静文女士将徐悲鸿1200余幅遗作、1000余幅收藏品和万余件珍贵的美术资料全部捐献给国家。1954年，徐悲鸿纪念馆在其故居基础上建立。"悲鸿故居"匾额由周恩来总理亲笔题写，"徐悲鸿纪念馆"馆名由郭沫若先生亲笔题写。

徐悲鸿纪念馆是北京市爱国主义教育基地，每年接待大批国内外的观众。纪念馆每年也赴各地进行展览，宣传徐悲鸿的爱国精神、艺术思想及贡献。

人物生平

徐悲鸿，原名徐寿康，江苏宜兴屺亭镇人，中国现代画家、美术教育家。他出身农村，家境清贫，从小便跟随父亲练习诗、书、画、印，打下了良好的传统文化基础。遇到农忙时节，他也帮做农活。经过贫苦劳动生活的磨炼，他养成了勤劳、简朴的作风和诚实、正直的品格。为拓宽视野，青年时曾到日本、法国留学。回国后，长期从事美术教育工作。其一生作品众多，主要绘画作品有《田横五百士》《九方皋》《漓江春雨》《晨曲》《泰戈尔像》《奔马》等。他最拿手的就是画马，笔下的奔

▲ 徐悲鸿立身雕像

马、立马、走马、饮马、群马，均刚劲有力，形态逼真、栩栩如生。

常设展览·文物精华

徐悲鸿纪念馆展厅共设4层，第1~3层为常设展览，第4层为临时展厅。展品种类覆盖了绘画、书法、印章、书信、照片、雕塑及场景复原等多个方面。

第一展厅：纪念馆的发展历程、故居复原场景

第一展厅位于纪念馆一层，主要展出了徐悲鸿生平资料、纪念馆历史沿革、徐悲鸿重要收藏品，以及故居复原场景、书信、绘画用具等内容。

▲ 徐悲鸿半身雕像

▲ 徐悲鸿故居复原场景1

▲ 徐悲鸿故居复原场景2

▲ 徐悲鸿绘画用具

《八十七神仙卷》

水墨绢本，无款，现存徐悲鸿纪念馆。图中用白描手法描绘87位神仙列队而行的宏伟场面。画卷为道教壁画粉本，人物比例结构精确，神情华妙，构图宏伟壮丽，线条圆润。此卷历经唐、宋、元、明、清各代千余年，清末民初时流落海外。1937年徐悲鸿在香港用重金从一位外国人手中赎回，亲自题写跋文并且画上加盖"悲鸿生命"印章。

▲《八十七神仙卷》局部1

▲《八十七神仙卷》局部2

第二展厅：徐悲鸿作品

第二展厅位于纪念馆二层，展览的主题为"民族与时代"，主要展出了徐悲鸿的主题性绘画作品，以及徐悲鸿在欧洲留学期间的作品。

▲ 第二展厅"民族与时代"入口

《田横五百士》

《田横五百士》，布面油画。此作品完成于1930年，取材于《史记》。秦末陈胜、吴广起义，四方响应。田横所率部也是抗秦的队伍之一。汉高祖刘邦消灭群雄之后，田横同他的500名战友逃至一个岛上。刘邦下诏书说："田横来，封王或侯，不来，便把你们统统消灭掉。"田横为保全岛上500人的性命，便同两个部下前往洛阳，并在离洛阳15公里之处拔剑自刎，以示不屈。500人闻田横死，亦皆自刎！作品表现了田横与众人悲壮别离时的情景。

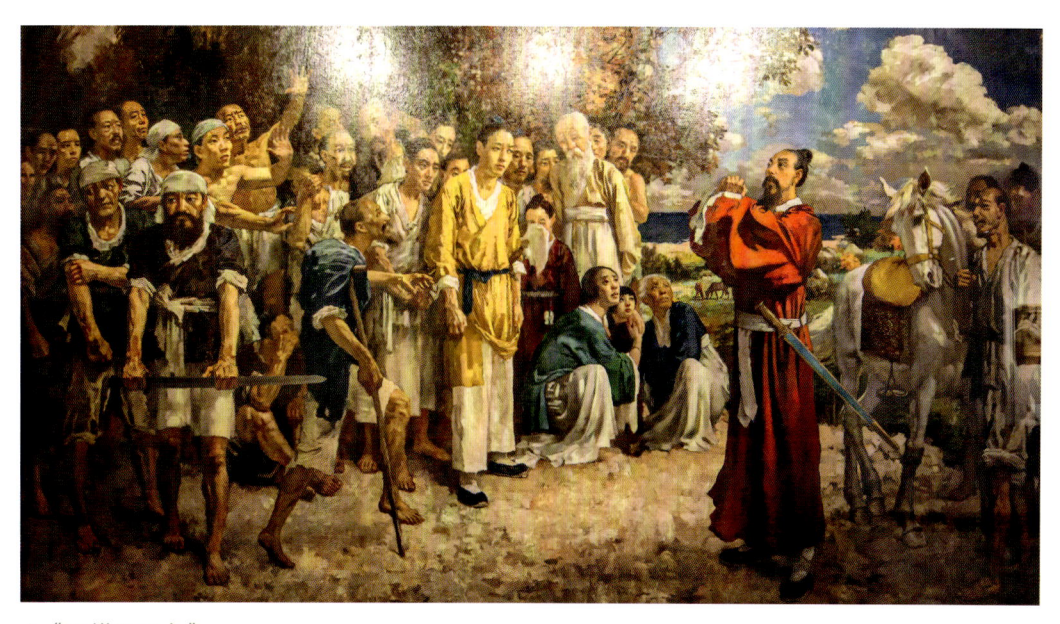

▲《田横五百士》

在绘画手法上，该作品既有西方绘画古典主义的坚实造型，又兼具浪漫主义的强烈动感，还有印象画派的光色关系，显示出徐悲鸿用西方写实美术技法表现中国历史人物的深厚功力。

《愚公移山》

1940年，布面油画。徐悲鸿创作这幅画时正是抗日战争最艰苦的时候，但他坚信中国人民以愚公移山的精神，艰苦奋战，终能取得最后胜利。在构图上，该画突破了传统人物画的格局，让人物集中并列，顶天立地，占满画面空间，传达出百折不挠、移山填海的伟大力量，以雄浑博大震撼人心，是中国人物画空前的史诗作品。

▲《愚公移山》

第三展厅：徐悲鸿作品

第三展厅位于纪念馆3层，主要展出徐悲鸿中晚期代表作品及生平图片。作品分为"写生入神——徐悲鸿笔下的动物、花卉""妙造自然——徐悲鸿的风景题材绘画""翰逸神飞——徐悲鸿的书法"3个主题。

▲第三展厅一角

▲1942年纸本水墨画《松鹤四条屏》

▲1934年纸本水墨画《双猫》

▲1938年纸本水墨画《牛浴》

徐悲鸿纪念馆

《奔马》

纸本水墨，画于1941年，是徐悲鸿代表作之一。在此幅画作中，徐悲鸿突破传统画法，将中国传统绘画技法与西方画法相结合，马的身体比例准确，透视感强，前伸的双腿、高昂的马头和飞扬的鬃毛使画面看起来动态十足，似乎要冲破纸面。

1941年，第二次长沙会战开始，徐悲鸿十分关心国内战况，希望此次会战能取得胜利，所以创作这幅作品表达自己的心情。

▲《奔马》

北京画院美术馆 28

"诗书画印，山水、花鸟、人物，工笔、写意无一不能"……沧海遗珠、未被蒙尘的明珠——北京画院美术馆，带给你不一样的艺术视觉盛宴！

在近一二十年兴起的博物馆中，北京画院美术馆可以称得上中小型美术馆的翘楚！其展览面积虽不大，但名气却丝毫不逊于大型美术馆！

北京画院美术馆，下辟齐白石纪念馆，以收藏、陈列、研究齐白石书画为主，将北京画院所收藏的齐白石作品成系列地陆续陈列展出，取得了较好的社会效益。如今，北京画院及北京画院美术馆已经成为了解、研究齐白石艺术，弘扬齐白石文化的重要

▼北京画院美术馆外景

窗口。

北京画院美术馆坐落在朝阳区北京画院院内,毗邻环境优美的朝阳公园,于2005年9月试开馆,设4个展厅,展览面积1167平方米。

闲暇之时,可徜徉于北京画院美术馆,鉴赏一幅幅画作,感受大师的艺术魅力!

人物生平

齐白石(1864—1957年),字濒生,号白石、白石翁、老白,中国近现代书画家、书法篆刻家。

他少时家贫,8岁跟随外祖父读了半余年的私塾,直到27岁才正式拜胡沁园、陈少蕃二人为师。为了提高学养,齐白石在陈少蕃的指导下熟读《唐诗三百首》《孟子》等,并苦读诗文。在渐得赋诗门径后,他又进入了当地的文人交游圈,一起吟咏唱和,诗画大有长进。1902年齐白石在"五出五归"远游期间结识了清末民初著名诗人樊增祥。1904年又拜在著名经学家、诗人王闿运门下,使得他的诗文品味进一步提升。其主要绘画作品有《墨虾》《牧牛图》《蛙声十里出山泉》《松柏高立图·篆书四言联》等,著有《借山吟馆诗草》《白石诗草》等诗集。

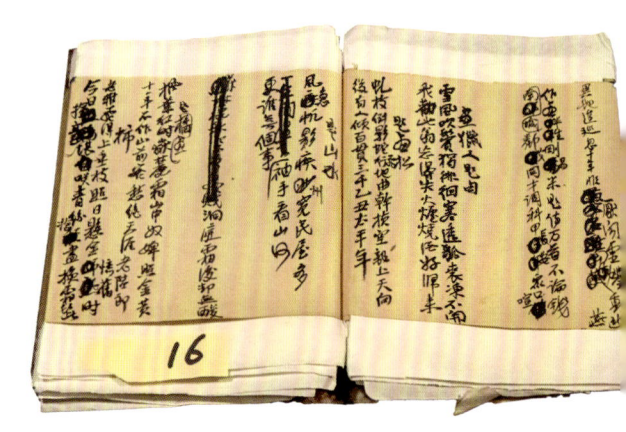

▲《白石诗草》

▼齐白石

常设展览·文物精华

北京画院美术馆依托于新中国成立最早、规模最大的专业画院——北京画院,收藏丰厚,除藏有齐白石绘画、书法、石印、手札等珍品1000余件外,还藏有宋元以来的书画作品4000余件。

馆内设齐白石纪念馆,分4个展厅,长期陈列北京画院所藏的齐白石作品。在这些藏品中,除白石老人的绘画、书法、创作图稿、石印、手札等作品外,还包括家属捐赠的一批珍贵生活图片和白石老人生前的生活用具。展厅内还复原了齐白石生前在雨儿胡同内居住时的画室一角,陈列着他生前用过的文房用品,包括画案、毛笔、砚台、眼镜、书橱等。

▲ 北京画院美术馆展厅一角

28

北京画院美术馆

▲《牡丹》　　▲《上学图》

295

《钟馗搔背图》

齐白石作，无年款。为了画好此作，齐白石反复绘制图稿，钻研构图位置。画家以写意笔法描绘了一个青蓝色的小鬼为钟馗搔背的情景，但似乎总搔不到痒处，气得钟馗胡须都飞了起来。齐白石十分喜爱表现此类民间题材，他绘制的钟馗形象幽默风趣，将其人性化的同时赋予深刻的寓意。他认为无忧无虑的神仙也免不了为生计发愁，这也正是他对自己进京卖画维生的忧思寄托。

▲《钟馗搔背图》局部

《执扇仕女图》

齐白石作，无年款。题款："年年春至愿春留，春去无声只合愁。夫婿封侯倘无分，闺中少妇岂忘羞。此幅乃友人索予临王梦白，予略所更动，知者得见王与予二幅，自知谁是谁非。因老年人肯如人意，有请应之。白石齐璜并题记。"钤印："齐大"（朱文）、"浮名过实"（朱文）。

▲《钟馗搔背图》

▲《执扇仕女图》

《寒夜客来茶当酒》

齐白石作,无年款。题款:"寒夜客来茶当酒。用昔人诗句作画。白石山翁客燕京。"钤印:"木人"(朱文)、"白石翁"(白文)。画中青灯、瓶梅与茶壶,三两笔便勾画出其清寒之夜待客的情形,让人产生深远而悠然的情感回味。齐白石注重对画面意境的提炼和表现,其作品蕴含着丰富的思想和精神理想,每画一组物象都经过了精心的构思与选择。

▲《寒夜客来茶当酒》

《李铁拐》

齐白石作,无年款,北京画院藏。李铁拐作为八仙之一,虽形丑肢残,但心地善良,一直是白石老人喜欢描绘的题材。题款:"尽了力子烧炼,方成一粒丹砂。尘世凡夫眼界,看为饿殍身家。白石山翁意造并题新句(此画此诗一日制四幅。此幅第四也)。"钤印:"木人"(朱文)、"白石翁"(白文)。

▲《李铁拐》

石景山区石刻文物园（田义墓） 29

走入田义墓地宫小小的墓室，那阵阵的阴风、幽暗的光线和阴冷的气息，足以营造出十分诡异的气氛！而从这里超越礼制、十分精美的石刻，也足以想象当年这位太监享受何等的恩宠！

如果你想实地了解中国太监的历史，那石景山区石刻文物园（田义墓）绝对是最好的选择！

田义墓，又称慈祥庵、石香炉庵，占地面积0.6公顷，位于石景山区模式口大街80号，建于明万历三十三年（1605年）。它是

▼田义墓大门

目前全国范围内保存得最完好、占地面积最大、规格最高、石刻最精美的明代太监墓，也是中国第一座以宦官历史为题材的专题博物馆、全国首座对外开放的明清宦官墓园。

▲ 田义坟冢

墓主田义，号渭川，陕西华阴人，为明嘉靖、隆庆、万历三朝太监，官阶正四品。他9岁入宫，历经三朝。万历皇帝见其办事谨慎、老成，赐其蟒衣玉带，以示奖励。后又兼南京守备之职，缉拿盗贼，多次立功。万历皇帝御赐其尚方剑，许在禁地乘马。这在封建社会是少有的恩遇。

万历三十三年（1605年），田义在一次执行任务的途中因病去世，时年72岁。万历皇帝悲痛万分，辍朝三日，亲自安排安葬事宜，并特赐他模式口茔地一块。其后，有十几位太监追随他葬在了这块墓地中，因此形成一个规模不大，但内容丰富的太监墓群。

田义墓曾多次被盗，清理修缮时，发现墓中仅剩楠木板两块、墓志一盒。田义墓

▼ 寿域门

▲ 田义墓神道及华表、石像生、棂星门

是北京继明十三陵定陵、大葆台西汉墓之后第三座供游人参观的地下墓穴。

建筑特色

中轴突出、左右对称

田义墓的建筑设计也是采用中国传统建筑中"中轴突出、左右对称"的格局。其整体坐北朝南，前方后圆，主要建筑均建于南北中轴线上，依山势依次建有神道门、棂星门、碑亭、显德祠、寿域门、石五供、四面碑，墓冢则位于中轴线的最后。神道两侧建有两座华表和护墓文武大臣栩栩如生的石像生。

▲ 棂星门

301

▲ 石五供

超越当时礼制

从田义墓的占地面积、石刻的大小和种类看，它们均已超越当时的礼制。尤其是华表须弥座的浮雕，不仅证明了明代贵族官僚常常超过礼制的丧葬习俗，也可以看出田义当年的地位和皇帝对他的宠信。

◀ 华表

常设展览·文物精华

田义墓由三大部分组成，即墓园展区、宦官文化陈列和石刻展区。漫步其中，每一个部分都能给你带来不一样的视觉享受。

墓园展区

墓园展区面积最大，展陈也最为丰富，最吸引观众的墓室也在此陈列区。

石像生

其神道两侧的石像生文官头戴七梁冠，身穿朝服，手捧笏板，面容谦恭；武官则戴着头盔，身着铠甲，手执钢鞭，虎目圆睁，神态威严。

碑亭

碑亭一共3座，均为砖石结构。中亭呈八角形，为圆形重檐攒尖顶，位于整个墓区的中轴线上。左右两亭为方形重檐歇山式。3座碑亭内部全部为青砖券砌穹隆顶，正中

▼石像生

▲ 碑亭

▼ 田义墓墓室

为盘龙藻井。亭内立有3座丰碑，镌刻着万历皇帝写给田义的两道敕谕等，碑文至今保存完好。

墓室

田义墓目前开放的地下墓室有两座，一座为田义墓，另一座是不知名的太监墓。

田义墓地下墓室入口在其墓冢正前方左侧，面积不大，中间棺床为青砖包石结构，棺床床面已经被挖开。墓室左侧、右侧、后侧的墙壁上各有一壁龛。

另一座不知名太监墓的墓室开口在寿域门后东侧，为南墓室。其墓室面积较前者略小，形制差不多，但更为精美。该墓室门上有一副对联，竖联有的字迹已不甚清晰，横批为"一尘不到"，可见当时的佛道观念已在太监群体中盛行。墓室棺床为石制，壁龛保存尚好，龛门上有雕花。由于该墓未见圹志，所以无法断定其墓主人。

这两座地宫，虽没有想象中那么大，但小小的墓室里阴风阵阵、灯光幽暗，胆小的人实在不敢进入。

▲不知名太监墓墓室

石刻艺术

墓区内有大量的石雕石刻，精湛、细巧，代表了明代后期的石刻艺术水平；其内容上也更加丰富，有八音、八宝、七珍、文房四宝，有民间流传的历史故事、民间传说等，对后世影响极深。

▼享堂石刻

爱上北京博物馆

▲ 园中石刻

宦官文化陈列室

为方便游客更全面地了解宦官历史，景区设立宦官文化陈列室，展出挖掘墓地出土的文物，以及相关太监的工作、生活用具等。

▼ 第一展室外景

▲ 元朝石函

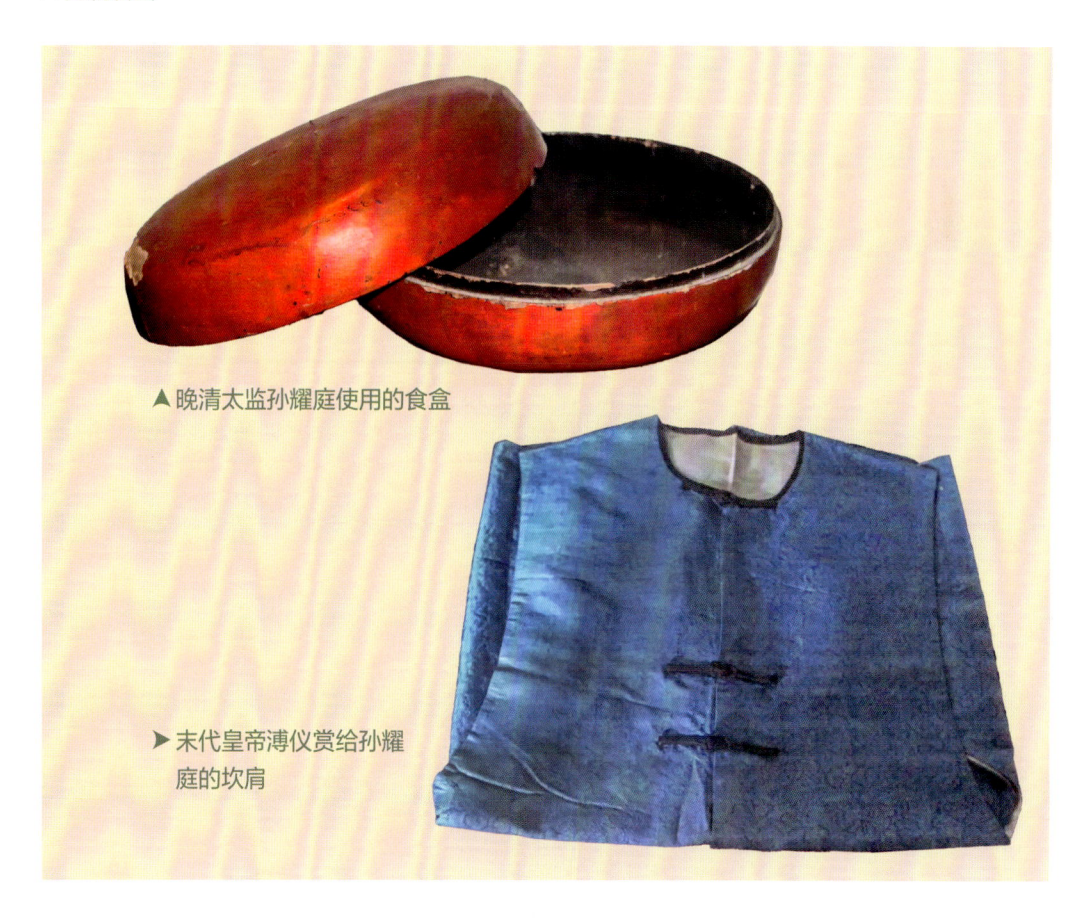

▲ 晚清太监孙耀庭使用的食盒

▶ 末代皇帝溥仪赏给孙耀庭的坎肩

石景山区石刻文物园（田义墓）

▲ 散落石刻

石刻展区

这里陈放着石景山区出土及散落的古代石刻。时间充裕的话，也可以顺便参观，鉴赏一下中国古代精美的石刻艺术。

爱·上·北·京·博·物·馆

自然科学篇

中国科学技术馆 / 310
国家自然博物馆 / 319
中国地质博物馆 / 327

中国科学技术馆 30

走进位于朝阳区北辰东路5号的中国科学技术馆，这座巨大而壮观的建筑会带给你感官上的震撼。它通过互动与沉浸式的体验，为每位参观者展现中国科技从远古到当代的伟大发展历程，带你感受科技无穷的乐趣和强大的力量。

中国科学技术馆中那些神奇的发明、超大的屏幕、逼真的音响，总能让孩子乐在其中，久久不能忘怀……

中国科学技术馆，作为全国唯一的国家级综合性科普场馆，"体验科学、启迪创新、服务大众、促进和谐"的理念在展馆每一个区域的设计中都得到了很好的体现。在这里，你能够通过深入体验的方式了解科技的深奥原理。来自全国各地的青少年，在沉浸式体验中打开内心对科学的好奇之门，开启

▼ 倒影中的中国科学技术馆

▲ 浑仪的结构

　　人生的探索旅程。

　　2017年3月28日，中国科学技术馆被国家旅游局、中国科学院评选为"首批中国十大科技旅游基地"之一。来到这里，人们不仅能享受视觉的盛宴，更能感受到互动参与的快乐；不仅可以感悟科学的真谛，还可以欣赏科学与艺术交融的浪漫。这里是北京亲子游的最佳地点之一，一定会让家长和孩子都感觉不虚此行。

建筑特色

　　中国科学技术馆新馆是北京2008年奥运会附属设施之一，与奥运主体育场、游泳馆和体育馆遥相呼应，是"绿色奥运、科技奥运、人文奥运"三大理念的重要组成部分，荣获2010—2011年度"中国建设工

▲ "生命螺旋"巨型雕塑

▲ 中国科学技术馆外景

程鲁班奖"。其建筑非常有特色，整体是一个体量较大的单体正方形，给人以强大的科技感和现代感的感官震撼。整体建筑利用若干个积木般的块体相互咬合，使整个建筑像一个巨大的"鲁班锁"，又像一个"魔方"，蕴含着"解锁""探秘"的寓意。建筑内部充分利用了自然光，非常宽敞明亮，充满科技感。由17对手拉手男女组成的巨大DNA双螺旋结构的"生命螺旋"巨型雕塑，作为标志性展品之一设置于中国科技馆新馆南大厅，是当今世界最大的室内雕塑，由建筑物的地下一层直冲顶层天窗，参观者身在其中能感受到科技与艺术的融合之美。

常设展览·文物精华

新馆设有"儿童科学乐园""华夏之光""探索与发现""科技与生活""挑战与未来"五大主题展厅；另有公共空间展示区及球幕影院、巨幕影院、动感影院、4D影院等4个特效影院。

"天和"核心舱

从科技馆西入口走进大厅，首先映入眼帘的是一件非常珍贵的展品——"天和"核心舱（结构件真品）。"天和"核心舱是我国首个载人轨道空间站"天宫"空间站的核心部件，长度16.6米，最大直径4.2米，重量约23吨。"天和"核心舱的主要任务是进行空间站平台的统一管理和控制，支持航天员

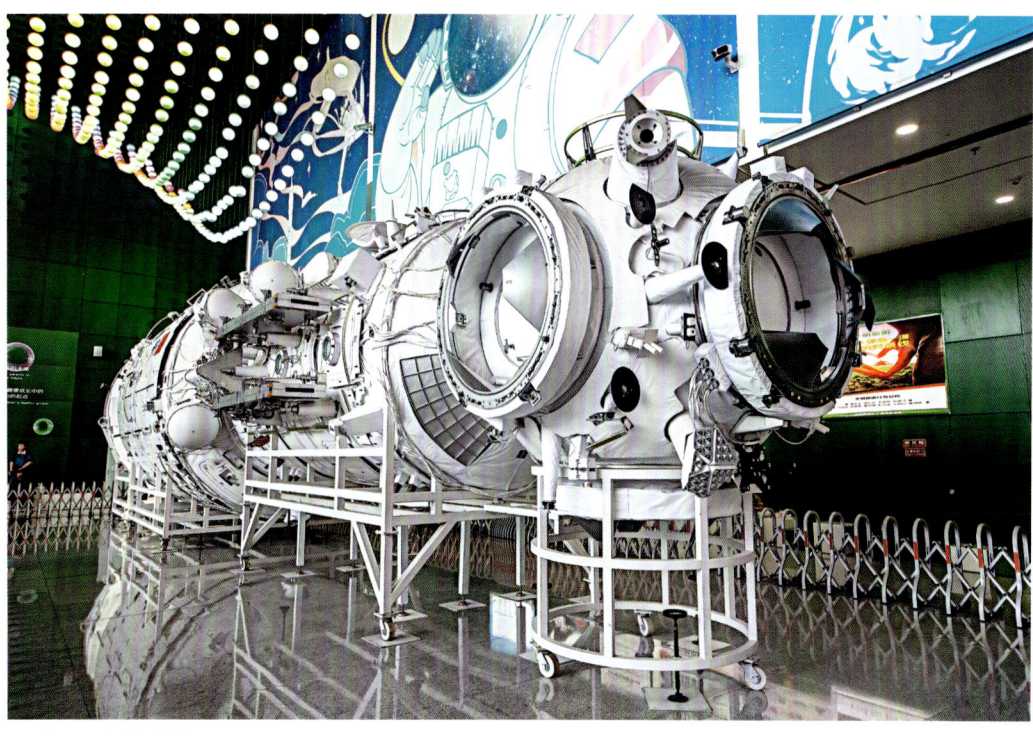

▲ "天和"核心舱

长期驻留并开展科学实验和技术试验,作为目标飞行器支持来访飞行器交会对接、转位和停泊。目前,"天和"核心舱已经与"问天"实验舱、"梦天"实验舱、"神舟"载人飞船和"天舟"货运飞船形成"T"字形基本构型。经中国载人航天工程办公室批准,在中国空间技术研究院的协助下,"天和"核心舱结构件将在中国科技馆公共空间展示区长期展出。

▲ "儿童科学乐园"展厅入口

"儿童科学乐园"展厅

"儿童科学乐园"主题展厅是专门为3~8岁小朋友设计建造的以科学为主题,以游乐为主要方式的科学主题乐园。它在设计中遵从儿童

▲ 山林王国

身心发展规律，使其通过快乐参与获得直接经验，提高创造力、想象力和实践能力，潜移默化地将科学的种子种植在孩子们的内心，激发他们的好奇心，去主动探索这个世界的奥秘。展厅以"乐享科学、筑梦童心"为主题，从儿童自己的身体奥秘开始探索，逐级扩展到身边的自然世界，使儿童了解社会生活中的科技应用，并延伸到体验前沿科技和探索神秘的宇宙空间。该展厅设置了人体探秘、健康成长、山林王国、戏水港湾、热闹城市、角色体验、机器伙伴、神奇宇宙8个主题展区和1个科学秀场。

展厅中互动性非常强的小球大冒险、太空城堡、戏水港湾深受小朋友和大朋友们的喜欢。小朋友在这里能够尽情地玩耍，大朋友在这里能够回忆童年的乐趣。整个展厅有非常强的互动性，小朋友和大朋友都能在这里玩得不亦乐乎，流连忘返，走进乐园就如同走进了欢乐的海洋。

"华夏之光"展厅

"华夏之光"主题展厅位于科技馆一层东侧，设置了"中国古代的技术创新""中国古代的科学探索""华夏科技与世界文明的交流"三大主题分区，以及序厅、体验空间两个功能分区。围绕不同主题，展厅用一件件设计精美的展品，讲述着古老的祖先在探索、生存、发展的过程中不断创造与发明、探索与发现、学习与互鉴的动人故事。来到这个展厅，每个人都会被我们祖先的聪明才智和伟大发明所震撼。伟大的中华民族在5000年的历史长河中，用自己勤劳的双手、

▲ 简仪

▲ 明代福船

无限的智慧，逐渐改善着自己的生存环境，延续发展着中华文明，也改变着世界。每个当代的青少年，都应该来到这里切身感怀、深入了解一下中华民族的伟大智慧与创造。

张衡候风地动仪复原模型之悬垂摆式

候风地动仪是世界上第一架测验地震的仪器，由东汉天文学家张衡制成。仪体直径约1.90米，用精铜制成，形如酒樽。仪内中心有一根都柱，四周设8组杠杆机械。在樽的外面相应地设置8个口含小铜珠的龙头，每个龙头下面都对着一只向上张口的蟾

▲ 张衡候风地动仪复原模型之悬垂摆式

蜍。当地震发生时，都柱受震波作用会失去平衡，推开顺着地震波的一组杠杆，使仪外的龙头吐出小铜珠，掉入下方的蟾蜍口中，从发出的声响和落珠的方位，就可以预知地震的发生和方向。据史料记载，候风地动仪曾成功地记录了138年发生在甘肃的一次强烈地震。

大花楼织机

大花楼织机出现于东汉时期，盛行于唐代，是中国古代织造技术的最高成就。因其形似高楼，故名。它比普通织机多一个束综提花装置，提花机要两人操作，一人为挽花工，坐在三尺高的花楼上挽花提综，按花本顺序提拉不同位置的经纱，另一人坐在机头处，穿梭打纬。这种提花机最核心的技术就是花本，它控制了织物的图案。这种提花技术传入西方后，由法国人贾卡发展成穿孔纹板，用打孔的纸板和钢针控制织机的提花，代替线制花本，采用机械传动方法织造，从而使丝织提花技术进入了一个新时代，并逐步走向电脑自动化。

▲ 大花楼织机

"探索与发现"展厅

"探索与发现"展厅位于科技馆二层，包括A、B两个厅，主要展示了近代以来基础科学领域的探索与发现成果，同时也展现了人类在探索科学历程中的科学思想和科学方法。

A厅设有物质之妙、光影之绚、电磁之奥、运动之律、宇宙之奇5个展区，B厅设有数学之魅、声音之韵、生命之秘3个展区，分别展现了人类在化学、光学、电磁、力学、天文学、数学、声学、生命科学等领域的探索过程及取得的重大成果。这种丰富多彩的展现形式和互动手段可以让观众在参观体验的过程中领略到科学精神，享受探索与发现的乐趣。

A厅还设有电磁和大气压强两个主题的常设实验表演，以及高压放电的定时演示项目，供观众选择观看。

"科技与生活"展厅

"科技与生活"展厅位于科技馆三层。来到这里，大家会发现科技在我们生活中扮演着十分重要的角色，我们的衣、食、住、行都与科技的发展息息相关。整个三层包括A、B、C、D四个展厅。A厅设有衣食之本、健康之路和气象之旅三个展区。衣食之本展区为观众展示了我国作为一个"民以食为天"的农业大国发展农业的重要性，引导观

▲ "探索与发现"A厅

▲ "探索与发现"B厅

▲ 体感机器人

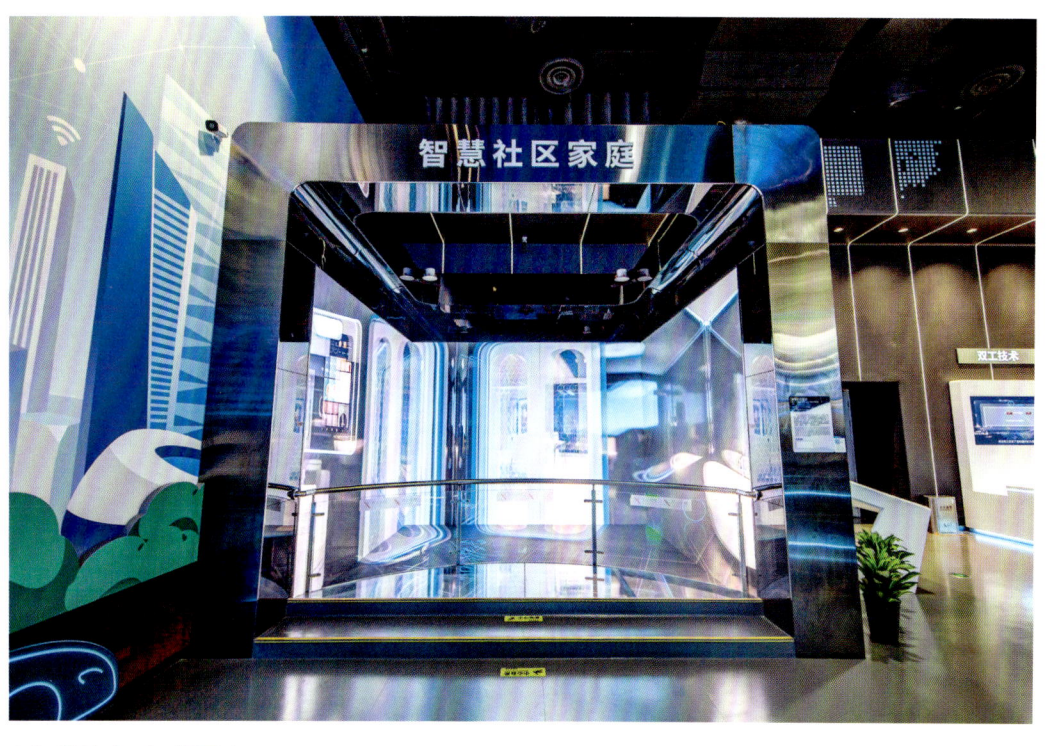

▲ 智慧教育、智慧医疗

众关注我国农业技术发展。健康之路展区引导观众正确理解健康，积极选择健康的生活方式。气象之旅展区的主题为"公共气象、安全气象、资源气象"。B厅居家之道展区，通过家具用品和家用电器、服装面料及加工技术、绿色住宅等，向观众介绍了家居生活中的科技发展。C厅信息之桥展区，主要展示了信息技术的发展历程及信息技术给人们生活带来的改变。D厅设有嗨！机器人、身手不凡、机智过人、智能生活、机器人大秀场5个展区，以及追踪前沿新技术的短期展区，引导公众了解机器人与人工智能技术的发展将会给我们的未来带来的创新与改变。

"挑战与未来"展厅

"挑战与未来"展厅位于科技馆四层，包括4个展厅，主要展示人类面临的重大问题与挑战、人类对未来生活的畅想。A、B两厅设有基因生命、海洋开发、太空探索三个展区，观众可以在这里了解到基因工程、海洋及海洋资源的开发利用以及太空探索等方面的科技成就。C厅设有走近能源、协同并举、高效生产、绿色生活、未来之路5个展区，观众可以通过了解能源与人类社会和生态环境的关系、能源生产和利用的科技创新成果，理解我们的绿色低碳、智慧高效的能源发展方向，践行绿色低碳的生活理念。D厅设有宇宙奇迹、穹顶之护、万物之润、众生之基、和谐之路5个展区，观众来到这里，可以通过体验的方式，探索地球奥秘，激发自己探索世界的科学精神，树立正确的科学观。

▲ "挑战与未来"展厅一角

"神舟一号"飞船返回舱

中国科技馆四层 B 厅太空探索展区是我国航天事业发展的真实见证，其中一件非常珍贵的文物就是曾经遨游太空、圆满完成使命的"神舟一号"返回舱。此返回舱为实物，外壳上的高温烧灼痕迹还清晰可见，仿佛诉说着它从外太空返回地球过程中经受的高温与烈火的考验。

▲ "神舟一号"飞船返回舱

国家自然博物馆 31

这里，生动展示着地球的变迁和生命的起源、发展；这里，构筑起地球上生命发生发展的全景图……走进这里，您和孩子可感受到自然之美、造物之奇，领略自然魅力，品读生命史诗。

2023年6月5日，在北京中轴线南段东侧、毗邻世界文化遗产北京天坛处，又一座国家一级博物馆——国家自然博物馆揭牌、诞生，标志着我国自然博物馆发展历程掀开新的一页。

国家自然博物馆由北京自然博物馆更名而来，是中国唯一的国家级、综合性自然博物馆，代表国家保护、研究、收藏、阐释、

▼ 国家自然博物馆全景

爱上北京博物馆

▲ 披毛犀

展示自然物和人类发展过程中具有历史、科学和艺术价值的自然遗产。其前身为1951年4月的中央自然博物馆筹备处，1962年1月定名为北京自然博物馆，2023年更名为国家自然博物馆。

这里是激发孩子探索兴趣、好奇心的乐园；这里是学生沉浸式感受大自然，近距离观察生物标本的研学基地；这里是文化和旅游融合发展的引领者。

建筑特色

国家自然博物馆建筑规模庞大、壮观，占地面积1.5万余平方米，建筑面积2.3万

▼ 国家自然博物馆外景

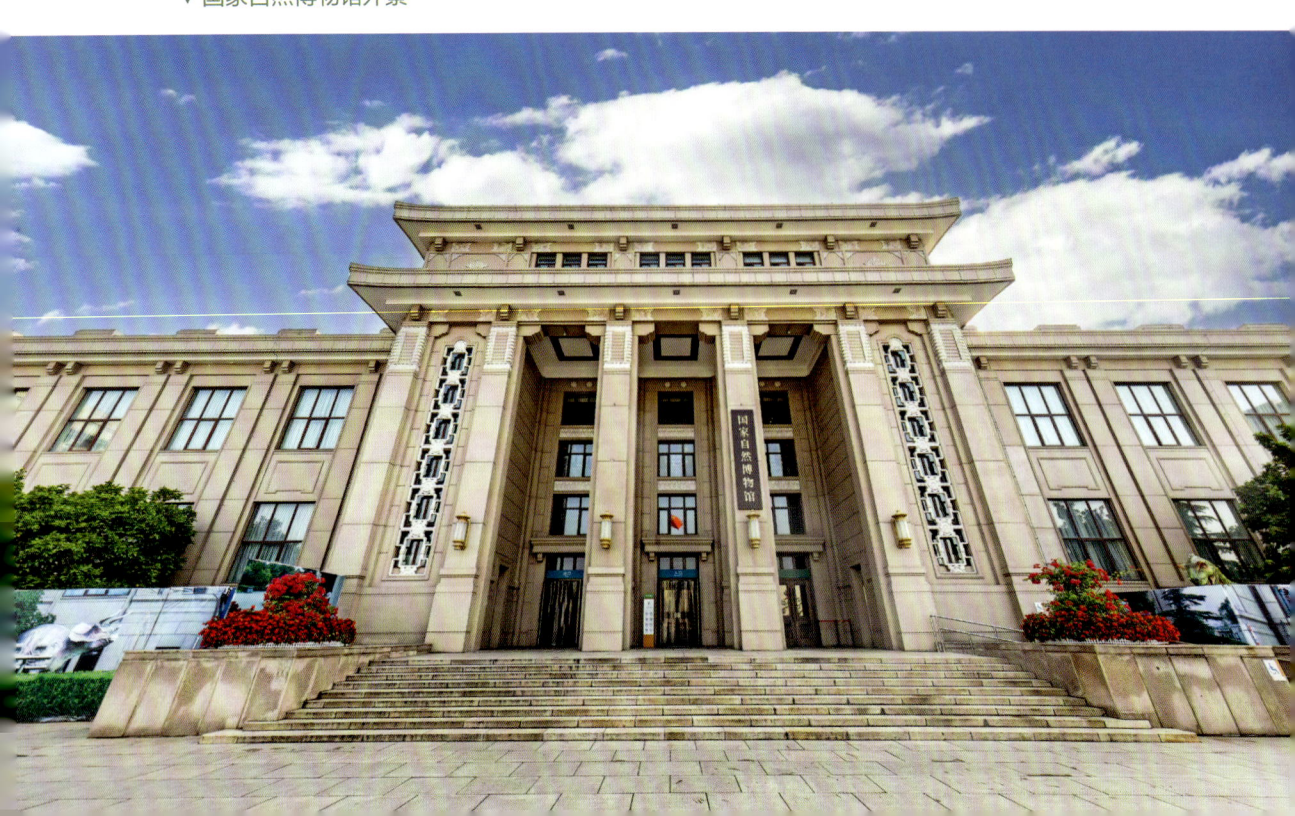

▲ 古爬行动物厅一角

余平方米，展厅面积1万余平方米。其建筑设计独特——背靠天坛公园、面朝天桥艺术中心、整体呈"山"字形、米黄色，矗立于北京中轴线南端东侧，展示着自己独有的魅力。馆内展示空间广阔，分为多个展厅和陈列区，覆盖了地球科学、生物学、古生物学、动物学、植物学、矿物学等自然科学领域。

常设展览·文物精华

国家自然博物馆馆藏丰富，藏品共37万余件，包括大量珍贵的动植物标本、化石、岩石、矿物等，其中有许多珍贵稀有和濒危物种等。其基本陈列有古爬行动物、古哺乳动物、无脊椎动物的繁荣、植物世界、人之由来、神奇的非洲、动物——人类的朋友等展厅，展示了生物多样性及其与环境的关系。

古爬行动物厅

古爬行动物厅展示了生物界两亿多年前的景观，并以总鳍鱼、鱼石螈、蚓螈和异齿龙为代表，演示了脊椎动物从水域向陆地发展的复杂过程。

赫氏近鸟龙

赫氏近鸟龙又名近鸟，是一种小型有羽

毛的兽脚类恐龙。其生活年代约在1.6亿年前，化石发现于辽宁省建昌县玲珑塔地区的侏罗纪髫髻山组。赫氏近鸟龙的身体覆盖绒羽，前后肢及足部都长有飞羽。该化石骨架周围分布着羽毛印痕，清晰、逼真，异常珍贵！

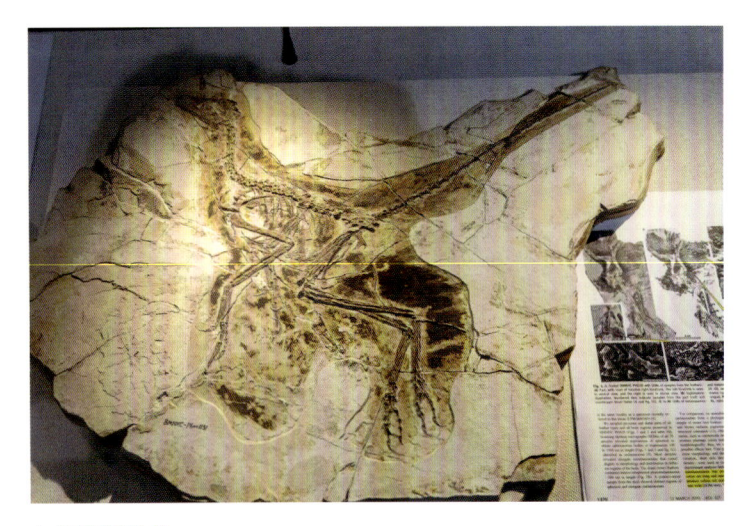

▲ 赫氏近鸟龙

古哺乳动物厅

该展厅陈列108件展品，展出了古哺乳动物演化支系的大部分代表性动物。其中，重要标本有中华侏罗兽、翔齿兽、阶齿兽、剑齿虎、巨鬣狗、三趾马、黄河象、猛犸象、巨犀等。厅中展出的恐龙灭绝后地球上同期最大的哺乳动物阶齿兽的复原图和骨骼标本，庞大的象类家族——高4米、长8米的黄河象、铲齿象等化石标本，是展厅的重要特色文物。

▲ 古哺乳动物厅内景

中华侏罗兽

中华侏罗兽于 2009 年发现，其化石距今 1.6 亿年，产自辽宁省建昌县玲珑塔地区的侏罗纪髫髻山组。这一名称寓意"来自中国的侏罗纪母亲"，代表已知最古老的真兽类哺乳动物化石记录。中华侏罗兽是一种树上生活的食虫哺乳动物，一般体重 13 克，具有较强的攀爬能力。

无脊椎动物的繁荣厅

该展厅借助精美化石，重点讲述了"化石形成""生命起源""寒武纪大爆发""无脊椎动物繁荣"等生物发展史上的一系列重大事件。

▲ 中华侏罗兽

▲ 无脊椎动物的繁荣厅内景

▲ 直角石

植物世界厅

该展厅位于二楼北侧，分设"植物演化"、"被子植物的繁盛与适应"和"植物与人类"3个展区，展出1200余件植物化石和各类现代植物标本。

▲ 植物世界厅内景

▲ 石炭纪森林

人之由来厅

该展厅分设"认识你自己"和"现代人之由来"两个展区，回答了"我们是谁？我们从哪里来"两个问题，展出160余件标本。

▲ 人之由来厅内景

▲北京猿人头骨

▲博多人头骨

神奇的非洲厅

该展厅以非洲珍贵动物标本为基础,在较大程度上还原了野生动物赖以生存的生境。值得关注的是,在马赛人的展区里,您可以近距离地观赏马赛人的村庄,感受马赛人浓厚的生活气息。

▲非洲大草原一角

▲ 非洲干旱地区动物

动物——人类的朋友厅

该展厅展出了数百件馆藏珍贵动物标本，再现了动物生前应有的姿态和容貌。在这里，无论多大年龄的观众，都能切身感受到人类与大自然的亲密关系。

▲ 华南兔

▲ 北极熊

拓展视频：其他文物鉴赏

中国地质博物馆 32

追寻地球生命演化的轨迹，探究物种更迭的历史奥秘。在这里，人们不仅能从古生物化石中寻找时间流逝的痕迹和生命的真谛，还可以从成千上万的地质标本中发现五彩斑斓的世界，追思亿万年的地球历史。走进中国地质博物馆，犹如走进了一个浓缩的"认知地球、亲近自然"的知识殿堂……

在被老舍称为"北京城最美的一条街"的阜景文化街上，历史古迹鲁迅故居、妙应寺（白塔寺）、历代帝王庙、广济寺、万松老人塔、西什库教堂、北平图书馆旧址、北海、景山、故宫等鳞次栉比，可谓"一街十景"。这条散发着浓厚历史文化韵

▼ 蓝天白云下的中国地质博物馆

味的大街上，有着为数不多的现代建筑。其中在西四路口西南角、与广济寺隔街相对的现代建筑，就是中国地质博物馆。

中国地质博物馆创建于1916年，是中国人创办的第一个公立自然科学博物馆。作为国家一级博物馆，中国地质博物馆主要从事地质标本的收集，以及地层古生物学、矿物岩石学和宝石学等领域的研究工作，以典藏系统、成果丰硕、陈列精美称雄于亚洲同类博物馆，并在世界范围内享有盛誉。中国地质博物馆现收藏各类标本55万余件，其中有驰名中外的中华龙鸟、巨型山东龙、许氏禄丰龙等恐龙化石，北京人、元谋人等古人类化石，"水晶王"、蓝铜矿、芙蓉石、翡翠扳指等中国特色矿物，以及世界罕见的沙弗莱石、托帕石猫眼等一大批世界级、国宝级珍品。

中国地质博物馆是中国自然资源文化建设的"主阵地"和对外交流与形象展示的"大窗口"。

建筑特色

目前的中国地质博物馆大楼建成于1958年，是在周恩来总理的关怀下兴建的。21世纪初，大楼修缮一新后，于2004年7月重新对外开放。

中国地质博物馆主馆共有6层，总高约36米，东西长40米，南北长70米，建筑面积11000余平方米。其建筑风格新颖别致、稳重大方，独具魅力。

参观中国地质博物馆，首先映入眼帘的是门口的地质广场。在这里，人们很容易忽略门外的一块大"石头"。虽然它看起来有些平平无奇，但确是中国地质博物馆名副其实的"镇馆之宝"——水晶王。

水晶王矗立在中国地质博物馆正门右前方的广场上。整个晶体由13~15个平行连晶组合而成，外观看起来像一座晶莹透明的金字塔，在阳光下熠熠闪光。该晶体高1.9米（基座以上高1.7米），最大宽度1.7米，厚1.0米，重达3.5吨，是中国迄今最大的水晶晶体，被称为"水晶王"。此标本采自江苏省连云港市东海县房山乡柘塘村。1958年，当地农民怀着无限崇敬把这件稀世珍宝献给党中央毛泽东主席，后毛主席将其转赠中国地质博物馆。

▲ 芙蓉石

▲ 缅甸翡翠扳指

▲ 古树掩映下的中国地质博物馆

▲ 水晶王

中国地质博物馆

常设展览·文物精华

中国地质博物馆目前共有4个常设展厅，分别是：地球厅、矿物岩石厅、宝石厅、史前生物厅。

地球厅

地球厅位于一层，以动力为主线，介绍了在内外动力的作用下，地球上发生的重要地质作用。东展线介绍内动力地质作用，以板块运动、褶皱断裂、火山、地震等地质作用为重点；西展线以外动力地质作用为主，主要介绍了水和风的地质作用。在这里，观众能亲手触摸火山爆发后岩浆凝固成的石头，在地震小屋感受地震的威力。

▲ 旋转的地球

▲ 西展线

▲ 火山

▲ 沉积物

矿物岩石厅

矿物岩石厅位于二层南侧，主要展示地球的物质组成，即矿物和岩石。展厅展示了数千件矿物珍品及典型岩石标本，精美的蓝铜矿、雄黄、绿柱石等中国特色矿物标本让人眼花缭乱。该厅以普及知识为主，采用动静结合、虚实呼应、寓教于乐的设计方式，使观众在欣赏展品的同时，还可以了解到自然界中矿物岩石的成因、产出情况和基本物理性质等。

蓝铜矿

在矿物岩石厅入口处的墙面上镶嵌着一朵朵像蓝色丝绒玫瑰的矿物，这就是产自广东阳春的蓝铜矿。蓝铜矿是一种碱性铜碳酸盐矿物，是寻找铜矿的重要标志，也是中

▲ 矿物岩石厅内景

国传统国画矿物颜料的主要成分，古时称为"石青"。广东阳春出产的蓝铜矿以板状晶体构成的花朵状晶簇闻名，在国内外享有很高声誉。该矿蕴藏量极少，1983年中国地质博物馆将其整体收藏，成为中国地质博物馆的特色馆藏。

宝石厅

宝石厅位于二层西侧，以宝石、玉石陈列为主线，融入宝石鉴定、宝石鉴赏、宝石加工、首饰镶嵌等内容。

宝石厅是中国地质博物馆最负盛名的展陈之一，被誉为"世界四大珍贵宝石"的钻石、祖母绿、红宝石、蓝宝石交相辉映；"玉石之王"翡翠、中国四大名玉及"帝王之石"田黄等在此相聚。除了这些常见的宝石类型外，展馆里还特别收藏了许多稀有罕见的宝石，如重达16.45克拉的黄色钻石、279克拉的坦桑石、800多克拉的方柱石猫眼、稀有的塔菲石和蓝锥矿等。展厅内珍宝荟萃，置身其中，不禁感叹自然造物的神奇，美不胜收的各种宝石真的让人无法自拔！

▲ 蓝铜矿

▲ 宝石厅内景

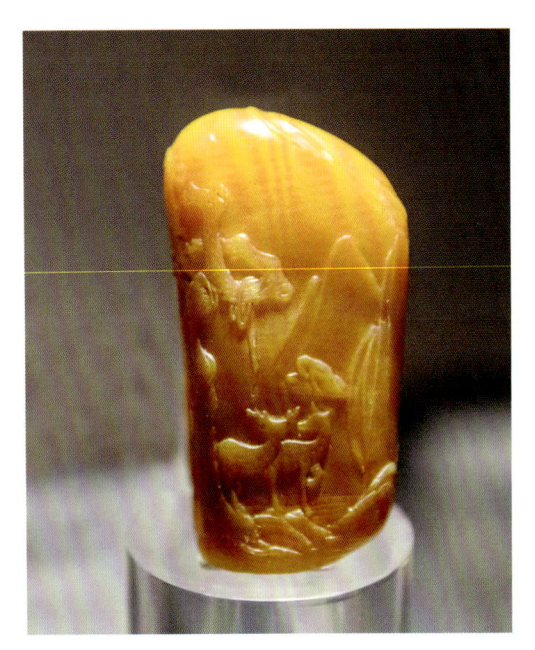

▲ 寿山田黄

▲ 南阳独山玉雕件

▲ 祖母绿

狗头金

狗头金陈设于宝石厅独立展台中央，因发现时形似狗头而得名。其重达3552.8克，含金量达85%，颜色赤黄，金光熠熠，呈致密块状。1983年，青海海西蒙古族藏族自治州的两位农民意外发现了它，并用斧子将其劈成3块后卖给当地的银行。经青海相关机构用环氧树脂黏合后，这块狗头金成了如今的模样，最终被中国地质博物馆收藏。

狗头金是经河流等外动力地质作用改造后天然产出、块体较大、纯度较高的块金。它通常是自然金、石英和其他矿物的集合体。狗头金的外形多样而奇特，多数呈不规则薄板状，有的还有对穿的孔洞，表面较浑圆，整体形状有的像狗头，有的像卧狮，千姿百态，无一雷同。

▲ 狗头金

史前生物厅

史前生物厅位于3层，以生物进化过程中发生的重大事件为线索，展示了生物由低级到高级、由水生到陆生、由简单到复杂的进化历程。展品有北京人、元谋人、山顶洞人等著名古人类化石，以及大量集科学价值与观赏价值于一身的鱼类、爬行类、鸟类等珍贵史前生物化石，著名的中华龙鸟就在此展示。"海洋生物的登陆""恐龙生存环境""恐龙集群绝灭"等场景模型惟妙惟肖，生动地展示了地球上生物的发生、进化和灭亡的过程。

▲ 史前生物厅内景

此外，在该展厅的东部过道还展陈了海百合、震旦角石、菊石等化石；在南部过道陈列了鱼龙、中国安琪龙、翼龙化石的模型各一件，以及一件观众可以触摸的长达5米的大型鱼龙化石。

▲ 马达加斯加菊石

▲ 贵州关岭杯椎鱼龙

中华龙鸟

中华龙鸟，1996年发现于中国辽宁北票，是世界上首次发现的带有羽毛的恐龙。因我国率先发现，故命名为"中华龙鸟"。中华龙鸟是一种原始的小型兽脚类恐龙，属于美颌龙的一种，生活在1.4亿年前的早白垩纪，其背部从头到尾长着细丝状的皮肤衍生物，与鸟类的羽毛类似。它的发现为鸟类起源于恐龙的假说提供了有力证据。

▲ 中华龙鸟

拓展视频：
其他文物
鉴赏